華志文化

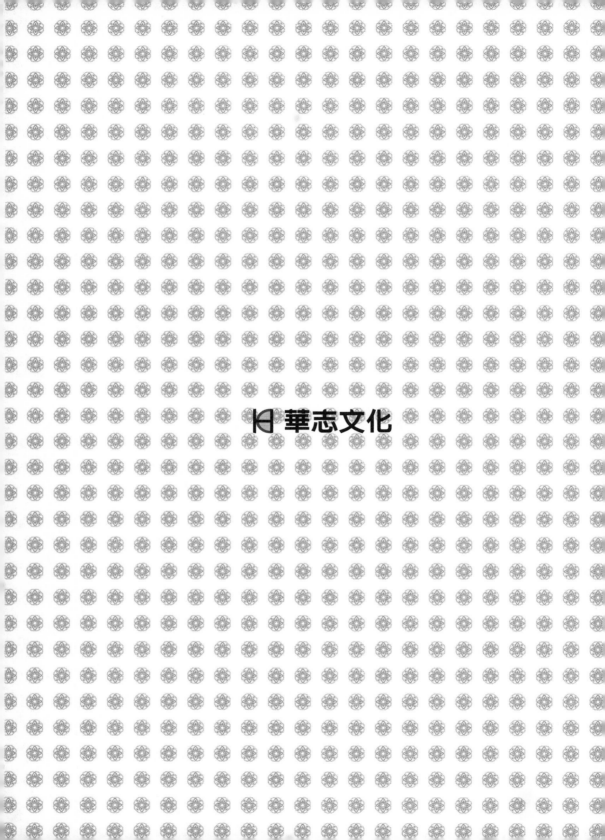

華志文化

在這個瞬息萬變、資訊爆炸的時代，你讀了什麼樣的書，就會產生什麼樣的思維，進而決定了你未來的命運。這「20部智慧定律」的黃金法則，像人類的一面鏡子，藉由它，你可以了解人類的種種「陋習」。這是一本濃縮了人類智慧精華的鉅著。

本書所選取的法則，涵蓋經商者個人的發展目標，這些法則就像人類智慧的一盞明燈，藉由它，你可以了解紛繁複雜的經商智慧真相，例如：

第一部：「**蘑菇定律**」：初次工作只能從簡單做起，經歷對成長就像蠶繭，是羽化前的必經之路。

第二部：「**奧卡姆剃刀**」：空洞無物的普遍性慨念都是無用的累贅，應當被無情的「剔除」。

第三部：「**馬太效應**」：「貧者越貧，富者越富」的現象歸納。

第四部：「**鯰魚定律**」：有意識的招聘一些有活力的新血，用他們的挑戰性工作，來打破昔日的平靜，激發整個團隊。

第五部：「**月暈效應**」：權威、名人、名牌的產生，會有光環籠罩，四周圍繞著一些盲目之從。

第六部：「**羊群效應**」：人們用羊群來比喻沒有自己的判斷力，經常盲從的普通大眾。

第七部：「**多米諾效應**」：不論是政治軍事商業領域中，像骨牌產生一倒百倒的連鎖反應，稱之。

第八部：「**蝴蝶效應**」：一個微小的起因，經過時間及其它因素的參與作用，可以發展成極為巨大和複雜的影響力。

第九部：「**皮格馬利翁效應**」：每個孩子能否成為一個非凡的天才，取決於家長和老師能不能像對待天才一樣的教育他、期望他。

第十部：「**帕金森定律**」：一個不稱職官員有三個出路，一、申請

5

退職，二、找一位能幹者來協助，三、用二個比自己更低能的人。

第十一部：「華盛頓合作定律」：一個人敷衍了事，兩個人互相推諉，三個人永無成事之日。

第十二部：「木桶定律」：一個木桶盛水多少，取決於桶壁上最短的那塊木板高度。

第十三部：「彼得原理」：在組織中，每個人都會晉升至無法勝任的職位，任何人遲早都會面臨同樣遭遇。

第十四部：「80/20法則」：20％的人口擁有80％的財富，80％的收入來自20％的顧客。

第十五部：「墨菲定律」：如果壞事可能發生，不管機率多少，總會發生，並引起最大可能的損失。

第十六部：「破窗效應」：如果有人打破了某建物的一塊玻璃，又沒去修理，別人可能受到暗示縱容，去打碎更多的玻璃。

第十七部：「手錶定律」：只有一隻手錶可以知道幾點，擁有二隻以上的手錶，卻無法確定時間。

第十八部：「路徑依賴」：一旦人們做了某種選擇，好比走了一條不歸路，慣性的力量會強化你，並讓你不能輕易走出去。

第十九部：「重複博奕」：理性的人們實現了合作與高效率，克服各種難題。

第二十部：「南風效應」：從人的心理角度出發，討論人性化管理溫暖力量。

在廣袤的經商叢書中，能打開本書是你的幸運，想想看這世界有多少人在茫然中辛苦學習，縱然他們翻閱了無數成功學的經商書籍，尋遍各種導引成功的道路，仍求無方向。真正對你有價值的是這些知識，它們經過時間的歷練，經過無數人的經驗而成為亙古不變的「黃金法則」。

如果覺得本書講出了一些道理，有計劃的學習，你的人生將開啟新的一頁。經過無數的事實證明，只要你能掌握並運用本書中的「20大智慧法則」，它將會改變你的命運，突破你一生的頓悟使你的命運發生無窮的變化！

目錄
Contents

10天打造超強的成功智慧
一次讀懂20部黃金智慧法則

第11部　華盛頓合作定律

第12部　木桶定律

第13部　彼得原理

10天打造超強的成功智慧
一次讀懂20部黃金智慧法則

PART 1

第1部

蘑菇定律

程式工程師「編寫」的蘑菇定律

「蘑菇定律」是公司對待初出茅廬者的一種非常適用的管理方法，初學者被置於陰暗的角落（不受重視的部門，或打雜跑腿的工作），澆上一頭污物（無端的批評、指責、代人受過），任其自生自滅（得不到必要的指導和提攜）。

據說，「蘑菇定律」是上世紀七十年代由一批年輕的電腦程式設計師「編寫」的，這些天馬行空、獨來獨往的人早已習慣了人們的誤解和漠視，所以在這條「定律」中，自嘲和自豪兼而有之。

相信很多人都有一段「蘑菇」的經歷，但不一定是什麼壞事，尤其是當一切都剛剛開始的時候，當上幾天「蘑菇」，能夠消除很多不切實際的幻想，讓我們更加接近現實。對一個公司來說，新進的員工都是一張白紙，能力和經驗沒有太大的區別，所以給員工的起薪和工作都不會有太大的差別。

無論多麼優秀的人才，初次工作都只能從最簡單的事情做起，「蘑菇」的經歷對成長的年輕人來說，就像蠶繭，是羽化前必須經歷的一步。

所以，如何高效率地走過生命中的這一段歷程，盡可能地從中吸取經驗教訓，是每個剛踏入社會的年輕人必須面對的問題。

消除不切實際的幻想

很多年輕人，當他們走出校園時，總是對自己抱有很高的期望，認為自己一開始工作就應該得到重用，就應該得到相當豐厚的報酬。他們喜歡在薪資上相互攀比，薪資似乎成了他們衡量彼此價值的唯一標準。但事實上，剛剛踏入社會的年輕人缺乏工作經驗，是無法委以重任的，薪水自然也不可能很高，於是他們就有了許多抱怨。

一旦得不到重用，薪資也達不到他們的預期，曾經在校園編織的夢想也逐漸破滅了。沒有了信心，沒有了熱情，工作時總是採取一種

應付的態度，能少做就少做，能躲避就躲避，敷衍了事。

因此，對他們來說，參加第一份工作時必須消除不現實的幻想，他們應該認識到，沒有任何工作是卑微的、不足道的。

從史丹福法學院畢業後，卡莉・費奧利娜（惠普公司董事長）找的第一份工作是在一家房地產投資經紀公司任職。她有個職務，但不是「副總裁」，而是「接線生」。她接電話、打字、影印……儘管她的父母給予她一切關心與諒解，儘管這並非他們所希望看到的、一個史丹福畢業生的事業。

但費奧利娜發現，任何事情都能讓你學到不少東西，關鍵在於你是否選擇了學習。

有一天，幾個經紀人認為她不應該被那些繁瑣的接線生工作耽誤前程，他們問費奧利娜是否願意做些別的什麼。於是，她得到了一次撰寫文稿的機會。就是那一刻，就是那一個舉措，因為她認為自己能行，所以她得到了一次改變人生的機會。

事業中的很多機會都是在每一次單調的工作經驗中獲得的，如果你一開始就不想從事單調的工作，那麼你永遠也不會得到提升的機會！只有投身到社會生活中去，在生活中磨練，你才會知道你能遇到的機會是無窮無盡的。

沒有人會刻意注意你

對於初出茅廬者來說，在做完工作、取得成績之後，總是希望上司和同事會注意自己，最好還能加上一兩句讚賞；如果遇到挫折或做錯某事，總以為別人時刻在盯著自己、隨時準備責備自己。但每個人都有著自己繁重的工作、生活的煩惱，沒有人有時間刻意去注意別人。

艾倫比拿破崙高一英尺，體重是著名模特兒特威格的兩倍，她唯一一次去美容院的時候，美容師說她的臉對她來說是個難題。

曾經的艾倫總是試圖去順應世俗，去表現得比別人優越。但在阿斯科特跑馬場遇到的一件事，使艾倫認識到以前的做法是多麼的愚

蠢。

　　有一個矮小而肥胖的女人，穿戴得整整齊齊，高高的帽子，佩戴著粉紅色蝴蝶結的晚禮服，白色的長統手套，手裡還拿著一根尖頭手杖。由於她是一個大胖子，當她坐在手杖上時，手杖尖戳進了地裡。手杖戳得太深，一下子拔不出來。她使勁地拔呀拔，眼裡含著惱怒的淚水。最後她終於拔了出來，但卻手握著手杖跌倒在地上。

　　這個肥胖女人這一天算毀了，她在大庭廣眾之下丟臉。她沒有給任何人留下好印象；在她自己充滿悲哀的眼淚裡，她是一個失敗者。艾倫記得非常清楚，她自己曾經也有過這樣的經歷。

　　那時候的艾倫還沒有真正認識到：沒有人真正注意你的所作所為。

　　許多年來，艾倫都試圖使自己和別人一樣，總是擔心別人會把她想像成什麼樣。現在她知道，其實根本沒有人注意過她。

　　有一天，艾倫獨自坐在公園裡，心裡卻擔憂著她的朋友如果從這兒走過，是否會認為她的行為很愚蠢。當她開始讀一段法國散文時，她讀到了一個總是忘了現在、幻想未來的女人。顯然，這個女人沒有多少時間是在過自己的生活，因為她把絕大部分的時間都花在給別人留下好印象上了。

　　艾倫在這一瞬間意識到，她整整二十年光陰都花在一個毫無意義的賽跑上了。她所做的一切（不管是優秀的還是笨拙的）都沒起什麼作用，因為沒有人會刻意注意她。

　　而在公司中，為了獲得上司和同事的注意，急於表現、發表輕率的意見都不是個好主意。這不但容易引起老員工的反感，也會留下夸夸其談、不知輕重的印象。

磨去棱角，適應社會

　　要想在商場上遊刃有餘，不僅要有專業的知識和技術，還要有各種基本的能力。不過，光憑這些能力做事，還是遠遠不夠的。成功的商人，都能把基本的能力融入人際關係和周圍的環境中，簡單地說，

就是這些能力必須配合商場上的需求。

仔細觀察就會發現，那些辦事能力強、工作積極的人，都有某些共同的行為標準和思考模式。我們把這種成功的模式，稱為商界適應行為。如果年輕人能夠迅速學習和掌握這種商界適應行為，就能迅速適應自己的工作，地位的提升也就指日可待了。

「學校的高材生，未必能成為商場的風雲人物」，這是因為，在學校很有才華的才子，也可能無法適應商場的需要。相反地，在商界適應能力強的人，即使不是一流大學的畢業生，也可以成為商業界的頂尖人物。

人們是否能夠適應商場中的行為模式和遊戲規則，會受到個人性格、意願和價值觀等方面的影響。所以，對於剛剛參加工作的人來說，如果想在商界取得成功，那麼適應社會、適應商業運作才是最重要的。

在最單調的工作中學習

如果你只是為了薪水而上班，公司的確是一個很無聊的地方。不過，如果你想到的就只有這些，那就過於膚淺了。工作的樂趣要靠自己一點一滴地去體會，當你辛辛苦苦地完成一件工作時，那種感覺不是用金錢可以換來的，這就是所謂的「成就感」。也就是這些成就感的累積，使你的生活越來越充實，越來越充滿活力。

當年，最偉大的高爾夫球明星老虎伍茲做的第一份工作是趕牛犁田。他跟在耕牛後面，用掃帚趕牛。趕一天牛賺一美元，每天連續工作八個小時，連停下來吃飯的時間都沒有，但伍茲從沒有抱怨。

趕牛犁地稱得上是世界上最單調最乏味的工作，但它對伍茲的一生都有好處，使他懂得了很多道理。

由於農場主老是盯著他們，他每天都得準時上班，此後，無論伍茲做什麼工作都沒有遲到過。此外，他還學會對雇主尊敬，忠心耿耿地工作。不想工作就說自己病了，伍茲的腦子裡從來沒有這樣的念

頭。

那時伍茲才六歲，可是他已經做大人的工作了。家裡需要他賺取的每一分錢，因為他父親每週最多只能賺十八美元。他們住在一座簡陋的小木屋裡，有三間房子，地面是土鋪的，屋子裡沒有廁所。

能賺錢幫助父母養活兩個弟弟和三個妹妹，伍茲感到非常的自豪，這也使伍茲有了自尊心。而對一個人來說，自尊心是他最重要的東西之一。

伍茲7歲的時候，在離家不遠的一個高爾夫球場找了一份工作。他的工作是站在高爾夫球場平坦的球道上，看球落在什麼地方，這樣就能很快地找到球了。有一個球找不到就意味著要被解雇，但伍茲從來沒有給他的雇主這樣的機會。

有時，伍茲躺在床上，夢想著打高爾夫球能賺好多好多錢，然後他就可以用這些錢給自己買上一輛新自行車了。

越是這麼想，他就越覺得自己應該去打高爾夫球。於是，他用番石榴樹枝和一根管子做了自己的第一根高爾夫球桿，然後把一個空罐頭盒敲打成一個高爾夫球，最後在地上挖了兩個小洞，他一有空閒就把球打過來又打過去，像在田裡工作那樣專心致志。

就是憑著用番石榴樹枝做的高爾夫球桿，伍茲打出了自己的世界級高爾夫明星的榮譽。

當然，我們所在的公司並不會每天都舉行感人的「下水典禮」。但是，我們應該把它看作「夢想開始的地方」。所以，年輕人不但要潛心學習，更應該有獻身於工作的精神。你每天獲得的工作經驗，都有助於你早日成為一個獨立的人。

認真對待每一件事情

馬丁‧路德‧金說：「如果一個人是清潔工，那麼他就應該像米開朗基羅繪畫、貝多芬譜曲、莎士比亞寫詩那樣，以同樣的心情來清掃街道。他的工作如此出色，以至於天空和大地的居民都會對他注目

讚美：瞧，這兒有一位偉大的清潔工。」

桑布恩先生是一位職業演講家，他曾經有一位優秀的郵差（弗雷德）給他提供最好的服務。在全國各地舉行的演講與座談會上，他都會拿出這位郵差的故事和聽眾一起分享。

似乎每一個人，不論他從事的是服務業還是製造業，不論是在高科技產業還是在醫療行業，都喜歡聽弗雷德的故事。聽眾對弗雷德著了迷，同時也受到他的激勵與啟發。

「我的名字是弗雷德，是這裡的郵差，我順道來看看，向您表示歡迎，介紹一下我自己，同時也希望能對您有所瞭解，比如您所從事的行業。」弗雷德中等身材，蓄著一撮小鬍子，相貌很普通。儘管外貌沒有任何出奇之處，他的真誠和熱情藉由自我介紹溢於言表。

桑布恩收了一輩子的郵件，還從來沒見過郵差做這樣的自我介紹，這使他心中頓覺溫暖。

當弗雷德得知桑布恩是個職業演說家的時候，弗雷德希望最好能知道桑布恩先生的日程表，以便桑布恩不在家的時候可以把信件暫時代為保管。

桑布恩先生表示沒必要這麼麻煩，只要把信放進房前的信箱裡就好。但弗雷德提醒道：「竊賊會經常窺探住戶的信箱，如果他們發現信箱是滿的，就表明主人不在家，他們就可能為所欲為了。」

所以弗雷德建議只要信箱的蓋子還能蓋，他就把信放到裡面，別人不會看出桑布恩不在家。塞不進信箱的郵件，他就把信件擱在房門和屏柵門之間，從外面看不見。如果房門和屏柵門之間也放滿了，他就把剩下的信留著，等桑布恩回來。

桑布恩在多次演講中提起弗雷德的故事後，有一個灰心喪氣、一直得不到老闆賞識的員工寫信給桑布恩。信中表示弗雷德的榜樣鼓勵了他「堅持不懈」，做他心裡認為正確的事，而不計較是否能得到承認和回報。

在一次演講之後，一位聽講的經理把桑布恩拉到一邊，對他說他現在才認識到，原來一直以來自己事業的理想就是做一個「弗雷

德」。他相信，在任何一個行業和領域裡，每個人的奮鬥目標都應該
是傑出和優秀的。

現在已經有很多公司創設了「弗雷德獎」，專門鼓勵那些在服
務、創新和盡責上具有同樣精神的員工。

弗雷德和他工作的方式，對於二十一世紀任何想有所成就、脫穎
而出的人來說，都是一個最適用的象徵。

剛進職場的年輕人，很少馬上就被委以重任，往往是做些瑣碎的
工作。但是不要小看它們，更不要敷衍了事，因為人們是藉由你的工
作來評價你的。如果連小事都做得潦草，別人還怎麼敢把大事交給你
呢？

▋ 多做事，少抱怨 ⌒

即使你的處境再不如人意，也不應該厭惡自己的工作，因為這世
界上再也找不出比這更糟糕的事情。如果環境迫使你不得不做一些令
人乏味的事情，你就應該設法使這些乏味的工作變得充滿樂趣。用這
種積極的態度投入工作，那麼無論從事什麼工作，都很容易取得良好
的效果。

大部分公司對新進人員都是一視同仁的，從起薪到工作都沒有什
麼差別。無論你是多麼優秀的人才，剛開始都沒有什麼特權，所分配
的工作，也是從誰都能做的簡單事情做起。

你的情況怎麼樣呢？對於一連串的實習和簡單的工作，你會心煩
嗎？會抱怨一點樂趣也沒有嗎？

如果因為每天整理平淡無味的資料，跑跑腿，就對工作產生抱
怨的心態，那麼做起事來就會草率，發生許多不必要的錯誤。這樣一
來，即使你的成績再好，文憑再高，也不見得能符合公司的要求。

一旦主管對你有這種草率的印象之後，分配重要工作的時候，就
絕對輪不到你。即使你再花費幾年的時間，也無法挽回別人對你的信
任。所以，看起來很簡單的事，做起來反而要特別用心。

相反地，如果你對小事都不馬虎，謹慎努力地做好，別人對你的評價就會越來越高，自然也就會慢慢地把重要的事情交給你處理。在開始的時候，這種差異雖然只有毫釐之距，可是兩三年後就會有天壤之別了。

而且，如果你認為成為公司的中堅成員之後，就不用做一些雜事，那可就大錯特錯了。其實，地位越高，所要處理的雜事反而越多。

因為身處高位的人是不可能只考慮一件事情的，常常是一邊要想當前的問題，一邊又要應付突發的事件。每一件事都必須考慮好、安排好，不管它是大事還是雜事。

為了要把自己的頭腦訓練成這樣，你就必須有耐心地接受開始時的一連串訓練。

主動學習，自動自發

手工業時代，許多人為了學一門手藝常拜師學藝多年，卻無法拿到任何工錢，但他們毫無怨言。

如果我們發現自己的老闆並不是一個睿智的人，並沒有注意到我們付出的努力，並沒有給予相應的回報，那麼也不要懊喪。我們可以換一個角度來思考：現在的努力並不是為了現在的回報，而是為了未來。我們投身於商業並不是為了別人，而是為了自己。人生並不是只有現在，而且有更長遠的未來。

人可以藉由工作來學習，可以藉由工作來獲取經驗、知識和信心。你對工作投入的熱情越多，決心越大，工作效率就越高。當你抱有這樣的熱情時，上班就不再是一件苦差事，工作就會變成一種樂趣，就會有許多人來聘請你做你喜歡做的事。

羅斯‧金說：「只有藉由工作，你才能保證精神的健康，在工作中進行思考，工作才是件愉快的事情。兩者密不可分。」

年輕人應該從頭學起，擔當最基層的職務，這是件好事。世界上有許多大企業家在創業之初都要做那些瑣碎而單調的事情。他們與掃

帚結伴，以清掃辦公室度過了企業生涯的最初時光。

有一天，一位溺愛孩子而又時髦的密西根母親問一位男青年，是否見過像她的女兒普里茜拉那樣的年輕女郎如此泰然地在房間裡進行打掃。男青年說從未見過，那位母親高興得樂不可支。但男青年頓了頓又說：「我想看到的是她能在室外進行打掃。如果有必要，新來者在辦公室外進行打掃並沒有損失。我本人就曾是打掃人之一。」

▌每天都激勵自己 ◞

一位電臺廣播員在她的三十年職業生涯中，曾遭辭退十八次，可是每次事後她都放眼更高處，確立更遠大的目標。

由於美國的無線電臺都認為女性不能吸引聽眾，沒有一家肯雇用她，她就遷移到波多黎各去，苦練西班牙語。有一次，一家通訊社拒絕派她到多明尼加共和國採訪一次暴動事件，她便自己湊足旅費飛到那裡去，然後把自己的報導出售給電臺。

一九八一年，她遭到紐約一家電臺辭退，說她跟不上時代，結果她失業了一年多。

有一天，她向一位國家廣播公司的電臺職員推銷她的談話性節目構想。「我相信公司會有興趣。」那人說。但此人不久就離開了國家廣播公司。

後來她碰到該電臺的另一位職員，再度提出她的構想。這位先生也誇獎那是個好主意，但是不久這位先生也失去了蹤影。

最後她說服第三位職員雇用她，此人雖然答應了，但提出要她在政治台主持節目。「我對政治所知不多，恐怕很難成功。」她對丈夫說。丈夫熱情鼓勵她嘗試一下。

一九八二年夏天，她的節目終於開播了。她對廣播早已駕輕就熟了。於是她利用平易近人的作風，大談七月四日美國國慶對她自己有什麼意義，又請聽眾打電話來暢談他們的感受。

聽眾立刻對這個節目發生興趣，於是她一舉成名。如今，莎莉‧拉斐爾已成為自辦電視節目的主持人，曾經兩度獲獎，在美國、加拿

大和英國，每天有八○○萬觀眾收看她的節目。

「我被辭退了十八次，本來大有可能被這些遭遇所嚇退，做不成我想做的事情，」她說，「結果相反，我讓它們鞭策我勇往直前。」

一定要表現自己

雖然絕大多數的年輕人都有過一段「蘑菇」的經歷，但是，如果你當「蘑菇」的時間過長，你就可能成為眾人眼中的無能者，更糟的是，你自己也會漸漸認同這種角色。

所以在公司裡，你一定要善於表現自己，那些默默無聞、埋頭苦幹的人，往往得不到重用。**一個精明的員工，不僅善於做事，而且還要會「表現」自己，才有機會脫穎而出。**下面列出七點將有助於你：

1.**充分利用公司的會議**：讓上司和其他同事注意你：一定要事先計劃好你想說的和你要達到的目的，列出可能遇到的疑問和對策。開會時不要坐在會議室的角落裡，要大聲清晰地說出你的意見，善用眼神進行交流。

2.**主動亮出你的成績**：男人做一點工作就大張旗鼓地讓每個人知道，女人也不該默默無聞。男人可以為你開門，但在工作評估時，他們絕不想讓妳走在前面。

3.**不要期盼在工作中結交朋友**：工作僅僅是完善自我的一部分，把交友這一項從工作目標中劃掉，當然，如果能遇到知己是你額外的收穫。

4.**坦然面對變化**：培養良好的心理素質，從日常工作和生活中鍛鍊自己，好的機會和壞的事情也許就發生在五分鐘以後。如果你平時就有所準備，你的鎮靜對策會讓老闆和同事刮目相看。

5.**敢於冒險**：經驗是一位老師，教導你之前先給了你考試，但患得患失只能令你停止不前，成功者多數是敢於把想法變成行動的人。

6.**盡量避免承擔那些你不能直接控制的工作**：如果專案中的主要或是關鍵人員不是向你匯報，而且你並未得到足夠的授權，就不必自告奮勇地站出來。同事間的相互幫助不是用這種方式表現的，你應該

把有限的精力投入到那些能真正給你事業帶來發展機會的工作中。

　　7.養成及時稟報的習慣：這不但能讓上司掌握情況，更能留下工作效率高、踏實可靠的良好形象，這對你將來的發展無疑是大有好處的。

■ 找到自己的定位

　　如果你發現自己身陷一個前景暗淡的處境時，通常會怎麼辦呢？

　　你會更加努力，想用更長的工作時間、更多的精力來加以扭轉，或許你的成功祕訣就是，一刻不停地拚命做，把工作做得比別人好，名望和財富自然會來到自己身邊。

　　這是真實的答案嗎？

　　不是。

　　如果選擇了一條不適合自己的道路，走上了一個自己不適合的公司，更加努力地工作很少會通往成功之路，做得更加聰明才是更好的辦法。

　　因此，如果一個人當了太長時間的「蘑菇」，就應該對自己和自己的工作進行重新定位了。

　　你是個什麼樣的人？你在生活中的位置是什麼？你能用一個概念來概括你自己的位置嗎？要是能的話，你能透過自己的職業來確立這個位置並加以利用嗎？

　　一位經常跳槽，最後一無所成的博士生這樣感嘆，如果能以對待孩子的耐心來對待工作，以對待婚姻的慎重來選擇去留，事業也許會是另外一種情形。世界上沒有全能奇才，你充其量只能在一兩個方面取得成功。在這個物競天擇的年代，你只能聚集全身的能量，朝著最適合你的方向，專注地投入，才能成就一個優秀的你。

　　為了進行準確的定位，找對最佳的結合點，心理學家幫我們找到了很多的測試工具。一些知名企業在招聘員工時，也要對求職者實施性格測試。因為人們知道，必須把不同性格的人放在最合適的工作，才能發揮出最大的潛能。

比如一個喜新厭舊的人，對於一個保守的企業而言，可能是經常批評公司及主管的叛逆分子，令人頭痛不已。但如果他去從事創意方面的工作，可能會大受歡迎，因為他總能提出新的想法。

因此，如果確實發現現在的職位不適合你，如果你不想做一輩子「蘑菇」，那麼該是對自己進行重新定位的時候了。

把忠於團體放在首位

傑克的父母在賓夕法尼亞洲的沙勒羅伊經營了一家小餐館，餐館每週營業七天，每天營業二十四小時。

傑克的第一份正式工作就是專門為那些來餐館就餐的人擦皮鞋，那時候他才六歲。

傑克的父親小時候也擦過皮鞋，所以他的父親教會他怎麼樣才能把皮鞋擦得亮亮的。他告訴傑克，擦完皮鞋後要徵求顧客的意見，如果顧客不滿意，就把皮鞋重新擦一遍。

隨著年齡的增長，傑克的工作量也增加了，十歲的時候又增加了收拾餐桌，做雜工的事。他父親笑容滿面地告訴他，在雇傭過的勤雜工中，他的兒子是做得最好的。

餐館裡的工作使傑克感到非常自豪，因為他拼命地工作正是為了讓全家人能生活得更好。但是傑克的父親明確地指出，要想成為餐館工作人員中的一員，就得達到一定的標準，必須準時上班，手腳要勤快，並且要禮貌待客。

除了擦皮鞋外，傑克在餐館做的其他工作都是沒有報酬的。有一天傑克做了一件傻事：他對父親說他應該每週給自己十美元。他的父親回答說：「好啊，那麼你一天在這兒吃的三頓飯的飯錢是不是也應該付給我呢？你有時帶朋友到餐館來白喝汽水又該怎麼算呢？」他的父親估算了一下說，傑克每週大約欠他四十美元。

傑克至今還記得在部隊服役兩年後回到家裡的情景。那時他剛被提升為上尉，當他自豪地走進父母的餐館時，他父親開口說的第一句話就是：「打雜工今天休息，晚上你負責打掃，怎麼樣？」

傑克心想：「我是不是聽錯了？我現在已經是美國軍隊裡的一名軍官了！」

　　但這又有什麼關係呢？傑克轉而又想，對於父親來說，他還是餐館的一個夥計，於是傑克拿起拖把拖地去了。在為父親工作的幾年中已經使傑克懂得，應該把忠於團體放在首位，不管這個團體是家庭餐館還是「沙漠風暴行動」，都是一樣的。

PART 2

第2部

奧卡姆剃刀

　　「奧卡姆剃刀」是一種「反動的」哲學。人類文明的不斷發展，就是不斷為這個世界增添新的內容，而「奧卡姆剃刀」卻不斷向我們的文明成果發出挑戰，指出許多東西實際上是有害無益的，而我們正在被這些自己製造的麻煩壓垮。

把煩瑣累贅一刀砍掉

西元十四世紀前期，從法國的一所監獄中逃出一個囚犯。

那時歐洲正處在黑暗的中世紀，一個犯人越獄算不了什麼大事，可是這個人非比尋常，他是一位很有學問的天主教教士，人稱「駁不倒的博士」。

他叫威廉，出生於英國的奧卡姆，人們叫他「奧卡姆的威廉」。他曾在巴黎大學和牛津大學讀書，知識淵博，能言善辯。由於他發表的言論有許多與當時的羅馬教廷不合，因此被囚禁在法國的監獄。

在獄中過了四、五年，他找到機會逃了出來，跑到巴伐利亞去找那裡的親王，他向親王講了一句很有名的話：「你用劍保護我，我用筆保護你。」於是正在和教廷鬧彆扭的親王立刻收容了他。

隨後他著書立說，名聲大振。他對當時無休無止的關於「共相」、「本質」之類的爭吵感到厭倦，主張唯名論，只承認確實存在的東西，認為那些空洞無物的普遍性概念都是無用的累贅，應當被無情地「剃除」。

這也就是他所謂的「思維經濟原則」，概括起來就是「如無必要，勿增實體」。

因為他是英國奧卡姆人，人們就把這句話稱為「奧卡姆剃刀」。

這把剃刀出鞘以後，剃去了幾百年間爭論不休的經院哲學，剃光了活躍一千年的基督教神學，使科學、哲學從神學中分離出來，引發了歐洲的文藝復興和宗教改革，譜寫了全世界現代化的第一篇章，或者說是序曲。

經過數百年的歲月，奧卡姆剃刀已被歷史磨得越來越利，它早已超越了原來狹窄的領域，具有了更廣泛、豐富和深刻的意義。

在某種意義上，「奧卡姆剃刀」是一種「反動的」哲學。人類文明的不斷發展，就是不斷為這個世界增添新的內容，而「奧卡姆剃刀」卻不斷地向我們的文明成果發出挑戰，指出許多東西實際上是有害無益的，而我們正在被這些自己製造的麻煩壓垮。

不堪重負的時代

不可否認，人類已經進入了一個不堪重負的時代。世界人口總數已突破了六十億，全球環境問題越來越嚴峻，人與自然的矛盾正空前激化中。

同時，我們的生活也變得更為緊張和沉重，人們為生活奔忙，為工作壓力所苦，休息和休閒時間越來越少。

最為嚴重的是，我們的組織正在不斷膨脹，制度越來越繁瑣，文件越來越多，效率越來越差。

在今天，大公司員工數量的增加，導致了員工之間相互影響的幾何成長。如果公司只有十個員工，那麼員工可以彼此保持聯繫；如果公司有一千名員工，一對一相互交流會變得非常複雜；如果公司有一萬名員工，那麼員工之間的相互交流會變成不可能。

要處理這種僅僅由企業規模產生的員工之間的複雜交流，我們需要更複雜的系統。

如果我們留心，就會發現，一份常見的商業建議往往會有厚厚的一疊。

我們再看看一些高層經理們的個人計劃，計劃中的目標數不勝數。

雖然我們的物質生活比過去任何一個時代都富足和舒適，但是我們的幸福感和滿足感比任何時代都差。我們創造了前所未有的財富，卻發現自己成了這些巨大財富的奴隸。

兩千多年前，蘇格拉底站在熙熙攘攘的雅典市集上感嘆：「這兒有多少東西是我不需要的！」

雖然，我們不能也不該回到那個「小國寡民」的時代，但蘇格拉底的感嘆值得我們深思。

面對這個已經嚴重超載的世界，面對這些無限臃腫膨脹的組織，面對已被太多的欲望壓得喘不過氣的人類，我們比過去任何時候都需要這把閃著陰冷寒光的「奧卡姆剃刀」。

棋王的秘密

人類總喜歡把事情變得複雜，但事情並不都是越複雜越好。

優秀企業的一個主要特徵，就是他們知道保持事情簡單化的重要性，不管多複雜的事情都能簡化，變得簡單易行。

事實上，由於人類思維方式的限制，簡單的資訊遠比複雜的資訊更有利於人類的思考和決策。

諾貝爾獎獲得者哈伯特・西蒙（Hevbert Simon）最近幾年一直在研究人工智慧，他試圖使電腦像人那樣「思考」，而不是無效率地尋找答案。

西蒙在人工智慧的研究中發現了另一個令人著迷的結論。

他和同事研究了用可編程式電腦下棋的問題，他們首先假定電腦可以在嚴格理性的基礎上下棋，也就是說，人們可以像決策樹那樣為電腦編程式，讓電腦在每走一步之前，都搜索和檢查所有可能的招數及對手的應招，然後再做出決策。

在理論上，這一設想能夠完成，然而它是不實際的。因為可能招數的數目有10的120次方那麼多（10的120次方是1兆），現在最快的電腦在一個世紀內也只能計算10的20次方的數。因此，為電腦編輯程式，使得電腦變得很理性，在技術上是不可行的。

那麼優秀的棋手能保持很高的勝率，其原因是什麼呢？

西蒙要求世界上最好的棋王用十秒鐘飛快地掃一眼正在進行的棋局，棋盤上仍然有二十個左右的棋子。他發現，棋王能記起每個棋子的位置，這與短期記憶理論根本不符。

當A級棋手（級別比棋王低）被要求做同樣的測試時，他們的成績比棋王差一些。

但是，這個試驗還有個疑難點：當棋子的擺設是隨機的，而不是正在下棋的過程中時，不管是棋王還是A級棋手，都記不住棋子的位置，一定有別的因素在起作用。

西蒙認為，這些因素就是棋王有更多被充分開發的長期象棋記

憶，而且，這種記憶採取潛意識的記憶形式，或者是西蒙所謂的象棋「模式辭彙」。

棋手下棋是這樣思考的：我見過這個棋局（模式）沒有？它的來龍去脈如何？它的前一招是什麼？它後面的局勢會如何發展？

西蒙發現，Ａ級棋手的象棋「模式辭彙」大約在二千個左右，而棋王卻高達五萬個。棋手們使用了「決策樹」思維方式，但只在有限的程度上顯示出來。

當我們明白了西蒙研究的含意時，會發現這個理論在別處有很大的用途。

任何領域的專家都有豐富的模式辭彙，它們是經過長年的正規教育，尤其是透過長年的實踐經歷形成的。有經驗的醫生、藝術家和機械師都有豐富的模式辭彙，這就是經驗的力量。

這個發現應該被好好慶祝一下，因為在我們看來，它幫助我們解釋了管理中經驗的重要性。

有經驗的老闆有很好的直覺，他的模式辭彙（西蒙稱之為「老朋友」）能迅速地告訴他事情是在變好還是在變糟。

模式辭彙的概念對於實行優秀管理有重大意義。它會教導我們，在關鍵決策上要更加相信自己的感覺；它還教導我們，要經常詢問顧客和員工的建議，汲取他們的經驗；最後，它鼓勵我們堅信經驗的價值。

在西蒙及其同事的研究中，另外一項重要的發現是，人類不擅長處理大量的新資料和信息。他們發現，一般的人在短期內最多能記住六到七條資料或資訊。

因此，複雜的事情、龐大的資訊量對於人們來說往往都是累贅。

組織的高效來自簡潔

商業世界和人生一樣，總是朝著複雜的方向發展。

所有複雜的組織都會存在資源浪費和效率低下的問題，特別是一些大型組織。他們沒有專注在應該關注的事上，很多大型組織都在進

行昂貴的、無生產力的活動，而且這種活動的數目極其龐大。

每一個組織，都是許多相互對抗的力量協力造成的產物。而這種對抗，是由許多瑣碎且不重要的勢力，共同對抗少數的重要的勢力。

這些瑣碎無用的多數，代表著組織裡無所不在的惰性和無能，它們和組織中有活力和創造性的力量混雜一處，結果我們常常是既分不出垃圾，也看不見寶石。

所以，**任何公司都可以做到降低成本，把進行中的活動加以簡化，並把低價值或負面價值的活動消除，讓顧客享有更好的服務。**

複雜往往會造成浪費，公司的高效來自簡潔。

複雜公司的很多活動毫無意義，構想上毫無新意，執行上造成浪費，對於顧客來說，這通常都是毫無價值的。

有一小部分的活動極有效，在顧客眼中很有價值。但它們通常是看不見的，被掩埋在一大堆無效的活動之中。

其實，只要改變一下做事情的方式，並且少做一些無用之功，事情就會有很大的改觀。

所謂的高級經理們似乎喜歡複雜，一個單純的公司一旦成功，經理人就忙著讓公司變得高深莫測。等公司變複雜了，它的獲利卻大大降低，這是因為公司多進行了一些周邊的瑣碎事務。可以說，讓公司變得複雜的行動，是人類行為中最降低效率的行動。

既然複雜只會毀掉價值，那為什麼要增加獲利的盈利公司還要變複雜？

答案很明顯：人們似乎喜愛複雜。複雜是思考上的挑戰；複雜使人精神為之一振；複雜在平日的單調規律中加入了酵素，使日子變得不一樣；複雜為經理人帶來有意思的工作內容……

有人認為，就算沒人管，複雜還是會冒出來。雖然這句話有些道理，但是經理人的確是在為複雜推波助瀾。一個企業，如果沒有面臨經濟上的危機，或沒有出現一個大刀闊斧的企業領導人，那麼，一定會存在著複雜繁瑣的管理活動——而這種管理活動正是當權的管理階層所期待的。

大型的企業總是塞滿「過客」——不賺錢的產品、流程、供應

商、顧客以及臃腫的經理階層。

這些過客妨礙了企業繼續前進。而對一個企業來說想前進就需要簡潔，而簡潔來自毫不留情地剷除掉所有複雜繁瑣的事物。

只有一頁的備忘錄

優秀公司的制度一般都具有簡潔的特徵，美國寶潔公司就是個很好的例子。

寶潔公司的制度具有人員精簡、結構簡單的特點，該制度與寶潔公司雷屬風行的行政風格相吻合。在長期運行中，寶潔公司「深刻簡明的人事規則」一旦順利推動，效果表現良好。

寶潔公司品牌部經理說：「寶潔公司有一條標語——『一頁備忘錄』，它是我們多年來管理經驗的結晶。事實上，任何建議或方案多於一頁對我們來說都是浪費，甚至會產生不良的後果。」

我們可以把這一風格追溯到寶潔公司的前任總經理理查德‧德普雷（Richard Deupree），他強烈地厭惡任何超過一頁的備忘錄。他通常會在退回的冗長的備忘錄上加上一條命令：「把它簡化成我所需要的東西！」

如果該備忘錄過於複雜，他還會加上一句：「我不理解複雜的問題，我只理解簡單明瞭的！」

一位採訪者曾經要他解釋這一點，他說：「我工作的一部分就是教會他人如何把一個複雜的問題簡化為一系列簡單的問題。只有這樣，我們才可以更好地進行下面的工作。」

曾任該公司總裁的愛德華‧哈尼斯（Edward Harness）在談到這個傳統時說：「從眾多意見中篩選出有關事實的一頁報告，正是寶潔公司做出正確決策的基礎。」

大量雇員之間無休止的較量，導致了解決問題過程中的「政治化」和複雜化，而這些又進一步變成了增加不穩定性的因素。因此，一頁備忘錄就能解決很大的問題。

首先，只有少量的問題是值得討論的，一頁紙的備忘錄能使人們

的頭腦明朗化。再者，建議條目按順序展開，使之變得簡潔、易懂。總之，模糊凌亂的備忘錄與簡潔高效無緣。

查爾斯・艾姆斯（Charles Ames）曾是雷蘭斯電器公司（Reliance Electric）的前任總裁，現任阿克米—克利夫蘭公司總裁，他也說過一個相似的觀點：「我可以讓一位部門經理連夜趕出一份長達七十頁的意見稿，但我做不到的是，讓他做好一份只有一頁長的稿子，也就是說，只注明趨向和根據這些趨向所作出的預測，然後說『這幾個因素可能會使其表現得更好，這幾個因素可能會使其變得更糟。』」

一位金融分析家曾評價寶潔公司說：「把事情辦得如此透徹，他們可說得上是用心良苦。」

另一個補充說：「他們處理問題很精細，甚至追求完美。」

人們也許會懷疑，如果說報告只有一頁長，他們是如何使其處理得如此透徹，如此精湛的呢？答案是，他們不遺餘力地努力將所有精華濃縮到一頁。

一頁備忘錄的威力就在於，它比那些重點分佈於幾十頁的「紙堆」要簡明有效得多。

兩個以上的目標等於沒有目標

查爾斯・埃姆斯曾任職於雷蘭斯公司，他談起該公司那些複雜而又無能的系統時說：「我們有各種計劃制度，從各種長期系統一直到各種短期系統，但我們還是無法確定下個月賣些什麼。我取消了五年的計劃制度，轉為一年的計劃制度，再然後轉為一個季的制度。最後，我們決定採用三十天的計劃制度，並維持了一年左右。直到那時，我們才懂得了如何去確定目標並達到它。但最終，我們又設立了一套長期制度，儘管其比例沒有我們最初的那樣規模龐大。」

與埃姆斯的經歷相反，愛默森電氣、達納、德州儀器等公司致力於培養對一兩個近期目標的快速反應。

10天打造超強的成功智慧
一次讀懂20部黃金智慧法則

例如，《紐約時報》對愛默森電氣公司進行了如下報導：「該公司的部門經理和他們的高級助理每個月都要在總部接受副總裁仔細嚴格的考察，他們把重點放在當前，而非未來。其中主要涉及到三個專案，即存貨、利潤和銷售，這些專案構成了對經理們嚴峻的考驗。這些經理們被告知，他們的責任就是每個月要達到既定利潤，進而是達到每個季度的既定利潤，最終是成功完成整個年度的既定利潤。」

實際上，任何制度都可以簡化。**德州儀器公司的口號是：「寫出兩個以上的目標就等於沒有目標！」**

德州儀器是個已經走上正軌的公司，前任總裁哈格蒂曾花了十年的時間制定目標、戰略以及制度，他的重點即在取消僵化的溝通模式，培養所有員工的責任心。

德州儀器公司只認定一個事實：「我們曾身臨其境，並已克服種種困難。以前每個經理本來都有一組目標，然而經過我們不斷地削減後，現在每個產品——顧客中心（Product-Customer Center）的經理都只有一個目標。因而你絕對可以期望他們實現那個目標。」

「兩個以上的目標等於沒有目標」的說法正是德州儀器公司最好的戰略，他們在經營上的成功就是這個戰略最好的注解。

為你的組織減肥

優秀公司最重要的特色莫過於能即時靈活地採取行動。許多公司雖然部門很龐大，但它們並未因過分複雜而停滯難行。它們從不屈服，也從不創設任何永久的組織。它們從不沉溺於長篇大論的公文報告，也不設立僵化的組織結構。

它們深信人一次只可能處理少量資訊，並且一旦意識到自己是獨立自主的，他們就會大受鼓舞，其工作積極性也大大提高。

一般公司內常有的抱怨是其組織過分複雜，然而，令人耳目一新的優秀公司卻沒有這樣的問題。

Digital、德州儀器、惠普、3M、IBM、達納、麥當勞、愛默森、比克特爾、波音、德爾塔航空等公司的高級主管並未被一大堆公司組

織圖或工作說明所「淹沒」，他們準備妥當，集中火力，瞄準目標，在嘗試中學習。

在我們看來，優秀公司的結構形式只有一種關鍵的特性：簡單。只要具有簡單的組織形式，很少的員工就可以完成工作。

事實也是這樣，大部分優秀公司的管理層員工相對較少，員工更多的是在實際工作中解決問題，而不是在辦公室裡審閱報告。

在基層，實際操作者更多，管理者很少。因此，我們粗略地得出了「百人規則」，即大型公司的核心領導層沒有必要超過一百人。

愛默森電氣公司擁有五萬名員工，但公司總部員工少於一百人。

達納公司擁有三萬名員工，但其總部已由一九七〇年的五百人減少到現在的大約一百人。

施盧姆貝格爾探油公司，一家擁有六十億美元資產的多元化石油服務公司，用大約九十名管理層員工經營著這個覆蓋全球的大帝國。

麥當勞的管理人員也很少，正符合雷·克勞克那句經久不衰的格言：「我相信公司的管理應該是『人越少越好』。」

在擁有十億美元資產的英特爾公司，事實上沒有固定的行政人員，所有部門間的行政人員分配都是臨時性的。

有價值二十億美元資產的沃爾瑪公司，創建者山姆·沃爾頓說，他相信公司總部空無一人的規則：「關鍵在於走進商店仔細傾聽。」

同樣的規則也適用於一些經營狀況良好的小公司。

如ROLM公司，它由十五名員工組成的公司總部管理著價值二億美元的業務。

當查爾斯接管價值四億美元的克利夫蘭公司時，他被行政人員的數目嚇壞了。在幾個月的時間裡，他把公司總部人員從一二〇人減到了五十人。

在這些例子中，絕對數目令人印象深刻，但如何劃分員工工種也是非常重要的。

首先，母公司應該保留哪些職能？許多優秀公司的答案為無。在強森、3M、惠普和其他一些公司，產品開發雖然常常是整個公司或集團的活動，但都完全下放到了各個分部。達納公司將諸如採購、財務

和人事這樣的職能都下放到工廠，成效卓著。

戰略企劃人員當然是母公司層次的職能員工，但弗盧爾工程只用三名企劃人員來操作價值六十億美元的業務。而3M、惠普和強森在母公司層次根本就沒有企劃人員。事實上，優秀公司將每項職能都徹底下放，至少是下放到分部這一層。

聯合航空公司前任主席愛德華・卡爾森曾提出過一個水漏理論。在大多數公司中，中層管理人員除了一些「整理工作」以外——如阻止一些觀點向上傳和阻止一些觀點向下傳——幾乎真的沒有什麼作用。

卡爾森認為，中層管理人員是一塊海綿，如果中層的人員少一些，親身執行管理就能更好地發揮作用。

因此，要想使你的組織更有效率、更有活力，就必須先為你的組織減減肥。

企業成長的法寶

人們在生活和工作中，常常會陷入複雜的陷阱，妨礙了自由的思考，就是因為欠缺簡單。

在經營活動中，奧卡姆剃刀揭示的簡單原則已經成為持續成長企業成功的祕訣。在企業界還流行著KISS原理（Keep it simple stupid！意思是「這個笨蛋，怎不知簡化！」），實際上它與奧卡姆剃刀是同一道理。

從一九八〇年起的後十年當中，畢亞特麗絲食品公司（Beatrice Foods）以前所未有的速度成長，它一家接一家地購入其他企業，最後終於成長為年銷售額高達百億美元的聯合大企業。畢亞特麗絲公司的產品相當多，從橘子汁到皮包無所不包，被包含在聯合大企業內的公司雖不及百家，但恐怕已接近經營的極限了。

但是不久，當高利率和景氣衰退接踵而至時，畢亞特麗絲公司同其他的聯合大企業一樣，被迫放棄了旗下的許多公司，精兵簡政，才得以度過難關。

當韋爾奇上任通用電氣公司總裁時，產品線既長且亂，許多產品都是虧損的，韋爾奇經過認真的考慮和分析，提出「非一即二」（NO.1 or NO.2）的原則：必須把本產品做成本行業數一數二的產品，否則一律賣掉。經過多年來的發展，通用電氣成為世界上最有競爭力的綜合性公司之一。

仔細考察和分析，當今世界最富實力的公司，幾乎都遵循「簡單至上」的原則。如微軟多年來一直做Windows系列辦公軟體，英特爾公司認真做晶片，戴爾做好自己的電腦直銷，美國有線電視致力於數位化的製作和發行。

因此，**簡單原則是企業發展壯大的最基本而又最有實效的原則。**

可是許多企業並沒有領悟這項「基本原則」，一味追求多元化，盲目貪大求全，一會兒開發房地產，一會兒做手機，最後什麼都做不成功，也永遠做不成功。

簡單原則是企業發展最基本的原則，同時也是最有威力、最富實效的原則。「簡單是一種美」，「簡單至上」是企業持續成長的法寶，它們應該始終貫穿於企業的經營活動中。

淨化你的心靈

其實，簡單原則不僅僅是公司或組織取得高效運作的法寶，它對於個人的意義也非常重大，尤其是在這個物慾橫流、繁忙浮躁的時代。

簡單化是一種心靈的淨化，它是一種統合、一種安定性、一種整頓、一種率直、一種單純，它經常表現在一種單純的生活方式上——較單純的飲食、更有紀律的日常作息、更聰明地善用時間、減輕雜亂、減輕財物上的混亂，減少無謂的參與——換言之，簡單化就是輕世俗，增加寧靜。

有時我們會渴望擁有簡單的生活。當你思慕這樣的生活時，內心渴望的具體事物又是什麼呢？是隱居鄉間以便「避開一切」？還是希望能集中一切精力來面對某些重要的事情？是逃避每天生活所帶來的

壓力和責任？還是希望能抽出一些時間來放鬆一下，尋求些許快樂？

　　真正的幸福是發自內心的，選擇一種簡單的生活就是掙脫心靈的桎梏、回歸真我，重新找回純真的笑容。簡單而藝術地生活恐怕是大多數現代人所嚮往的一種至高境界。

　　托爾斯泰筆下的安娜‧卡列尼娜以一襲簡潔的黑長裙在華貴的晚宴上亮相，驚豔無比，令周遭的妖嬈「粉黛」顏色盡失。

　　在經歷了極度的奢靡後，簡約主義的設計風格又開始盛行。線條簡單，色澤樸素，人們力圖以最少的材料達到最大的功能需要。

　　當我們的生活方式趨於簡單化時，我們將更能真誠地對待自己，我們也將更樂於參與各種活動。除了能實現自我的理想之外，更能超越自己，對他人有所貢獻。

　　在追求簡單的旅程中，我們必須瞭解自己的需要，必須明白自己貢獻出來的東西是什麼，而唯有確立這一目標，我們在面臨挑戰時才能充滿勇氣。

　　在這段旅程中，你也終將發現，追求簡單是你心靈最深處的需求。

享受簡單的生活

　　人們常有這樣的感覺，整天庸庸碌碌，什麼事情都還沒做好，時間卻總在不知不覺間流走了。

　　對大多數人來說，工作和上下班佔據了整天的時間。現代生活又充滿了各種誘惑，那麼多資訊要篩選，那麼多產品在吸引著你。「我們試圖佔有一切，而這往往把我們弄得精疲力竭。」因此，簡單生活對於大多數人來說，難能可貴。

　　要簡化我們的生活，就意味著對那些令我們花費金錢、時間、精力的事情加以區分，然後採取步驟去擺脫它們。下面是一些關於如何擺脫生活中的混亂而獲得樂趣的建議：

　　1.開始新的一天前，盡可能把第二天需要的東西在前天晚上準備好。

例如，買一個可以定時的咖啡壺，在你起床的時候就自動開始煮咖啡；決定好要穿的衣服，包括首飾、絲巾和襪子；檢查好衣服是否有污點、褶皺或掉了鈕釦；把任何一件需要帶出去的東西都放在門前。永遠把鑰匙放在同一個地方，研究證明，平均每個成年人一年中有十六個小時在尋找遺失的鑰匙。

2.清理你的家，你所購買的每一樣家當都需要照料。

從點滴做起！一次整理一個抽屜或一個架子，如果它不適用了，就乾脆扔掉它。有條理是一個好習慣，可以防止收集過程中的雜亂現象。永遠不要「隨手」把東西暫時先放在那裡，別把夾克「暫時先」放在椅子上或把杯子「暫時先」放在水槽裡。就像人們常說的那樣：「別把東西放下，而要把東西收起來。」不這麼做的話，就意味著現在沒有一次做完，待會兒就至少得做兩次了。

3.溫和地說「不」。

「不」只是個簡單的字，卻可以幫助人們一週內省下不少時間。溫和而迅速地說「不」，給出一個簡短的理由，如「我確實沒有時間」，避免過於詳細的理由，因為別人可能會在你的理由中找出你無法再拒絕的理由來。

4.別省小錢而費時間。

我們大多數人都被教導要節約金錢，卻不知道更要節約時間。結果，我們甚至可能都沒考慮到，我們為了省幾分錢而浪費了更為寶貴的時間。是否真的值得為找一個畫架的掛鉤，在舊貨市場裡逛街，而它就在你家附近的五金店裡一眼可以看到。在飯店外面花上幾個小時等外賣，而實際上只要花點小費就可以讓人送貨上門。別用「我可付不起這錢」的藉口來搪塞自己，否則，你付出的代價就是你已浪費了兩倍的時間來想同一個問題了。

5.關掉你的電視。

對很多人來說，如果他們把在電視機旁處於半催眠狀態的時間拿出三分之一來，生活就會簡單得多。專家建議，應在看收視指南之前先安排好自己的活動日程，決定好要看什麼節目後，把節目錄下來，然後立刻關掉電視。再利用一些固定的時間，譬如，吃飯時或星期天

的下午，去看錄下來的電視節目。這樣就省下了你在電視機前等待的時間。

在你聽從這些專家的忠告以後，你的生活肯定會比以前變得簡單。

而當你的生活變得簡單後，你又可以從中獲得什麼呢？你將又有時間去做那些你最喜愛的事情了，不管是與孩子嬉戲，聽心愛的音樂，還是去旅遊。

享受你簡單的生活吧，沒有比這更美妙的了！

PART 3

第3部

馬太效應

　　這是一個贏家通吃的時代，富人享有更多資源——金錢、榮譽以及地位，窮人卻變得一無所有。

貧者越貧，富者越富

《聖經》中有這樣一個故事：

一位主人將要遠行到國外去，臨走之前，將僕人們集合起來，把財產委託他們保管。

主人根據每個人的才幹，給了第一個僕人五個塔倫特（注：古羅馬貨幣單位），給第二個僕人兩個塔倫特，給第三個僕人一個塔倫特。

拿到五個塔倫特的僕人把它用於經商，並且賺到了五個塔倫特。

同樣，拿到兩個塔倫特的僕人也賺到了兩個塔倫特。

但是拿到一個塔倫特的僕人卻把主人的錢埋到了土裡。過了很長一段時間，主人回來與他們結算。

拿到五個塔倫特的僕人，帶著另外五個塔倫來到主人面前，說：「主人，你交給我五個塔倫特，請看，我又賺了五個。」

「做得好！你是一個對很多事情充滿自信的人，我會讓你掌管更多的事情。現在就去享受你的土地吧！」同樣，拿到兩個塔倫特的僕人，帶著另外兩個塔倫特來了，他說：「主人，你交給我兩個塔倫特，請看，我又賺了兩個。」

主人說：「做得好！你是一個對一些事情充滿自信的人，我會讓你掌管很多事情。現在就去享受你的土地吧！」最後，拿到一個塔倫特的僕人來了，他說：「主人，我知道你想成為一個強人，收穫沒有播種的土地，收割沒有撒種的土地。我很害怕，於是把錢埋在了地下。看那裡，那兒埋著你的錢。」

主人斥責他說：「又懶又缺德的人，你既然知道我想收穫沒有播種的土地，收割沒有撒種的土地，那麼你就應該把錢存在銀行家那裡，讓我回來時能連本帶利地還給我。」

然後他轉身對其他僕人說：「奪下他的一個塔倫特，交給那個賺了五個塔倫特的人。」

「可是他已經擁有十個塔倫特了。」

「凡是有的，還要給他，使他富足；但凡沒有的，連他所有的，也要把它奪去。」

這個故事出於《新約‧馬太福音》，它的寓意是貧者越貧，富者越富。

上世紀六〇年代，知名社會學家羅伯特‧莫頓首次將「貧者越貧、富者越富」的現象歸納為「馬太效應」。

「馬太效應」無處不在，無時不有。

一個突出的現象是，在人類資源分配上，《馬太福音》所預言的「貧者越貧，富者越富」現象十分明顯：富人享有更多資源──金錢、榮譽以及地位，窮人卻變得一無所有。

日常生活中的例子也比比皆是：朋友多的人，會藉助頻繁的交往結交更多的朋友，而缺少朋友的人則往往一直孤獨；名聲在外的人，會有更多拋頭露面的機會，因此更加出名；容貌漂亮的人，更引人注目，更有魅力，也更容易討人喜歡，因而他們的機會比一般人多，有時一些機會的大門甚至是專門為他們敞開的，比如當演員、模特兒；一個人受的教育越高，就越可能在高學歷的環境裡工作和生活。

金錢方面也是如此：如果投資報酬率相同，一個本錢比別人多十倍的人，收益也多十倍；股市裡的大莊家可以興風作浪，而小額投資者往往血本無歸；資本雄厚的企業可以盡情使用各種行銷手段推廣自己的產品，而小企業只能在夾縫裡求生存。

可以說，無論是在生物演化、個人發展等領域，還是在國家、企業間的競爭中，「馬太效應」都普遍的存在。

馬太效應的因果分析

「馬太效應」的影響如此之大，那麼它產生的根源是什麼呢？在眾多關於馬太效應的因果分析中，以下七條是比較具有代表性的：

——規模效應

在自然界中，我們通常可以看到那些體形龐大的巨獸，牠們隨時都能對其他生物產生威脅，卻很少被弱小者擊倒。

同樣的，在經濟領域，我們也能看到類似微軟這樣的超級軟體公司，雖然同行恨之入骨，社會輿論也屢屢攻擊，很多人更是欲除之而後快，但微軟依然穩坐霸主位置，號令天下、誰敢不從？微軟「拆分風波」舉世矚目，官司打了多年，至今依然沒有定論，很可能從此不了了之。

因此，規模龐大是一種優勢，這是對「馬太效應」的一個例證。

——齒輪效應

鐘錶可謂是人類最精妙的發明之一，我們在讚歎之餘，也發現這樣一個現象：大齒輪轉一圈時，小齒輪要轉許多圈，時針走一圈，分針要走六十圈，分針走一圈，秒針要走六十圈。

這種齒輪效應在社會經濟生活中也有充分的展現：大人走一步，相當於小孩走兩步甚至三步；大企業不發展則已，一發展就將小企業遠遠丟在後面；由於總量之間的差別，發展中國家和地區增加兩個百分點，等於經濟落後國家和地區增加幾十個百分點。

因此，齒輪效應是形成「馬太效應」的原因之一。

——領先效應

「一步領先、步步領先」是馬太效應的另一闡釋。

一個公司，若在市場早期就能提供比對手優良10％的產品，則可能得到100％的市場占有率，即使對手後來提供了更好的產品，也很難重新佔領市場。

企業開拓市場的關鍵在於發現市場機遇。在以資訊為代表的新經濟環境中，機遇對於企業的發展表現得尤為重要，搶佔先機就意味著

成功了一半。

市場競爭初期的客戶開發成本相對低廉，隨著競爭的加劇，對於慢一拍的競爭者來說，獲得新用戶的成本就很高，而且從競爭對手中爭奪客戶更是很難。

因此，領先者擁有巨大的先發優勢。

——資源優勢

古語說：「多財善賈，長袖善舞」。擁有的資源越多，就越有可能獲得成功，最終成為「贏家」。比如在賭場上，一個人本錢越多，贏的錢也可能越多。

什麼是資源？所謂資源就是為做某件事情所必須具備的條件。如同自己的個人財產一樣，一些資源既可以用來發展事業，又可以用來與他人交換。我們常常所說的強弱，就展現在可掌握和使用的資源多寡上。

擁有豐富的資源意味著擁有更強的抗風險能力，也意味著擁有更加優勢的地位和更強大的潛力。

——聚集效應

在現實經濟生活中，我們發現這樣一個現象，越是那些業績優秀、資金充裕的公司，銀行越是想將資金給它，這就是資金的聚集效應。

人才與資金一樣，也有聚集效應。美國經濟的發展，便是人才「聚集效應」很好的例證。

公司的發展也遵循相同的軌跡，優秀的公司發展到一定階段後就會形成一種「吸引力」，優越的待遇、良好的公司文化、光輝的發展前途，都是吸引人才的重要因素。

而那些效益差、管理不善的公司，就會出現人才大量流失的現象，公司也很難再重振旗鼓。

——鎖定效應

經濟領域形成「馬太效應」的另一個原因就是商品存在著「鎖定效應」。

什麼是「鎖定效應」呢？當用戶從一種品牌的技術轉移到另一種品牌的技術時，必將為這種轉移支付一定的成本，當轉移成本過高，使使用戶望而卻步時，用戶就處於被鎖定的狀態。

比如，當你必須從Windows轉向Linux作業系統時，你不得不放棄原來已經熟練使用的各種軟體，損失掉原來精心設計的各種資料庫，並花費額外時間去掌握Linux的使用技巧。因此，很多Windows系統的使用者都不會再花時間去學Linux系統。

因此，當一項高科技產品開發成功，贏得市場以後，它便很容易掌握未來的市場，在激烈競爭中占有主動權。

——光環效應

「光環效應」是形成「馬太效應」的又一原因。

心理學認為，當一個人在別人心目中有較好的形象時，他會被一種積極的光環所籠罩，從而也把其他良好的品質賦予了他，這就是心理學上的「光環效應」。

著名學者羅伯特・西奧迪尼在他的行銷學著作《影響力》一書中指出，人們通常會下意識地把一些正面的品質加到外表漂亮的人頭上，像聰明、善良、誠實、機智等等。

同樣的，在經濟領域也是如此。一些知名品牌很自然地被人們賦予了光環，從而吸引了更多的消費者。

只有第一，沒有第二

有一匹著名的賽馬，在其競賽生涯中贏得很多次冠軍，為主人獲得了數千萬元的高額獎金，後來把牠標價出售時，牠的價格比一起參

賽的馬高出一百倍。

為什麼會出現這種現象呢？是牠比其他馬的速度快上一百倍嗎？

不是，牠只是比其他馬跑得快一點點——在大多數比賽中，牠只超過獲得亞軍的馬一個鼻子，裁判甚至不能直接判斷輸贏，只有看完兩匹馬衝線時的錄影才能確定。

在人類競爭的每一個領域，正是這種微小的差距將贏家和其他人區別開來。

想一想那些二流人物的所得所失吧，他們雖然只比一流人物差一點點，可是在享有的聲譽和利益方面相去甚遠。

一個是經過努力獲得回報的成功者，一個是同樣付出卻功虧一簣的失敗者，雖然失敗者只少跑了幾步，不幸的是，那是最有價值的幾步。

人們對自然界的認識也也存在「馬太效應」。

誰都知道世界第一高峰是珠穆朗瑪峰，並且知道它的高度。但是有誰知道世界第二高峰呢？

不少好事者對這個問題做過專門調查，甚至問過好幾個地理學的博士生，但幾乎沒有人能快速地給出答案。

其實位於印度境內的喬戈里峰僅比珠穆朗瑪峰低二百三十七公尺，這個差距還不到珠穆朗瑪峰高度的百分之三。但正是由於這個不到3％的差距，排名第二的喬戈里峰除了被一些狂熱的登山運動員所知以外，其他人很少知道。珠穆朗瑪峰僅僅高了那麼一點點，那麼一點點的「勢能」，就將名列第二的喬戈里峰給「壓過」了。

現實生活中，這樣的例子不勝枚舉。那些「強勢」一點的媒體，把廣告費「吞」了幾億、幾十億，而那些沒什麼「強勢」的媒體，連幾十萬也「吃」不著。現實就是如此殘酷。

韋爾奇任通用電氣總裁不久就提出了著名的「No.1 or No.2」戰略，就是說任何一個領域只有位居第一或第二位的企業才有實力面對殘酷的競爭，贏得鉅額利潤。

個人事業的發展也是如此。如果我們提問，誰是籃球王國的NO.1，大家都會說是喬丹。但是很少有人深思這樣一個問題：第一比

第十在能力上能強過幾十倍嗎？不是，喬丹的才華並沒有比其他優秀球員強幾十倍，但是他們的收入卻相差幾十倍。

一名在商業諮詢機構擔任顧問的教授，其職位比另一位同事高了兩級，但他得到的報酬是同事的十倍。他坦言道：「難道我真的比他能幹十倍嗎？當然不是。這就是贏家通吃的殘酷現實。」

現實生活是殘酷的，並不遵從公平原則。一個對生活抱有希望的人，一個想成就一番事業的人，不能停留在抱怨上，而是應該正視「贏家通吃」這一現實，增強心理承受能力，促使自己成長，爭取有朝一日成為某一領域的NO.1。

菁英者的時代

在「馬太效應」的作用下，現代社會已經進入了一個菁英者的時代。

超級巨星和新興專業的頂尖人物可以獲得天文數字般的薪資，並且依然還在不斷上漲。

電影導演史蒂芬·史匹伯在一九九四年賺進了一億六千萬美元，而眾多同樣擁有才華的電影導演，往往只能賺到極小的一部分酬勞。

一個成熟的市場往往被市場佔有率第一、第二的企業所主宰，大多數公司都是朝不保夕，一不小心就會被淘汰出局。

譬如美國汽車市場，通用和福特雙雄並立，穩定的業績和利潤保證使之不必過於擔心生存問題。而排名第三的克萊斯勒一直在生死線上掙扎，雖然能幹的艾科卡曾一度給這個公司帶來過輝煌成績，但終究還是「人算不如天算」，幾經沉浮之後，終於被賓士收購。

這些現象有一個共同的特徵：任何個體、群體或地區一旦在某一方面（如金錢、名譽、地位等）獲得成功和進步，產生優勢積累，也就有更多的機會取得更大的成功和進步。

讓我們再放眼社會的各個領域，你就會發現頂尖人才享受著空前的優渥待遇，而且這種現象早已司空見慣。

在職業運動界的足球、籃球、高爾夫球、橄欖球、網球或其他流

行運動中；在建築、雕刻、繪畫或其他視覺藝術裡；在任何形式的音樂、電影和戲劇中；在出版業裡的小說、散文或自傳中；甚至在電視談話節目、新聞廣播、政壇或其他可界定專業範圍的領域……專業菁英總是聚光燈的焦點，光彩萬分。

不僅如此，流行程度與金錢的報酬同樣集中在少數人身上。

市面上賣出的小說中，超過80％的銷售量集中於不到20％的幾本。其他出版品，如流行音樂的專輯和音樂會、電影，甚至商業類書籍亦然。在演藝界、電視圈更是如此。

還有，高爾夫球和網球的比賽獎金，總獎金的80％歸於不到20％的職業選手；至於賽馬，80％以上的獎金，落在不到20％的馬主人、騎師和訓練人員身上。

整個世界逐漸市場化，位居專業頂尖位置者，佔去了龐大的酬金。在一九九四年《富比世》雜誌所列的富翁排行榜中，排名第二的是律師賈梅，他的名氣比不上家喻戶曉的網球明星阿格西，然而他在一九九四年賺了九千萬美元，是阿格西收入的四倍。

在那張表中，接下來所列的高收入者是企業律師、外科醫生、炙手可熱的企業主管，投資銀行業者、稅務專家以及一大堆其他專業人士。

在這些專業領域中，愈來愈奉行「贏家通吃」的做法，頂尖的人才和公司所得的酬勞，比低他們一級的人或公司高出好幾倍。

這些事實說明，注意力已成為財富分配的軸心，商家為獲取注意力而加大投入，廣告業已從傳達資訊到生產附加值，市場的變化推進了注意力經濟的發展，網路風暴凸顯了注意力經濟的特徵，一個「概念」富甲天下的時代不再是可望不可及的夢幻。

一個明星做一次廣告的收入可以上千萬元，要比上千個工人辛苦一年的所得還要多。難道明星一次出鏡所包含的工作時間是一個工人一年工作時間的幾千倍嗎？非也！但為他帶來財富和地位的最重要因素是大眾的「注意力資源」。

著名傳播學家麥克·盧漢早在三十一年前就已指出，電視臺實際上是在租用大眾的眼睛和耳朵做生意。

電視臺購買大眾注意力的投入，是要製造我們愛看的電視節目，而我們是用注意力為「看節目」繳費。我們交給電視臺的注意力，就成了電視臺巨大的資源，然後他們將這一資源高價賣給需求這種資源的人（需要做廣告的商家）。對於生產商來說，做廣告就是在高價收購注意力。

贏家制定遊戲規則

社會學家羅伯特·法蘭克教授在《贏家通吃的社會》一書中，對「馬太效應」揭示的現象進行了深入的研究。他認為，在「贏家通吃」的社會，遊戲規則往往都是贏家所制訂的。

微軟在網路時代的壟斷地位可以很好地說明這個問題。

有很多軟體發展商聲稱自己的產品在性能上超過了微軟的產品，這也許是真的（至少在某些領域和某些環節是這樣），但人們還是普遍採用微軟產品。

其原因是什麼呢？

首先是微軟的信譽度。從DOS到Windows系統，微軟一直掌握著個人電腦作業系統百分之九十以上的市場比例，這為它累積了巨大的信譽。

其次，微軟產品要比其他產品有更好的相容性。微軟產品自身的強大功能固然是一個原因，但更重要的原因是：絕大多數硬體、軟體發展商都不會另製一套與微軟「不相容」的產品或系統，因為那無異於自掘墳墓。換句話說，微軟可以不必考慮與別人相容，而別人一定得考慮和微軟相容。而影響力不大的產品，即使性能再優秀，也享受不了這種待遇。

網路增值的規律是規模越大，用戶越多，產品越具有標準性，所帶來的商業機會就越多，收益呈加速、成長趨勢。

因此，標準化、規模化意味著社會成本的降低、經濟效益的提高，這是網路時代中所有廠商追求的一種目標。電子資訊業因為行業較新，許多產品規格尚未標準化。誰能建立標準規格或者跟對了贏家

的規格，誰就是「馬太效應」的獲利者。

因此，現在廠商之間的競爭，絕大部分是「規格戰」。

在市場上，如果一個企業有能力將自己的產品標準化，並成為市場的主流產品時，該產品的價值就越高，而且使用的人也越多。市場上主流產品的使用價值已大大超過它的物質表現，在許多方面是生產這種產品的人想不到的，這樣，即使價格再高也有人願意買。

在這裡，價高少買、價低多買的需求規律對資訊產品似乎也不起作用了。網路經濟條件下的新需求規律是：使用者越多，出價就越高，或者說是「邊際效益遞增」。

「贏家制訂遊戲規則」在國際間的競爭中也非常明顯，一個最好的例子是聯合國裡五大常任理事國的否決權。

出了名，什麼都好辦了

在當今社會，「成名」已經是「成功」的最快捷方式。名聲在外的人，會有更多拋頭露面的機會，傳媒更願意採訪、報導他，商家更願意邀請他做廣告，他也會因此而更加出名。

成名可帶來多方面的成功，包括金錢、特權、榮譽、地位、影響力、人際關係等，而且只要行之有道，任何人都可以快速成名！

「現代成名學」創始人博斯丁一手創辦的「名聲訓練法」，自上個世紀九〇年代以來在歐美各國風行一時，許多國際舞臺上赫赫有名的大人物，都是援用這套方法而成名的。如美國政壇上聲望極高、被公認為歷史上最擅長「表演」的總統雷根，還有躲過幾次世紀性醜聞、卻仍然安坐其位的科林頓等，都是最具代表性的成功案例。

「成名學」的核心論點是：在資訊化時代，「名人」是「商品」，「名聲」可以帶來巨大的商業利益，而且可按照「名聲工廠」的標準化模式製造出來，並經由媒體褒貶炒作，在旦夕間起落。

所謂的「名聲製造業」源自好萊塢，是指以經紀公司為核心，以公關運作、形象設計、教育訓練、廣告宣傳等為手段的一種新型產業。

如今這項產業已深入社會的各個領域，正深深地影響著我們的思維方式與生活方式。

　　現代名人的名聲宛若一具「印鈔機」，瞬間就能帶來萬倍身價。

　　香港演員成龍剛出道時，當臨時演員、替身、武行的價碼，一天不過幾十元港幣；幾年後漸漸升為主角，一部戲的片酬不過一萬多港幣；而今他紅遍國際影壇，片酬已漲至億元港幣以上。

　　露文斯基在與科林頓的緋聞案之前，默默無聞，緋聞案之後，聲名大噪，一小時的採訪費就高達幾萬美元。這當中身價的差異，奧妙就在於「名聲」。

　　因此，你必須熟悉整個名聲產業的運作流程、各行業間環環相扣的互動關係，尤其須熟悉媒體的發稿程序、新聞取捨標準、誰有權力安排你上鏡頭接受採訪等。

　　藉助媒體炒作的機會，你才有可能建立知名度，進一步吸引贊助者，運用更專業的名聲訓練法及更多的資源，將你推向更大的名聲市場，建立更大的知名度。

　　這時你就會發現，只要出了名，辦什麼事情都會簡單得多。因此，個人的品牌和知名度是你走向成功的通行證。

■ 成功是成功之母

　　常言道：「失敗是成功之母」。這句話有一定道理，但不是絕對的，它有一定的適用範圍，試想一下，如果你屢屢失敗，從未品嚐過成功的甜頭，你還有必勝的信心嗎？你還相信失敗是成功之母嗎？

　　成功有倍增效應，你越成功，你就會越自信，越自信就會使你越容易成功，從這種角度來說，成功是成功之母。

　　成功與失敗也有兩極分化的「馬太效應」，成功會使你越自信，越能成功；而失敗會使人越灰心喪氣，離成功越來越遠。

　　拿破崙一生曾打過一百多次勝仗，勝利使他堅信自己會所向披靡，而且也使敵人聞風喪膽。

　　當然，提倡「成功是成功之母」並不反對人們從失敗中學習。

「失敗是成功之母」對於抗挫折能力強的成年人來說，可能是正確的，但對於心智尚未成熟、意志還很脆弱的中小學生來說，並不那麼適用。

對中小學生而言，「成功是成功之母」可能更適合他們的發展。成功教育使人走向成功，失敗教育使人走向失敗。即使是天才，也需要成功的機會來塑造。

成功的教育像無影燈一樣，不會給學生心靈上投下陰影，反而會滿足他們自我實現的需要，產生良好的情緒體驗，成為不斷進取的加油站。

當一名學生取得成功後，因成功而釀造出的自信心，促使他取得更好的成績。隨著新成績的取得，心理因素再次得到優化，從而形成了一個不斷發展的良性循環，讓他獲得不斷的成功。

藉由體驗成功，學生將產生積極向上的心態，具有了更大的發展潛力，會取得更多的成功。這就是「馬太效應」在教育領域的靈活運用。

先做成功者，然後成功

成功需要多種能力、品質和資源，不過，首要的一條是，你必須「看起來像一個成功者」。

對於剛剛開始奮鬥的創業者來說，營造成功者的形象尤其重要——就是使你看起來更成熟、更有實力、更值得信賴。你的形象會告訴別人：你現在是贏家，而且永遠是！

人的認識有一大特點，就是喜歡在瞭解之前就做出判斷，對事物如此，對人也是如此。人們普遍重視「第一印象」，並根據這一印象形成對某個人的判斷。這種判斷有可能準確，但也可能錯誤，可是一旦形成，就很難改變。

社會心理學家艾爾帕奇在一本著作中，研究了時裝對個人事業的影響，書中描述了他的一次試驗。

在這個試驗中，他把一個人安插進一家大型公司的總部，要他讓

一百個祕書把他的公文箱取回來。

在對前五十人進行試驗時，這個人穿著一雙黑色、飾有大白鞋扣、鞋尖磨壞的皮鞋，一件俗氣的青綠色上衣和一條印花棉布領帶。

在這組試驗中，五十個祕書中只有十二人聽從了他的吩咐。

接著，同一個人穿上了華貴的藍上衣、白襯衫，繫著一條圓點絲質領帶，腳上穿著一雙高級皮鞋，髮型整齊。

在後來的試驗中，五十個祕書中有四十二人提供了他要求的服務。

所謂「成功者的形象」都包括哪些東西呢？它可能是外表，可能是行為，也可能是一些制度，但它們的作用是相同的，就是使你或你的公司看起來更成熟、更有實力、更值得信賴。

這其實並不容易，因為如果你並不真的具備某種特質，假裝具備它是很難的。不過你還是應注重這些表面功夫，一旦你的成功形象樹立起來，你成功的機會就會隨之而來。

無論你從事什麼職業，當開始一項新的工作時，你都必須注意你的形象，使你能夠迅速地達到目的。

修理技師邁克爾打算自己創業，他下了很大決心在市中心租了一間辦公室。結果他發現，過去主動上門的顧客極少。但是，現在的顧客增強了對他的信任，他們都開始給他提供大宗的訂單。

他說：「真怪，過去從不上門的那些人，開始與我有了業務聯繫，而且一些陌生人也開始與我聯繫商定合約，就好像過去我修不了他們的機器，而現在我的技術突然提高了一樣！」

年輕的斯科爾醫生從醫學院畢業後，打算從事整容醫師的行業，他把所需要的辦公室設計方案整理好，交給房屋設計師，設計師很吃驚，這位年輕醫師竟打算在接收第一個病人之前就花費那樣多的錢財。

然而這名醫生認為：「在整形外科手術這一行業中，你必須為自己的病人創造這樣一種氣氛，能表現出你不僅在事業上獲得了成功，而且還有多年從業經驗。沒有哪個人想讓一個毫無經驗的醫生為他的女兒做整形手術。對於拔牙或者切除皮膚粉瘤這樣的小手術，人們也

許不會過分關注醫生的經驗。但是，對美容手術來說，他們就會考慮選擇一個醫術高明、經驗豐富的醫師。」

年輕的整容醫師搬進了他的新辦公室，並用傳統方式把他的辦公室裝飾起來，使人感到他已從事此行業多年。這使他成功地樹立起了可靠的專業形象，他的生意非常興盛。

當然，必須指出的是，這位醫師的確具有高超的技術和豐富的經驗。如果沒有內在的保證，再好的門面也只是門面而已。

事事領先一步

毋庸諱言，每個人都想進入好上加好的良性循環，而極力避免進入壞上加壞的惡性循環。

但僅有好的願望是不夠的，成千上萬的人和你一樣在渴望著成功和富有，在心理的起跑線上，你和他們是別無二致的。

所以，要想脫穎而出，必須順應馬太效應，找到成功的正確道路。

經營的要訣、經驗多如牛毛，你不可能都記在心中。你只要記住「領先」這個要訣就行了。

事事領先一步，說起來容易，做起來卻很難。但只要你是一個有心人，你就可以見微知著，從許多小事中看到機會。你能率先抓住一個機會，便會從中受益無窮，哪怕是搶先半步，也會步步領先。

由於商業活動中以稀為奇、以少為貴的現象越來越突出。所以，要想超出眾人，出類拔萃，就必須有「絕招」，那就是在「稀奇」、「獨特」上下功夫、打主意，見人所未見、為人所未為，才能出奇制勝。

事事領先一步，還要求你有高瞻遠矚的眼光。

當一個公司需要長期的整體計劃時，會接觸到一些關鍵性的問題，比如「數年後，顧客的需求將是什麼？競爭對手的發展狀況如何？投資環境如何？十年後我們的公司將發展成什麼樣的公司？」

這時，由於各個公司所遇到的情況各不相同，也無法做系統性的

量化分析，因此，必須有一名經驗豐富的管理者，他不僅充分瞭解公司的設備、人事，而且也具備高瞻遠矚的眼光，明白新材料的發展情形和市場上的各類產品的發展態勢，才可能回答出上述的那些問題。

有人曾問過著名的企業家彼得‧杜拉克，他如何開始審視一個公司失敗的原因，杜拉克回答道：「我總是先看看十二年前有哪些事是可以改變的。」

可見，如果一個公司最後遭遇失敗，那一定是很早以前的決策就出現了失誤。一個公司所做的長期計劃，所牽涉的因素很多，包括各項政治、經濟因素、公司內外的變動等，這些都是不能夠用數字去測量的。因此，在做長期計劃時，無論如何謹慎，少許的偏差仍是不可避免的。

但是，如果你的思考能力足夠強，又有高瞻遠矚的眼光，就能把決策失誤降低到最低限度，就能在眾多競爭對手中脫穎而出。

對於善於思考而又能掌握領先要訣的人，他的經商前途一定是光明的。

不要進入死胡同

人們常抱有這樣一個看法，認為自己雖然遇上了許多困難，但這時只要再堅持一下，成功往往就會到來。

這個看法並沒有錯，問題在於，如果你所選擇的道路本身就存在著一些難以克服的問題，這個時候就不應該再堅持下去，否則你將進入死胡同。

或許你一直抱著這樣一個觀念：每一個成功的企業，差不多在開始的時候都出現過困難，度過了難關之後，前面就是康莊大道。

其實，如果你一開始就選錯了道路，遇到困境，還一味的撐下去，你可能很快就會陷入破產的困境之中。

日本有句諺語叫做「滾石不生苔」，美國也有類似的說法。但對這句話的解釋，美日之間有很大的差異。

日本所謂的「滾石不生苔」是指，如果不在一個地方穩定下來，

一直四處打轉的話，就不會得到現實的收穫。這裡的「苔」指的是經驗、資產、技巧、信用等等。

但美語中這句話的意思完全相反。它是指一直轉動的石頭才不會沾附青苔。這裡的「苔」指的是僵化的思想和行為模式。對於有能力、一直創新進取的人而言，保持現狀就意味著退化。

由此可以看出，美日之間對於換工作的看法，差異竟是如此之大。這既反映出東西方特有的文化差異，也反映了面對改變工作時人們的矛盾心理。

人們的第一份工作並不一定是最理想的，也不一定是最合適他做的。特別是走上社會開始工作時，人們都還年輕，對自身、對社會缺乏深刻的瞭解，這時的選擇很可能並不準確，況且，也沒有那麼多理想的工作供你選擇。

大多數人對自己的工作都有一些厭倦，但真正換工作的人並不多，為什麼？就是因為很多人發現換工作並不那麼容易。

正如前面諺語的日式解釋所說的，一個人離開原來的工作去從事新工作，他的損失是相當大的，多年來他所累積的資歷、職位、經驗和人際關係網路等等可能都變得完全沒用了。

另外，人都是有行為定式和心理惰性的，到了一定年齡，經驗也許增長了一些，但銳氣消磨了不少，這也是一種資源的損失，也能使很多人缺乏面對新挑戰的勇氣和決心。

這裡我們又要面對一個「馬太效應」設下的兩難陷阱：

——為了使我們的成功資源更具有成長性，需要換工作；

——為了使我們成功的資源不被削減，不要換工作。

面對這一兩難處境，你該如何選擇呢？

這時，你一定要三思而後行，面對任何問題，都應該客觀冷靜地進行評估，權衡利弊，然後做出判斷。

一般人在萬般努力之後還沒有成功，乃是因為其自身所具備的潛力並沒有發揮出來。

之所以會發生這種情況，主要是因為工作與性情不合，也就是適不適應的問題。每個人的能力多寡，多少會有些差異，這一點確實無

可否認，但能力卻可能因為好的環境而發揮到最大極限：這就是適應性。

適應性是指不抹殺自己的個性，讓自己的能力全然發揮的一種狀態。人會因機運而綻放耀眼的光芒，所以越早找到適合自己性情的工作，就能越早獲得成功。

從事適合自己的工作不僅能心情愉快，還會對工作樂此不疲，創意與精力源源不斷，同時也能從每日的工作中發現自己的進步。

你應該努力去發現自己到底適合什麼樣的工作。倘若知道了自己適合做的工作，就要善用自己的天分來採取行動，光是被動坐等，永遠也不能改變現狀。

改變遊戲規則和遊戲場所

依照「馬太效應」，企業一旦在某一領域落後，就很難在這個領域中趕上或超過領先的企業，難道說輸家就永無翻身的機運了嗎？

事實並非如此。身為輸家，想要翻身的確不易，但是輸家有一個反敗為勝最重要的殺手鐧——「改變遊戲規則或遊戲場所」。

巨大的恐龍也會在天災中滅絕，而弱小的哺乳類卻可以逃過劫難。時局的巨變往往是打破「強者恆強」規則的最佳機會。

想想看，三十年前微軟公司還不存在，而今天它已經成了主宰未來的幾股重要力量之一。如果沒有電腦技術的飛速發展，這種事只有在《天方夜譚》裡才會出現。

這裡需要注意，雖然有的大公司會因各式各樣的原因倒下，但「馬太效應」總是有效的，在這個競爭激烈的世界上，要想取勝甚至僅僅是生存下去，你就必須抓住機遇使自己變得強大。

如果你的起步比別人晚，從現在開始，每天都要付出大量努力，你要去思考如何能比別人捷足先登，也就是做前瞻性的思考，培養和樹立起超前意識，具備前瞻眼光，做每一件事情都要比別人早一步，要比別人更迅速地掌握未來的動態、未來的資訊、未來的走向。

不如此，你就很難準確地看到生活中一閃而過的契機，你也很難

把握由此帶來的重大機遇；不如此，它往往使我們跌落在隨波逐流的人流大潮之中，以至於很難邁進「領先」的道路。

越是「領先」，空間就越大，越是擠在擁擠的人流大潮中，空間就越小，生活的道理本來就是如此簡單。

所謂前瞻眼光和超前意識，表現在三個方面：一是在動態中準確地預見事物的發展趨勢；二是在靜態中，即時地預見事物產生的變化；三是在平常的工作、生活、學習以及友好往來中善於發現不顯眼的機會，並預見到它蘊含的價值和意義，從而牢牢地抓住它，充分地發展自己。

人們常說，機會人人都有，就看你能不能發現，能不能抓住。

你若想成功，必須培養自己的前瞻眼光，用超前的意識去想一想、看一看，有沒有什麼潛在的「契機」可以抓。若有，就要抓住不放，並讓它成為你打開成功之門的鑰匙。

把握機會秀自己

每個人的一生中都有許多轉折和變化，這些轉折和變化往往會改變人一生的命運。

所謂「轉振點」就是指人生中某項重大的決定改變了未來的發展。而這些決定的成敗，則在於是否成功地掌握了機運。

因此，你必須抓住機會，把自己的才華全都展現出來。

喬‧吉拉德在做生意失敗後，轉而推銷汽車。其他業務員都在賣車中心等待顧客上門，邊喝咖啡邊聊天，而他則是不斷地打電話、寫信，想盡各種方法主動推銷，終於成為一位偉大的推銷員。

機運不會從天而降，機運只會光臨有所準備的人。主動尋找機運，才能掌握機運，獲得成功。

成功的人似乎都有敏銳的直覺、判斷力以及獨到的眼光，事實上，這些都是經過長期經驗累積而來的。

發現機會，把機會轉化成為事業確實要獨具慧眼。你要知道這種機會後面隱藏的意義：它代表一個巨大的潛在市場、競爭優勢、豐富

的利潤或獨佔的事業。

　　成功的人往往都具有冒險精神，高利潤也往往伴隨著高風險。但是，冒險必須與準確的判斷相配合，要看得準，並要大膽、果決地投入。

　　「不入虎穴，焉得虎子」，成功需要膽識。光有才智而無冒險精神是遠遠不夠的。

　　不冒險肯定無所得，冒險的話，可能會面臨失敗，但也可能獲得成功。就算是失敗也可以學到經驗，在不斷地嘗試失敗的過程中，最終都能獲得成功。

　　時機一逝即去，不可復得。當時機來臨時，必須當機立斷，不可猶豫不決。

　　成功需要選對時機。但是，選擇時機還要恰到好處。投入太早，還沒有市場；投入太晚，卻會失去機會。因此，一定要掌握成功的時機，伺機而動。好運來時要攻，壞運來時要守。

集中優勢兵力奮起一搏

　　輸家要想反敗為勝的另外一些戒律就是：培養核心競爭力，成為某個領域的菁英人物；當可利用資源有限時，必須學會「集中優勢兵力」這一戰術原則，將你的時間、精力、才能、金錢等投入到最有希望獲勝的戰場，確立自己在這一領域的優勢地位。

　　一個人的時間和精力畢竟是有限的，而現代科學發展的一個突出特點，是既高度綜合又高度分化，這就決定了你只能有所不為才能有所作為。

　　所以，你要在浩瀚的知識海洋裡選擇某一領域，作為自己的努力方向；另一方面，還要耐得住寂寞，心無旁騖，把大量時間和精力用於業務工作，盡量減少一些無謂的非專業性事務和社會活動。

　　只有這樣，才能保證自己專一而精深，不斷取得成功。一個人如果過多分散精力於非本職領域，就可能盲目碰壁，無所作為。

　　另外，要善於運用你的資源。不要企求面面俱到，而要學會攻其

一點。其實，勝利的奧祕就在於你如何運用你的資源，並將能力發揮至最佳。

你的每一場勝利都會使雙方的實力對比發生變化，這樣不斷「積小勝為大勝」，直至取得全局性優勢時，「最後的決戰」也就勝券在握了，因為「馬太效應」已經完全站在你這一邊。

你一定知道許多戰爭中以少勝多的例子。這些例子似乎是違反馬太效應的——小的一樣能戰勝大的，不是嗎？

可是，如果你仔細分析一下這些戰例，可能會發現：其中只有極少部分是藉由以劣勢兵力與對方的優勢兵力正面決戰而獲勝的，這種勝利又往往取決於某些特殊情況，如天時、地利，或者對手只是一群烏合之眾，而自己一方戰鬥力很強。

更多的情況是，劣勢一方的統帥善於高效率地使用他的少數部隊，他往往透過巧妙地設置假象，使對手的判斷發生錯誤，分散兵力，然後個個擊破。

也就是說，雖然從雙方總體實力對比來說，勝利一方處於劣勢，但在每一場具體的戰役中，勝利一方都是以優勢兵力擊敗對方的劣勢兵力，這正是《孫子兵法》所說的「倍則分之」。從這個意義上說，這些勝利者才是真正瞭解「馬太效應」的力量並善於駕馭它的人。

「集中優勢兵力」這對於我們來說是個非常有用的原則。當可利用資源有限時，聚集你所有的力量，奮起一搏吧！

警惕負面影響

在享用「馬太效應」帶給我們無限啟發的同時，我們必須警惕它所帶來的三點負面影響。

1.馬太效應與學術腐敗

在學術界，「馬太效應」經常與學術腐敗聯繫在一起。

比如，已經成名的學者，哪怕他的論文乏善可陳，也很容易被

學術刊物錄用；而無名小輩的論文，哪怕水準再高，也往往被刊物拒絕。

於是，知名大家和無名小輩就從各自需要出發利用起「馬太效應」來，就有了與「權力剝削」學生的「名望剝削」。比如，導師領銜在研究生的論文上署名，而研究生也只好「心甘情願」地任導師剝削了——你不讓導師剝削，你就永遠別想在學術界佔有一席之地。

這種「馬太效應」所必然產生的負面效應便是，「著名學者」越來越遠離學術，越來越重視學術權力；而沒有學術著作又想佔有學術權力，便只能營造虛名、製造泡沫學術。

2.馬太效應與教育公正

「馬太效應」在學校教育中也是普遍存在的，而且往往影響到教育公正。

比如，學校管理水準高、辦學品質好，就有條件招聘到好的老師，師資就會越來越好；相反，不好的學校很難招到好的老師，即使目前有好老師，也會逐漸另謀高就，因此，學校會越辦越糟。

自信心強的學生，什麼事情都勇往直前；而自信心差的正相反。結果，自信的學生上課大膽發言，與同學交往遊刃有餘，不斷地獲得新的成功；自信心差的學生話也不敢說，做事謹小慎微，由於缺乏信心，結果總是失敗，因此變得更加自卑，甚至自我封閉。

教育公平是社會公平之本，一個社會要保障最基本的公平，最重要的調節手段是教育。因此，教育投資體制中的「馬太效應」必須引起足夠的重視和糾正，從根本上實現社會公平。

3.苦難欺負弱者

苦難也會呈現出「馬太效應」。

非洲各國國力衰弱，資源貧乏，但那裡偏偏是個愛滋病氾濫的地方。愛滋病這一世紀惡魔折磨著那些在貧困中掙扎的人們，使非洲人

10天打造超強的成功智慧
一次讀懂20部黃金智慧法則

民的災難雪上加霜，苦不堪言。

　　貧窮不是罪，但貧窮確實是多災多難的理由。

PART 4

第4部

鯰魚效應

　　一種動物如果沒有對手，就會變得死氣沉沉。同樣，一個人如果沒有對手，那他就會甘於平庸，養成惰性，最終導致庸碌無為。

老漁夫的祕密

很久以前，挪威人從深海捕撈的沙丁魚，總是還沒到達岸邊就已經口吐白沫，漁民們想了無數的辦法，想讓沙丁魚活著上岸，但都失敗了。

然而，有一條漁船總能帶著活魚上岸，他們帶來的活魚自然比死魚的價格貴出好幾倍。

這是為什麼呢？這條船又有什麼祕密呢？

原來，他們在沙丁魚槽裡放進了鯰魚。鯰魚是沙丁魚的天敵，當魚槽裡同時放有沙丁魚和鯰魚時，鯰魚出於天性會不斷地追逐沙丁魚。在鯰魚的追逐下，沙丁魚拚命游動，激發了其內部的活力，從而活了下來。

日本也有一個類似的故事。

日本的北海道盛產一種味道珍奇的鰻魚，海邊漁村的許多漁民都以捕撈鰻魚為生。鰻魚的生命非常脆弱，只要一離開深海區，不到半天就會全部死亡。

有一位老漁民天天出海捕撈鰻魚，奇怪的是，返回岸邊之後，他的鰻魚總是活蹦亂跳。而其他捕撈鰻魚的漁民，無論怎樣對待捕撈到的鰻魚，回港後幾乎是死的。

由於鮮活鰻魚的價格要比冷凍的鰻魚貴出一倍，所以沒幾年工夫，老漁民一家便成了遠近聞名的富翁。周圍的漁民做著同樣的事情，卻一直只能維持簡單的溫飽。

後來，人們才發現其中的奧祕。原來鰻魚不死的祕訣，就是在船倉的鰻魚中放進幾條狗魚。

鰻魚與狗魚非但不是同類，還是出了名的死對頭。幾條勢單力薄的狗魚遇到成倉的對手，便驚慌地在鰻魚堆裡四處亂竄，這樣一來，整船死氣沉沉的鰻魚被全部撥動了。

這就是「鯰魚（狗魚）效應」的由來，「鯰魚效應」的道理非常簡單，無非就是人們透過引入外界的競爭者來激發內部的活力。

但就是這麼一個簡單的道理，一開始在挪威和日本也僅有少數幾個老漁夫才能知道。

自從「鯰魚效應」的祕密被大家知道以後，已經被用到生活的各個方面。

招聘好動的「鯰魚」

由於缺乏工作經驗，大部分企業紛紛對應屆畢業生說「不」，只有少數企業對應屆畢業生敞開了大門。但就是這少數的幾家企業成為掌握祕密的「漁夫」，因為應屆畢業生給這些企業帶來了「鯰魚效應」，增強了整個團隊的競爭意識和危機意識，促使企業的競爭力不斷提升。

而在日本，很多企業早就瞭解「漁夫的祕密」。他們從中領悟了一套用人之道，即不斷從公司外部找到「鯰魚」型的人才，讓公司上下的「沙丁魚」都「游動」起來，從而製造出一種緊張氣氛，使全體員工更加勤奮地工作。

一個單位或部門，如果人員長期固定，彼此太熟悉，就容易產生惰性，削弱組織的活力。這時，如果能從外部招聘個別「鯰魚」，他們就能以嶄新的面貌對原有部門產生強烈的衝擊。同時，他們可以很好地刺激其他員工的競爭意識，克服員工安於現狀、不思進取的惰性。

因此，要想調動現有員工的積極性，提高企業的管理和技術水準，最好的辦法就是招聘好動的「鯰魚」。

此外，鯰魚威脅沙丁魚的生存，只是使沙丁魚發揮生命的潛能從而達到保鮮作用，而人才的引進一方面可以調動機構人員的積極性，另一方面可以帶來先進的管理經驗和專業技術。

所以，有意識地引入一些「鯰魚」，透過他們挑戰性的工作來打破昔日的平靜，不僅可以激發整個團體，還能有效地解決原有員工知識不足的缺陷。因此，現代意義的人力資源管理成為「鯰魚效應」的最大受益者。

引入外來的競爭者

在祕魯的國家級森林公園，生活著一隻年輕的美洲虎。

由於美洲虎是一種瀕臨滅絕的珍稀動物，全世界僅存十七隻，為了更好地保護這種珍稀的老虎，祕魯人在公園中專門建造了一個虎園。這個虎園占地二十平方公里，並有精心設計的豪華虎房。

虎園裡森林藏密，百草芳菲，溝壑縱橫，流水潺潺，並有成群人工飼養的牛、羊、鹿、兔供老虎盡情享用。凡是到過虎園參觀的遊人都說，如此美妙的環境，真是美洲虎生活的天堂。

然而，讓人感到奇怪的是，從沒人看見美洲虎去捕捉那些專門為牠預備的活食；從沒人見牠王氣十足地縱橫於雄山大川，嘯傲於莽莽叢林；甚至不見牠像模像樣地吼上幾聲嗓子。與此相反，人們經常看到牠整天待在裝有空調的虎房裡，或打盹，或耷拉著腦袋，睡了吃、吃了睡，無精打采。

有人說牠也許太孤獨了，若有個伴兒，或許會好些。於是，祕魯政府透過外交途徑，從哥倫比亞租來一隻母虎與牠做伴，但結果還是老樣子。

有一天，一位動物學家到森林公園來參觀，見到美洲虎那副懶洋洋的樣兒，便對管理員說：「老虎是森林之王，在牠所生活的環境中，不能只放上一群整天只知道吃草，不知道獵殺的動物。這麼大的一片虎園，即使不放進幾隻狼，至少也應放上兩隻豺狗，否則，美洲虎無論如何也提不起精神。」

管理員們聽從了動物學家的意見，不久便從別的動物園引進了幾隻美洲豹。這一招果然奏效，自從美洲豹進虎園的那一天，這隻美洲虎再也躺不住了。

牠每天不是站在高高的山頂憤怒地咆哮，就是有如颶風般俯衝下山崗，或者在叢林的邊緣地帶警覺地巡視和遊蕩。老虎那種剛烈威猛、霸氣十足的本性被重新喚醒。牠又成了一隻真正的老虎，成了這片廣闊虎園中真正意義上的森林之王。

一種動物如果沒有對手，就會變得死氣沉沉。一個人如果沒有對手，那就會養成惰性，甘於平庸，最終導致庸碌無為。

　　有了對手，才有危機感，才會有競爭力。有了對手，你便不得不奮發圖強，不得不革故鼎新，不得不銳意進取。否則，你就只能被吞併、被替代、被淘汰。

生命在於運動

　　俗話說：「生命在於運動」，「鯰魚效應」所製造的緊張氣氛，也是為了使沙丁魚游動起來。

　　所謂「戶樞不蠹，流水不腐」，運動能使身體各個器官處於活動狀態，排除大量汗液，在排毒的同時又為再次補充水分、再次排毒創造了條件。運動使血液循環速度明顯加快，心臟跳動頻率明顯提高，因此，運動同樣能製造出人們希望的緊張氣氛。

　　人們常說「春困秋乏夏打盹」，之所以這樣，正是因為這三個季節與冬季相比要暖和得多。在冰天雪地裡，人是很難睡著的，那就是因為冷！冷，使人們的肌肉常常處於緊張狀態。愛斯基摩人長壽，不知是否與他們長期生活在冰天雪地的環境有關。

生於憂患，死於安樂

　　其實在中國古代，思想家孟子早就懂得了「鯰魚效應」，只不過他換了種說法：「生於憂患，死於安樂」。

　　孫臏在臏骨被挖、雙腿殘疾的情況下，寫出了《孫臏兵法》；司馬遷在受了「宮刑」的情況下，寫出了「史家之絕唱、無韻之離騷」的《史記》；所以，危難的環境有時候可以變成一種動力，甚至是讓人們更加積極向上的動力。

　　大家都知道微積分，許多人都為它獨特的思維方法所驚歎。但當它剛出現時，有許多哲學家對於「極限」提出各種質疑和抨擊，從而想把微積分乃至整個數學置於死地。

正是出於這種憂患，數學家們紛紛潛心研究這個課題，使微積分獲得迅速發展。試想，哲學家如果沒有提出任何疑問，數學家們在安樂中慢慢思索，微積分又會是什麼樣子呢？

因此，**一個群體如果沒有對手，就會因相互依賴和潛移默化而喪失活力、喪失生機；一個政體如果沒有對手，就會逐步走向懈怠，甚至走向腐敗和墮落。一個行業如果沒有了對手，就會喪失進取的意志，安於現狀，逐步走向衰亡。**

打破平衡，製造緊張

動物學家曾經做過這麼一個有趣的試驗：

一開始，動物學家在一口大鍋中燒上滾燙的熱水，然後將青蛙投入滾燙的熱水中，青蛙一下就從大鍋裡跳了出來。後來，動物學家換了一種做法，先把青蛙放入盛著涼水的大鍋裡，然後用小火慢慢加熱，青蛙雖然感覺到了溫度在慢慢變化，卻因惰性和缺少立即往外跳的壓力，最後被熱水煮熟了。

有時，我們也會陶醉於現有的安逸中不能自拔，因為喜歡這種看起來四平八穩的「安全感」。如果我們不想成為煮熟的青蛙，唯一的辦法就是打破這種平衡感，製造緊張的氣氛。只有在緊張的氣氛中，才可以強化生命力。

在某個國家的足球聯賽中，有些球隊對球員的挑選遵循著這麼一個原則：只要你有成績，資格夠老，有後台的強力支持，或者能一手遮天，就沒人敢把你從高位上拉下來。後來這個聯賽越辦越差，某些俱樂部對教練員的這種表現也極為不滿，終於有些無能的教練被炒了魷魚。

後來，俱樂部從國外招來一些鐵腕教練。這些教練雖然風格各異，但在球員的挑選上不再受原來足球勢力的影響。在每一場比賽前沒有人知道誰將上場，誰坐冷板凳，在他的球隊裡沒有鐵定的主力。

10天打造超強的成功智慧
一次讀懂20部黃金智慧法則

於是，每一球員都必須在賽前保持很好的競技狀態，在每一場比賽中好好地表現自己。

正是透過在每場比賽中引入競爭，這些球隊的成績迅速飆升，聯賽也越辦越精彩。

企業的經營與「燒熱的鐵鍋」一樣，競爭環境的改變大多是漸熱式的，如果管理者與員工對環境的變化沒有疼痛的感覺，最後，企業就會像這隻青蛙一樣，被煮熟和淘汰。

善待「插嘴的鯰魚」

古往今來，課堂是由教師主宰的，學生只能正襟危坐，洗耳恭聽。教師講到哪，學生就聽到哪，不可越雷池半步。

後來「放寬政策」，學生回答教師所問，只要舉手獲准後就可以發言。可是在課堂中，往往就有這麼幾個「壞」學生，激動起來喜歡接著老師的話往下說，忽視了舉手這個小小的環節。這就是人們常說的「插嘴」。

「插嘴」讓老師頭疼，因為它打破了安靜的課堂氣氛，而且經常會突然打亂老師事先準備好的授課次序。

從某種程度上說，學生在課堂上的「插嘴」現象也是「鯰魚效應」的一種體現。插嘴的學生大多數在認真聽講、積極思考，情不自禁地主動發言。他們積極主動參與課堂教學，主動自覺地學習，遠比那些想著如何坐好才能受到老師表揚，張著嘴等老師「餵知識」，甚至「身在曹營心在漢」的學生要好得多。

大家都很清楚，教師的「教」要為學生的「學」服務，課堂出現學生生動活潑、主動學習的場面，是每個教師所追求的理想效果。而插嘴的學生正起了「鯰魚」的作用，由於他們的情不自禁，一大批學生的學習積極性被調動起來。

因為問題是他們發現的，解決的熱情也開始升溫，這要比老師給你問題、讓你解決效果好得多。如果課堂上能多幾次這樣的插嘴，氣氛將會很快地活躍起來。這種「插嘴」可以縮短師生之間的心理距

離，使教師和學生在課堂教學中處於和諧的互動狀態。

歡迎你的對手

許多人都把對手視為心腹大患，是異己、眼中釘、肉中刺，恨不得馬上除之而後快。其實，能有一個強勁的對手，反而是一種福份、一種造化，因為一個強勁的對手會讓你時刻都有危機感，會激發你更加旺盛的精神和鬥志。

加拿大有一位享有盛名的長跑教練，由於在很短的時間內培養出好幾名長跑冠軍，所以很多人都向他探詢訓練祕密。誰也沒有想到，他成功的祕密僅在於一個神奇的陪練，而這個陪練不是一個人，是幾隻兇猛的狼。

因為這位教練給隊員訓練的是長跑，所以他一直要求隊員們從家裡出發時一定不要借助任何交通工具，必須自己一路跑來，作為每天訓練的第一課。有一個隊員每天都是最後一個到，而他的家並不是最遠的。教練甚至想告訴他改行去做別的，不要在這裡浪費時間了。

但是突然有一天，這個隊員竟然比其他人早到了二十分鐘，教練知道他離家的時間，算了一下，他驚奇地發現，這個隊員今天的速度幾乎可以打破世界紀錄。他見到這個隊員的時候，這個隊員正氣喘吁吁地向他的隊友們描述著今天的遭遇。

原來，在離家不久經過一段五公里的野地時，他遇到了一隻野狼。那野狼在後面拚命地追他，他在前面拚命地跑，最後那隻野狼竟被他給甩開了。

教練明白了，今天這個隊員超常發揮是因為一隻野狼，他有了一個可怕的敵人，這個敵人使他把自己所有的潛能都發揮了出來。

從此，這個教練聘請了一個馴獸師，並找來幾隻狼，每當訓練的時候，便把狼放開。沒過多長時間，隊員的成績都有了大幅度的提高。

日本的游泳運動一直處於世界領先地位，有人說，他們的訓練方

法也有著很神奇的祕密。有一個人到過日本的游泳訓練館，他驚奇地發現，日本人在游泳館裡養著很多鱷魚。

隊員每次跳下水之後，教練都會把幾隻鱷魚放到游泳池裡。幾天沒有吃東西的鱷魚見到活生生的人，立即獸性大發，拚命追趕運動員。而運動員儘管知道鱷魚的大嘴已經被緊緊地纏住了，但看到鱷魚的凶相時，還是條件反射似的拚命往前游。

無論是加拿大人還是日本人，他們無疑都掌握了這樣一個道理，敵人的力量會讓一個人發揮出巨大的潛能，創造出驚人的成績，尤其是當敵人強大到足以威脅你的生命時。敵人就在你的身後，只要你一刻不努力，生命就會有萬分的驚險和危難。

不做井底之蛙

在大部分時間裡，並沒有人去給你找合適的「鯰魚」來促進你的生長，這時就要求你跳出自己的成長空間，去尋找自己的敵人和競爭者！

某個公司辦公室門口擺著一個魚缸，缸裡放養著十幾條產自熱帶的雜交魚。這種魚長約三寸，大頭紅背，長得特別漂亮，惹得許多人駐足凝神。

一轉眼兩年時間過去了，那些魚在這兩年時間裡似乎沒有什麼變化，依舊三寸來長，大頭紅背，每天自得其樂地在魚缸裡時而遊玩，時而小憩，吸引著人們驚美的目光。

忽一日，魚缸的缸底被本公司主管那頑皮的小兒子砸了一個大洞，待人們發現時，缸裡的水已經所剩無幾，十幾條熱帶魚可憐兮兮地趴在那兒苟延殘喘，人們急忙把牠們打撈出來。怎麼辦呢？人們四處張望了一下，發現只有院子當中的噴水池可以做牠們的容身之所。於是，人們把那十幾條魚放了進去。兩個月後，一個新的魚缸被抬了回來。人們都跑到噴水池邊來撈魚。撈出一條，人們大吃一驚，又撈

出一條，人們又大吃一驚。等十幾條魚都被撈出來的時候，人們簡直有點手足無措了。僅僅是兩個月的時間，那些魚竟然都由三寸來長暴長到一尺長！

人們七嘴八舌，眾說紛紜。有的說可能是因為噴水池的水是活水，魚才長這麼長；有的說噴水池裡可能含有某種礦物質；也有的說那些魚可能是吃了什麼特殊的食物。但無論如何，都有共同的前提，那就是噴水池要比魚缸大得多！

年輕人的成長也是這樣，要想使自己長得更快，長得更大，就不要拘泥在一個小小的魚缸。

人天生是懶惰的

在我們的現實生活中，大多數人天生是懶惰的，都盡可能逃避工作；他們大部分沒有雄心壯志和負責精神，寧可期望別人來領導和指揮，就算有一部分人有著宏大的目標，也缺乏執行的勇氣。

他們對公司的要求與目標漠不關心，只關心個人，其個人目標與公司目標相矛盾；他們缺乏理性，不能自律，容易受他人影響；他們工作的目的在於滿足基本的生理需要與安全需要。只有少數人勤奮、有抱負、富有獻身精神，他們能自我激勵、自我約束。

人們之所以天生懶惰或者變得越來越懶惰，一方面是所處環境給他們帶來安逸的感覺，另一方面，人的懶惰也有著一種自我強化機制，由於每個人都追求安逸舒適的生活，貪圖享受在所難免。

此時，如果引入外來競爭者，打破安逸的生活，人們立刻就會警覺起來，懶惰的天性也會隨著環境的改變而受到節制。

人的潛能是無限的

柏拉圖曾指出：「人類具有天生的智慧，人類可以掌握的知識是無限的。」人類大約有90％～95％的潛能都沒有得到很好的利用和開

發，我們每個人都有巨大的潛能等待發掘。

所謂「潛能」通常是指一個人身體、心理素質等方面存在的發展可能性。根據人的生長規律，由於在生命成長的各個階段以及遺傳基因的不同，每個人都具有各種潛能。潛能開發的本質是把你天生的智慧潛能循循誘導出來，啟動你已擁有的知識和掌握新知識的能力。

人的潛能是十分巨大的，我們能做的比我們想到的要多得多。所以在自我發展方面，「你想什麼，什麼就是你」！加拿大病態心理學家漢斯‧塞耶爾在《夢中的發現》一書裡做出了一個十分驚人也極其迷人的估計：人的大腦所包容智力的能量，猶如原子核的物理能量一樣巨大。從理論上說，人的創造潛力是無限的，不可窮盡的。

被尊為「控制論之父」的維納認為，每一個人，即使是做出了輝煌成就的人，在他一生中所利用大腦的潛能也還不到百億分之一。他還認為，人腦原則上能儲存大量資訊，每個人的大腦，能記憶世界上最大的圖書館儲存的全部資訊。

因此，人的自我完善與道德超越是永遠沒有極限的，做事沒有終結，好事越多越好，貢獻越大越好。

那麼，我們又該如何釋放自己的潛能呢？

要釋放人的潛能，就需要進行潛能激發，讓人進入能量啟動狀態。如果一個組織中所有成員的能量都處於啟動狀態，那麼它可以帶來核聚變效應。

潛能激發的前提是相信所有人都具有巨大的潛能，而且這些潛能還沒有被釋放出來。雖然人們可以透過自我激勵來開發潛能，但更可靠、更適用的方法是透過外因的激發帶來能量的釋放。因為自我激勵需要堅強的意志力，而外因的啟動則是人的一種本能反應，而且它的激發本身帶有一種競技遊戲的效果。

「鯰魚效應」是最經典的潛能激發案例，所以一個組織中需要有幾條「鯰魚」，「鯰魚」本身未必有多大能量，但他可以給整個組織帶來能量釋放的連鎖反應。

PART 5

第5部

月暈效應

　　人們對人的某種品質或特點有清晰的知覺，印象比較深刻、突出，這種強烈的知覺，就像月暈形式的光環一樣，向周圍彌漫、擴散，掩蓋了對這個人的其他品質或特點的認識。

夢露的鞋子

　　據說瑪麗蓮·夢露死後，有一位收藏家買到了一隻夢露的鞋子，他把這隻鞋子拿到市場上去展示，參觀者如果想聞一下，須出一百美元的高價，但願意出錢去聞的人竟然絡繹不絕，排起了一條長龍。

　　夢露的鞋子為什麼有那麼大的魅力呢？答案就是「月暈效應」。

　　「月暈效應」是指由於對人的某種品質或特點有清晰的知覺，印象較深刻、突出，從而愛屋及烏，掩蓋了對這個人的其他品質或特點的認識。這種強烈知覺的品質或特點，就像月暈形式的光環一樣，向周圍彌漫、擴散，所以人們就形象地稱這一心理效應為「月暈效應」。

　　其實，在我們的日常生活裡，「月暈效應」的例子比比皆是，數不勝數。

　　拍廣告片的多數是那些有名的歌星、影星，而很少見到那些名不見經傳的小人物，明星推出的商品更容易得到大家的認同。

　　在政界，依靠繼承父親打下的江山而在競選中順利當選的人被稱為「二世政治家」。在金融界也有向「二世」傳授經營學的課程，就是為了培養自己的接班人。其實，在我們這個社會裡，依靠「父母光環」平步青雲的例子比比皆是。

　　一個作家一旦出名，以前壓在箱子底的稿件全然不愁發表，所有著作都不愁銷售，這也是「月暈效應」的作用。

　　還有，知名人士的評價或權威機關的資料會使人們不由自主地產生信任感，人們迷信權威已經到了無以復加的地步，雖然覺得有些觀點沒有什麼值得借鑒之處，或者有許多疑問，但只要是出自權威部門或權威人士，人們就會全盤接受。

　　推銷員在開發會員時往往會說：「著名演員某某某也加入了我們的俱樂部。」雖然與實際情況並不相符，但是往往能奏效。

　　類似的例子不勝枚舉。

　　在與別人交往的過程中，如果我們已經獲得了關於這個人某些方

10天打造超強的成功智慧
一次讀懂20部黃金智慧法則

面的有利資訊，就很容易認為這個人的其他方面也不錯，從而對這個人形成良好的整體印象，就像月暈一樣，從一個中心點逐漸向外擴散成越來越大的圓圈，因此「月暈效應」又稱「暈輪效應」。

一般說來，外貌的魅力很容易導致「月暈效應」。雖然歌星、影星與廣告中的商品品質並沒有太直接的關係，但是，由於月暈效應的作用，明星做過廣告的商品很顯然會比由那些名不見經傳的小人物拍廣告片的商品更容易得到人們的認同。

上面提到的夢露鞋子的事件，可謂是「月暈效應」發揮作用的極致了。但即使是在強調個人意識的今天，月暈效應也並不因為人們追求個性化的行動而減弱。

人們對明星的追捧就是一個很典型的例子。很多人因為喜歡一個歌星或影星而極力地去模仿他，從服裝、髮型到說話做事的方式，無一不是竭盡全力模仿。

麥克·傑克遜的演唱會，票價會炒到幾百美元甚至幾千美元以上，花這麼多錢所聽到的和看到的實際效果並不比電視裡的好，但是許多人還是為能親自感受一下歌星演唱的現場氛圍，慷慨解囊。

雀斑與星斗

「情人眼裡出西施」，說的就是一種戀人間的月暈效應。

一位青年男子十分迷戀一位少女，但少女的臉上有些雀斑，所以她常常不願讓男子凝視自己的臉龐。

男子卻說：「你臉上的雀斑很美，好像是天空中閃爍的星斗，楚楚動人。」

沉醉於愛河之中的男男女女，都執著於自己的戀愛對象，並對某一些美的方面特別專注、迷戀和欣賞。這種積極的主觀態度，會使這些美的方面在戀愛者心目中顯得特別突出，並因此產生「月暈效應」，對方的各方面都會產生美的感覺，甚至會把對方的缺陷也當成優點去欣賞。

「月暈效應」為愛增添了魅力，為愛增添了詩意，使愛披上了玄

妙的幻想輕紗。它使情人眼裡出西施，讓人間產生一對對佳偶。

　　如果沒有「月暈效應」，戀愛不戴上光環，不披上一層輕紗，便不會有詩一般情意綿綿的愛。愛情的美妙，在很大程度上是由這「月暈效應」造成的。

　　人類的愛情不是純動物性的需求，它是在本能的基礎上發展、昇華起來的高級情感活動，如果缺乏色彩，過於現實，愛也會變得枯燥無味。

　　人的認識活動有一種潤澤性，人對於戀人的某些很有魅力的部分有了一定的認識之後，對這些部分的認識就會影響到他對其他部分的認識，給其他部分蒙上一層已有認識的光環，想避免它並不容易，也不可能。

　　戀愛時，個人特點鮮明，主觀色彩極濃，某種感情甚至能夠光芒萬丈，為你化成詩境、幻境，令你癡迷；它在你前方升起彩虹，升起迷霧；它引你走進迴廊曲院，一路落英繽紛，美妙無窮；一張臉龐令你朝思暮想，軟語溫存令你心醉神迷。

　　因此，如果沒有「月暈效應」，人類美妙的愛情恐怕就要大打折扣了。

虛幻的美

　　「月暈效應」的影響不僅僅是在愛情方面，人生的其他方面也一樣離不開月暈效應，否則人生就會失去美妙與和諧。

　　現實中的人，誰會完美無缺？人與人之間，誰能事事處處分得那麼清？金無足赤，人無完人；水至清則無魚，人至察則無徒。所以與人交往時不要吹毛求疵，不要挑剔。人們之間的交往要用感情潤澤，而潤澤就需要有「月暈效應」的幫助。

　　一個人過於冷、過於清、過於察，這個人多半感情枯燥，缺少人情味。他看人，總是看到缺陷部分，總是看到毛病。他不能從對方身上發現優點、美點，並從這優點、美點的潤澤出發，去感受對方其他方面的美和整體的美。他面前的人和事形不成光環，對方的缺點在他

眼裡一覽無餘、暴露無遺，他眼中的人和事總那麼殘缺。因此，「月暈效應」對於人生的重要性是不言而喻的。

發生在人們身上的「月暈效應」是一種主觀現象，它在認識活動中伴隨我們，或近或遠。在感情參與下，月暈效應很容易讓我們失去正確判斷，越強烈的感情折射，產生的光環就越明顯，越容易讓人感情用事。

你對一個人的進一步認識，能與以前對他的認識無關嗎？第一印象令你擺脫不開，原因就在這裡。第一印象的好或者壞會影響你對對方很多方面的認識，而且持續時間較長。要消除這種影響，也需要雙方長時間的接觸。

「月暈效應」在人們交往中的表現，具體來說有以下四個方面：

1.**導向**。感情導向指引你去著重認識一個人的某個側面，這認識往往只具有印證性，即印證那些符合自己感情狀態的方面，其他方面則是不管不顧。

2.**放大**。在某種感情作用下，放大符合自己感情狀態的東西。

3.**迴避**。個人感情的偏好，引你去迴避某些與自己既定感情不相符合的方面，把認識局限於某一方面。

4.**虛化**。感情的主觀性導致你把某些缺點和缺陷虛化。

因此，一葉可以障目，一好可以遮百醜。「月暈效應」實際上是人們對外部世界認識活動中的一種負面效應，它會使你的認識產生偏差，甚至會以醜為美。

從實質上講，「月暈效應」是人們對事物的某種虛幻認識。虛幻很美，虛幻必然不可少，但虛幻畢竟是虛幻，有時會使人一腳踩空跌落深谷。

因此，在日常生活中，人們要不斷調節自己的心態。在人際交往中，尤其在戀愛中，既不可過於挑剔，也應增強理性的作用，儘可能全面地瞭解，不要被光環所蒙蔽。

外表的吸引力

心理學家Eriskson曾做過這樣的試驗：他讓受試者看一些照片，照片上的人有的漂亮，有的不漂亮，然後讓受試者評價照片上的人的品質──一些與漂亮無關的品質。結果漂亮的人在各方面的得分都比不漂亮的人高。

事情就是這樣，外表漂亮的人更受人歡迎，更容易獲得他人的青睞，這就是「月暈效應」的作用。一個人的某一品質被認為是好的，他就被一種積極的光環所籠罩，從而也就被賦予其他好的品質；如果一個人的某一品質被認為是壞的，他就被一種消極的光環所籠罩，也就被賦予其他不好的品質。

外表漂亮的人能夠讓旁觀者自動地、不假思索地產生一種愛屋及烏的反應。研究結果表明，我們經常會下意識地把一些正面的品質加到那些外表漂亮的人頭上，像聰明、善良、誠實、機智等等。

比如，在一個對一九七四年加拿大聯邦政府選舉的研究中發現，外表有吸引力的候選人，得到的選票是外表沒有吸引力的候選人的兩倍半。

在公司雇人的過程中也有類似的現象。在一個類比的徵才面談中，申請人是否被雇用，很大程度上取決於他是否精心修飾自己，這比資歷還重要。在這裡，即使是主持面談的人也承認，申請人的外表起到了一定的作用。

其實，外表有吸引力的人的優勢，不僅表現在是否被雇用上，也表現在他們的薪水上。經濟學家們在美國和加拿大做過一項抽樣調查，發現相貌漂亮的人的薪資比他們不漂亮的同事平均要高出12％到14％。

還有一些別的研究結果也證明了「月暈效應」的作用。

外表漂亮的人在司法系統中會得到很多優待。比如說，在一項司法研究中，研究者在審判開始之前先給74名男性被告的外表打分，然後在審判結束之後比較這個分數與他們的刑期之間的關係，結果發現

那些英俊的被告判的刑明顯較輕。事實上，外表有吸引力的被告免受懲罰的機會是外表沒有吸引力的人的兩倍。

外表漂亮的人在我們的生活中的確享受著巨大的優勢。他們更為人喜愛，更有說服力，更經常地得到幫助，而且被認為有更高的個人品質和智力水準。

看起來這種優勢在他們很小的時候就開始累積了。對小學兒童的研究發現，如果一個長得可愛的小孩有攻擊行為，老師一般不會覺得這是不良行為，而且老師們也會認為長得好看的小孩比不好看的小孩更聰明。

所以，月暈效應經常被一些從業者利用是不足為奇的。因為我們喜歡外表有吸引力的人，而且我們更容易服從我們喜歡的人，所以推銷員訓練計劃中經常包括一些關於怎麼修飾自己的小建議，時裝店通常都挑選漂亮的人做他們的現場銷售人員。

而且，還有一點值得大家注意——騙子通常都是俊男美女。

現在是美女的天下

美女身上的光環分外耀眼，分外吸引人，於是大家都一窩蜂地投奔光環，談美、愛美、追求美。現代各式各樣的化妝品和出奇制勝的時裝，確實能化腐朽為神奇，使美女們越發地靚麗。人們相信美貌總能帶來好運，燦爛的微笑、殷勤周到的服務總能討人喜歡，使人神經鬆弛，感情變得柔和，使之看起來更好打交道。

有人開玩笑說南美洲和歐洲的足球之所以踢得好，是因為他們的選美冠軍、超級名模以及各種各樣的女明星都爭著嫁球星。

呵呵，看來美女的月暈效應不僅勢不可擋、一統天下，還可以用來解釋很多難題。

但是擁有美女就等於擁有幸福嗎？不盡然。義大利羅馬大學的卡爾達雷利和瑞士弗里堡大學的卡波奇兩位數學家製作了「以人們的擇偶方式來衡量社會幸福程度的數學模型」，而後透過反覆計算，在《新科學家》雜誌上公佈了他們的計算結果。

結果是令人頗感沮喪的：「在一個每時每刻都受到美女圖畫和照片轟炸的社會中，造就了許多人不切實際的期望，這種不切實際的期望又造成了一個個不幸的現實，美女俊男只會破壞他人的幸福。而他們中只有很少幾個美貌的人能找到自己理想的情人，許多人都會很不開心。」

雖然如此，人們對於美女仍然是趨之若鶩。君不見，凡有汽車展必配女模特兒，有時美女比汽車還多；鋪天蓋地的商業廣告以美女為主；各行各業的形象代言人多是美女；美女們佔據了五花八門的雜誌封面和報紙的彩版；更不要說一次次的選美大賽、模特兒大賽、時裝展示。到處都在晃動的妙齡小姐，以及一切娛樂場所裡的美女班、美女排、美女連，美人雲集，美不勝收！

現代經濟中哪還有離得開美女的行業？

世界進入性感時代

經濟學家格雷厄姆・莫利托預言，未來千年，世界經濟的第一大推動力就是休閒娛樂業，包括電影、電視、出版、音樂、旅館、特色公園、酒吧、歌劇院、音樂廳等。

每跨入一個新時代，人們的休閒時間就會延長，在二十一世紀這一百年，休閒經濟將居於世界經濟的主導地位。

莫利托說：「到二〇一五年，休閒娛樂業的收入將佔到美國國民生產總值的百分之五十。」而休閒娛樂業恰恰是美女如雲的地方，那正是她們的強項。看看電影、電視、報紙、雜誌吧，上面有關美女的內容鋪天蓋地，讓你目不暇給。甚至可以說，休閒經濟即「美女經濟」！

世界範圍內的「美女經濟」正呈現出一派興旺發達的態勢，而且還會繼續興旺發達下去。

如果你去一個國際汽車展，會發現最搶眼的不是汽車，而是陪伴在各種新款汽車旁邊的女模特兒。她們的姿態就像是把汽車當成了自己的情侶，或依傍、或撫摸、或纏繞、或旋轉，搔首弄姿，極盡媚

態。

　　這就是美女經濟最直接的展現。人類自古就講究香車寶馬，漂亮的汽車再加上美人，感覺更為和諧。美女不僅不會喧賓奪主，反而會把汽車襯托得更加漂亮，越發的完美。美人既然能傾城傾國，傾倒一片客戶豈不是小菜一碟？

　　這是一個物質世界，物質推動社會前進，女人推動物質變化。同樣，不追求物質的女人，也算不上是上進的女人。今天的世界已經進入了性感時代，最直接的效果就是繁榮了美女經濟！

　　於是，美女成了一種熱銷且永遠都供不應求的生產資源。這似乎是在印證當今世界仍是「父權資本主義社會」，或者是現代文明下的「父系社會」，所以，人們才把美女視為社會的寵兒。在這個性感時代，大眾對美女的需求永遠無盡無休、不可估量。

為你的產品打造光環

　　「月暈效應」不僅僅體現在美女身上，在這個充斥著商品的時代，各行各業都希望在「月暈效應」中分一杯羹，都在為自己的產品打造著光環。

　　近年來，隨著市場競爭的日趨激烈，企業行銷手段不斷發展。其中藉助企業形象、品牌形象、產品形象等為核心組成的形象力來展開的行銷活動——「形象行銷」——已越來越受到企業界的青睞。

　　有效的形象行銷建立在準確的形象定位的基礎之上，而準確的形象定位又是以準確的戰略定位為前提的。

　　在確立企業的「光環」時，必須避開多元化的陷阱。這些年有一種傾向，即企業越大越好，跨的行業、地區越多越好。殊不知，缺乏核心競爭力的多元化，不僅無助於企業競爭力的提高，從形象行銷的角度來看，它還會使企業形象模糊不清。

　　企業必須清楚要把自己的主力用在哪裡，需要專注、有焦點，應把資源集中放在培養核心競爭力、開發核心產品上，發展出自己的流程和技術，並且把品質標準提升到世界水準，到國際上參與競爭。只

有企業的自我認知清楚、戰略定位明晰，才能確立準確的形象定位，找到自己合適的「光環」。

　　「變革大師」喬治亞州大學教授羅伯特·戈連比耶夫斯基說：「企業革新關鍵在於價值觀重塑。」因此，要想成功打造光環，必先從革新意識做起。

　　其次，要輸入新的競爭意識。企業靠什麼競爭，在市場發展的不同階段，競爭的手段和形式是不同的。在買方市場下，僅有好的產品是不夠的，形象行銷的生命力就在於透過為產品打造光環，來提高產品及企業的競爭力。這可以透過一個公式來說明：競爭力＝「產品＋光環」。

　　再次，要認識到「光環不等於廣告」。在打造光環的過程中，一定的廣告投入是必要的，但不能把二者混為一談。打造光環的途徑不只是做廣告，行銷的每一個環節都是打造光環的過程。光環是透過包括廣告在內的各種行銷手段，在行銷的各個環節中逐步累積而成的綜合效應。

　　最後，要認識到「月暈效應」不是靜態的，而是可以重疊和放大的。行銷過程應該是「月暈效應」累積的過程。企業透過形象行銷，可以將產品行銷提升為品牌行銷，將單品行銷發展為系列行銷，將產品形象行銷提升為企業形象行銷，並進而以企業形象行銷帶動產品行銷，最終提高企業的市場競爭力。

品牌為王

　　美國寶潔公司推出新品牌時，非常善於利用「月暈效應」。他們在初始階段十分突出公司形象，以此帶動品牌形象的提升，以後再逐漸過渡到以傳播品牌形象為主。而各個品牌的成功推出，又進一步強化了公司形象。二者相互促進、相互推動，效應疊加，共同提升。

　　無論是生物演化，還是企業之間、國與國之間的競爭，都可以利用「月暈效應」為自己加分。事實上，企業產品品牌之間的競爭，也體現著這種效應。

企業的某一品牌形象一經確立，其產品的價值和知名度也就隨之飆升。獨具吸引力的、被公認為高品質的品牌佔據著極為有利的競爭地位。在眾多商品中，用戶或消費者無疑會更多地將眼光集中到具有一定知名度的品牌。這就是品牌的「月暈效應」最直接的體現。

生活中我們經常有類似的經歷。假如你準備購買一台新電腦，正在一家電腦專賣店選購，你已將自己的選擇範圍縮小到了兩種各方面類似的電腦，兩台電腦表面上橫看豎看都看不出毛病，標價相差不多，而價格高的那台是你經常在各種廣告裡看到的知名品牌，而後者則是從未聽說過的品牌。你是否會決定省下一點錢，冒險去買那台「雜牌」電腦呢？答案多數是否定的。因為儘管大多數人喜歡買便宜貨，但是在價格相差不大時，還是會購買名牌產品。這就是品牌形象的優勢。

再如，當你駕車經過路邊兩家從沒到過的飯店，打算選一家進餐時，你的第一選擇一定是店門前停車最多的那家。理由很簡單，門庭若市、車水馬龍也是一種品牌形象。

消費者在實施購買行為時，總是先入為主，購買眾人知情的名牌商品，認為名牌產品一定會比那些不知名的產品品質好。而且有些人還固執己見，不願嘗試使用不知名的產品，唯恐上當。

品牌就是生產力，品牌就是競爭力。掌握運用好品牌的月暈效應，才能掌握主動權，最終贏得競爭。

一國的英雄，另一國的妖魔

「月暈效應」也經常表現在新聞宣傳中。新聞工作者在新聞報導和新聞評論中往往被新聞事件或者新聞人物的外表裝飾和特徵影響、迷惑甚至操縱。

二○○二年八月，五千多名國際科學家聚集中國大陸，唯獨英國物理學家霍金在中國報紙上成了耀眼的明星，媒體對他大肆報導，有關他的消息鋪天蓋地。

為什麼會這樣？這是因為許多媒體的新聞報導和言論誇大了這

個人在他所在學科的重要作用（有的記者和評論家稱他為當代最偉大的科學家）、強調他是引導科學發展潮流的最前沿的科學家、讓他與世界上最偉大的科學家愛因斯坦發生某種直接的聯繫（繼愛因斯坦之後最偉大的科學家）、讓受眾感覺到他是人們學習的榜樣和崇拜的偶像。

而事實上，霍金之所以成為科學明星，主要是因為他是一個身體具有最嚴重殘疾障礙的人。由於本能的缺陷與他取得的成就結合起來的光環使人們注意不到其他方面。

社會學家羅伯特·默頓在研究社會科學發展與社會的關係時指出：社會往往對已有相當聲譽的科學家做出的貢獻，給予的榮譽越來越多，卻不承認那些未出名的科學家的成就。

另一個很好的例子就是，在新聞宣傳中，很容易美化自己國家的領導人。常常會有這樣的情況，在某一國家的英雄，到了另一國家竟成了妖魔。

布希在美國媒體上的形象就是一個民主鬥士，但是在伊拉克和一些阿拉伯國家，布希卻是一個不折不扣的惡棍、騙子、侵略者。

而海珊在本國的形象是英明的領導者，但在西方媒體上，他是一個獨裁者和劊子手。

布希和海珊截然不同的形象，很好地說明了新聞工作者利用「月暈效應」塑造正反人物形象的手段。

月暈效應是把雙刃劍

「月暈效應」在帶給我們諸多啟示的同時，也很容易影響我們正確的認識和判斷，它是一把雙刃劍，我們要小心使用。

「月暈效應」是一種以偏概全的評價傾向，是在人們沒有意識到的情況下發生作用的。由於它的作用，一個人的優點或缺點變成光環被誇大，其他優點或缺點也就退隱到光環背後視而不見了。甚至只要認為某個人不錯，就賦予其一切好的品質，便認為他所使用過的東西、跟他要好的朋友、他的家人都很不錯。

在與別人交往的過程中，我們並不總是能夠實事求是地評價一個人，往往是根據已有的瞭解對別人的其他方面進行推測。我們常從對方具有的某個特性而泛化到其他有關的一系列特性上，從局部資訊形成一個完整的印象，即根據最少量的情況對別人作出全面的結論。

月暈效應實際上是個人主觀推斷泛化和擴張的結果。例如：人們常常賦予外表漂亮的人理想的人格特徵，並為他們設計美好的未來。

環繞地球一周的麥哲倫之所以能夠成功地獲得西班牙國王卡洛爾羅斯的幫助，據說就是利用了「月暈效應」。當時，自哥倫布航海成功以來，許多投機者或騙子為求得資助頻頻出入王宮。麥哲倫為表明自己與這些人不同，在覲見國王時特地邀請了著名的地理學家路易‧帕雷伊洛同往。

帕雷伊洛將地球儀擺在國王面前，歷數麥哲倫航海的必要性及種種好處，說服卡洛爾羅斯國王頒發航海許可證。但在麥哲倫等人結束航海後，人們發現他對世界地理的錯誤認識及他所計算的經度和緯度的諸多偏差。可見，勸說的內容無關緊要，卡洛爾羅斯國王只是因為那是「專家的建議」，就認定帕雷伊洛的勸說值得信賴。

生活中，其實我們都在無意識地、執拗地利用著月暈效應。大多數人只要一聞到權威的氣息，便會立即放棄自己的主張或信念，轉而去迎合權威的說法。

「月暈效應」有一定的負面影響，在這種心理作用下，人們很難分辨出好與壞、真與偽，經常容易被人利用。

「月暈效應」
第五部

PART 5

PART 6

第6部

羊群效應

　　羊群是一種很散亂的組織。平時,大家在一起盲目地左衝右撞;後來,一頭羊發現了一片肥沃的綠草地,並在那裡吃到了新鮮的青草,所有的羊群就一擁而上,你爭我奪,全然不顧旁邊虎視眈眈的狼,或者看不到遠處還有更好的青草。

地獄裡發現石油了

有這樣一個幽默故事：

一位石油大亨到天堂去參加會議，一進會議室，發現座無虛席，自己沒有地方坐，於是，他靈機一動，喊了一聲：「地獄裡發現石油了！」

這一喊不要緊，天堂裡的石油大亨們紛紛向地獄跑去，很快，天堂裡就只剩下那位後來的石油大亨了。

這時，大亨心想，大家都跑了過去，莫非地獄裡真的發現石油了？

於是他也急匆匆地向地獄跑去。

還有另外一個故事：

有一個人白天在大街上跑，另外一個人看到了，也跟著跑，結果整條街的人都在跟著自己前面的人跑，場面相當壯觀，不清楚的人還以為發生什麼大事了。

除了第一個人，大家並不知曉自己跑的真正理由，僅僅因為第一個人的奔跑就帶動了其他人的跟進。這樣全大街的人都成了別人眼裡的瘋子。

這兩個故事說明，人們都有一種從眾心理，由於從眾心理而產生的盲從現象就是「羊群效應」。

羊群是一種很散亂的組織。平時，大家在一起盲目地左衝右撞。然後，一頭羊發現了一片肥沃的綠草地，並在那裡吃到了新鮮的青草，後來的羊群就一擁而上，你爭我奪，全然不顧旁邊虎視眈眈的狼，或者看不到遠處還有更好的青草。

於是，人們就用羊群來比喻沒有自己的判斷力、經常盲從的普通

大眾。

無可奈何「隨波逐流」

從眾就是指由於群體的引導或施加的壓力，從而使個人的行為朝著與大多數人一致的方向變化的現象，也就是通常人們所說的「隨波逐流」。

雖然我們每個人都標榜自己有個性，但是在很多時候，我們不得不放棄自己的個性去「隨波逐流」，因為我們每個人都不可能對任何事情都瞭解得一清二楚，對於那些自己不太瞭解，沒有把握的事情，我們一般會採取「隨波逐流」的做法。

社會心理學家研究發現，持某種意見的人數多少是影響從眾的最重要的一個因素，「人多」本身就是說服力的一個明證，很少有人能夠在眾口一詞的情況下，還堅持自己的不同意見。

壓力是從眾的另一個決定因素。「木秀於林，風必摧之」，在一個團體內，誰做出與眾不同的行為，往往會招致「背叛」的嫌疑，會被其他成員孤立，甚至受到嚴厲的懲罰，因而團體內成員的行為往往都高度一致。

霍桑工廠的實驗明確地說明了這一點：工人們對自己每天的工作量都有一個標準，完成這些工作量後，就會明顯地鬆懈下來。因為任何人超額完成都可能使管理人員提高定額，所以，沒有任何人去打破日常標準。這樣，一個人做得太多，就等於冒犯了眾人；但做得太少，又有「摸魚」的嫌疑。因此，任何人做得太多或者太少都會被提醒，而任何一個人如果冒犯了眾人，都有可能被嫌棄。為了免遭嫌棄，人們就會採取「隨波逐流」的做法，而不會去「冒天下之大不韙」！

群眾的眼睛不是雪亮的

「羊群效應」告訴我們，大多數時候，群眾的表現並不如諺語說

「羊群效應」
第六部
PART 6

的那樣——「群眾的眼睛是雪亮的」。

很多精明的觀察家都知道，市場中的普通大眾並不都是精明的。甚至，大多數人容易喪失基本判斷力。

人們喜歡群聚，喜歡湊熱鬧、人云亦云，這種習性千古亦然，從來沒有改變過。

從二○○一年網路泡沫的破滅，我們可以清楚地看到：在狂熱的市場氣氛下，獲利的是領先者，其餘跟隨者都成為犧牲者，亦是「老大哲學」，大部分的群眾都沒有雪亮的眼睛去辨別哪些是假象，哪些是真實，只能成為大批的尾隨羊群。

有個短語能形象地描述這種遊戲：The-Great-Full-Game，意為大家都是比你更大的傻瓜。推而廣之，剛好證明大部分人（群眾）容易喪失基本判斷能力，或者受自己的欲望所控制，做出愚蠢的決定。

於是，群眾的目光投向資訊媒體，希望從中得到判斷的依據。好像媒體的各種預測論調就是魔法師的水晶球，人們都很小心地看著這個水晶球，希望得到一些啟示。

但是，媒體人也是普通群眾，不是你的眼睛，你不會辨別垃圾資訊就會失去方向。

所以，任何事情都要有你自己的判斷，人云亦云，鸚鵡學舌，最終是不會有好果子吃的。

毛毛蟲習慣

法國有位叫約翰‧法伯的科學家曾做過一個著名的實驗，人們稱之為「毛毛蟲實驗」。

法伯把若干隻毛毛蟲放在一個花盆的邊緣上，使其首尾相接圍成一圈，在花盆不遠的地方，撒了一些毛毛蟲喜歡吃的松葉，毛毛蟲開始一隻跟一隻，繞著花盆，一圈又一圈地走。

一個小時過去了，一天過去了，毛毛蟲還在不停地、堅韌地爬行，一連走了七天七夜，終因饑餓和筋疲力盡而死去。而這其中，只

需任何一隻毛毛蟲稍微與眾不同地改變其行走路線，就會輕而易舉地吃到松葉。

這種毛毛蟲總是喜歡盲目地跟著前面的毛毛蟲走的習慣，科學家稱之為「跟隨者」的習慣。

商場上有這樣的說法：同樣的一樁生意，做第一的是天才，做第二的是庸才，做第三的是蠢才，做第四的就要入棺材了。由此可見跟隨者的悲哀。

因此，要想擺脫這種跟隨者的惡性循環，你必須保持自己的個性，擁有自己獨立的判斷，絕不能做一隻溫順的羔羊，而要做一頭狼。

狼懂得合作，在狼群中有嚴明的秩序、自覺的紀律和明確的行動目標。同時，狼也有極強的生存能力，獨行千里，仍能保持一定的危機預警力、攻擊力和抗爭力。

狼的這些特性，使牠獲得了陸地食物鏈中「最高終結者」的稱號，人們在驚恐其兇殘冷酷的同時，也不得不為其靈敏的危機處置能力和頑強的拚搏精神所驚歎。

試想，如果羊在保持其溫和善良本性的同時，能夠學一點狼的警惕、紀律、有目的性、應變能力、生存能力、抗爭能力等，不就可以改變弱肉強食的命運，甚至展露勝利者的微笑嗎？

待宰的羔羊

股市同樣是一個充斥著「毛毛蟲習慣」的地方。小額投資人更容易陷入「跟隨者」的隊伍而隨波逐流、迷失方向。

面對日益龐大的市場，每個小額投資人都會感覺到自己越來越渺小，一葉孤舟在大海中航行所產生的恐懼與無助極易造成喪失自我判斷的能力及勇氣，這是人性中很正常本能的反應。

「毛毛蟲習慣」更是中小投資者操作失敗的根源，他們跟隨市場主力資金的追漲殺跌行為，無不是由於盲目追求財富而造成的。一有

風吹草動，就蜂擁而至，如果風聲鶴唳，就一哄而散。羊群效應的盲目性，既容易被利用，又不容易得到保護和引導。

市場在打壓一個板塊股價時，這個板塊就一無是處；市場在炒作一個板塊熱銷時，這個板塊就好像前途無比巨大，什麼都好！這個市場規律從沒有改變過，但依然無法引起人們的注意，使小額投資人屢屢吃虧上當。

中小投資者經常被別人牽著鼻子走，成為主力資金打壓吸籌者的犧牲品。因此走自己的路，用自己的判斷去看市場是非常重要的。中小投資者的弱勢地位本質上是由資本市場的特點所決定的。資本市場是資金博奕的場所，散戶投資者在資金和資訊技術上的先天弱勢，導致其即使在市場機制比較成熟的股票市場，也是不足以同大資本相抗衡的。

在某種意義上說，觀念可以改變一個人的屬性。你是狼，還是羊，都是觀念可以決定或改變的。因此中小投資者應該學一學狼的特性。

羊群總是難以改變弱者的命運，狼則不然。狼對目標有自己獨立的追求，狼一旦瞄準自己的獵物，不達目的誓不罷休。

羊的惰性也是致命的缺陷。羊只吃草，只知按自己的規矩生活，而改變規矩的總是狼。狼在逐食時，能預測對方逃跑的方向，能在急行中緊急改變方向，也能耐心地等待最合適的出擊時機，所以狼常常是勝者。

拿羊和狼比較，可想可知，狼的勝數總是大於羊。在證券市場上，散戶投資者雖然不可能成為生理形態上的狼，但成為觀念形態上的狼應該是沒有任何障礙的。

就算散戶投資者談不上變身為狼，至少也可以從狼那裡學到些什麼。只是千萬別再學羊，「羊群效應」更是萬萬要不得。

盲從與理性

隨著資訊經濟學和博弈論的發展，經濟學家注意到：資訊的不對

10天打造超強的成功智慧
一次讀懂20部黃金智慧法則

稱性和預期的不確定性，對人類行為的影響甚大。

他們認為，人類有限的理性，對信號的觀測及識別的較差能力都是「羊群效應」產生的根源。「羊群效應」實際上是對個體經濟自發性、盲目性以及自然趨勢的最真實寫照。

在商品經濟尚不發達、市場形成的初級階段，羊群行為是很難避免的。

大多數學者對羊群行為持否定態度，其實，對待羊群行為要辯證地看。由於沒有足夠的資訊或者搜集不到準確的資訊，透過模仿他人的行為來選擇策略並無大礙，在企業發展初期許多企業和行業在模仿策略下都取得了很大進步。

羊群行為產生的主要原因就是資訊不完全，由於未來狀況的不確定，導致了人們的判斷力出了問題，因而才有了從眾的盲動性。

正確全面的資訊是決策的基礎。在這個時代，資訊的重要性是不言而喻的，不重視資訊收集的企業和個人無異於自取滅亡。

要找到正確的方向，敏銳的判斷力也是必不可少的。

很少有人天生就擁有明智和審慎的判斷力，實際上，判斷力是一種培養出來的思維習慣。因此，每個人都可以透過學習或多或少地掌握這種思維習慣，只要下功夫去認真觀察、仔細推理就可以培養出來。

收集資訊並敏銳地加以判斷，是讓人們減少盲從行為，更多地運用自己理性的最好方法。

羊群變狼群

理性地利用和引導羊群行為，可以很快地創建區域品牌，並形成規模效應，從而獲得利大於弊的較佳效果。

如果一個地區的經濟處於剛剛起步階段，絕大多數企業都只能是中、小規模的企業，對外競爭力肯定不強。

但是，經過明確的分工和社會化合作，密切相關的產業可以形成相容體系，聚集成完整的產業鏈，實現「聚集效應」。

大量的企業聚集群加之合理的分工合作，以及對品牌、技術專長等無形資產的共用，又會產生諸多協同優勢：

——**成本優勢的合作同效應**。企業在聚集過程中，提高了企業之間的交易效率，形成了產業關聯較強的企業；而且由於地理位置接近，節省了相互物質和資訊的轉移費用，因此降低了交易成本；中小企業透過共同使用公共設施，減少分散佈局所增加的額外投資，這一有形共用又減少了不少的成本。

——**創新能力的合作效應**。系統論表明，系統中各要素的合作作用能產生新的特質。大量中小企業的聚集促進了企業之間、人員之間非正式溝通，地緣及親情使企業具有天然的親和性。實現各企業的協調互補，可以使一項新的科學技術、管理經驗在相關或相似的企業不斷推廣，組合衍生出更多的創新。它不僅推動了區域內的規模經濟，而且實現了外部範圍的規模效益。

——**動態柔性的合作效應**。許多企業的相互作用，協調互補，在長期的交流與合作中逐漸地形成了複雜、靈活多變的競爭優勢。這種無形的合作競爭優勢是動態的、發展的、微妙的，能創造難以估量的效益。

在聚集效應和合作優勢的作用下，一些羊群企業紛紛脫穎而出，蛻變為狼群企業。

尋找領頭羊

要想讓羊群變狼群，必須找到好的領頭羊（領導者）。

如果有一個好的領頭羊，將對社會經濟有一種良好導向作用。這時，羊群行為在區域經濟建設過程中，將具有積極的意義。

問題在於，領路的「頭羊」應該盡量有較全面的資訊和較為準確的方向。只有這樣，他才能對羊群效應加以因勢利導，產生良好的經濟效益。

我們來分析一下「羊群效應」所具有的潛在優勢：

一：示範效應。人們的行為和意識易趨於一致，節約了盲目投資

的沉沒成本；

二：**學習效應。**人們容易從「領頭羊」的身上學到一些經驗和教訓，在一定程度上可以降低個體投資者投資失敗的不確定性；

三：**節約了尋找新的投資專案的交易費用；**

四：**可以產生聚集效應和合作效應；**

五：**容易產生規模效應，為產業化、規模化發展奠定基礎。**

在羊群效應的五大優點中，最重要的一條就是，能很快在一個地區內形成一種生產規模的優勢。現代經濟都要講規模經營，有了領頭羊，有了羊群，規模才能起來，才會創造出規模效益。

因此，尋找好的領頭羊是利用「羊群效應」的關鍵。

事實上，每個行業都有做得好的企業，它們能在激烈的競爭中站穩腳跟，並成為這個行業的佼佼者，一定累積了豐富的經驗，找到了一個很好的方向。可以說，向它們取經是一個很好的捷徑。

由此可以看出，「羊群效應」如果使用得當，也可以變成我們手中的利器。

不走平常路

雖然「羊群效應」在規模經濟的發展方面有良好的引導作用，但是「羊群效應」對於個人的發展卻有另外的啟示。請看下面的一則小故事。

有家大型廣告公司招聘高級廣告設計師，面試的題目是要求每個應聘者在一張白紙上設計出一個自己認為是最好的方案，沒有主題和內容的限制，然後把自己的方案扔到窗外。如果誰的方案最先設計完成，並且第一個被路人撿起來看，誰就會被錄用。

設計師們開始了忙碌的工作，他們絞盡腦汁地描繪著精美的圖案，甚至有的人費盡心思畫出誘人的裸體美女。

就在其他人正手忙腳亂的時候，只有一個設計師非常迅速、非常從容地把自己的方案扔到了窗外，並引起路人的哄搶。

他的方案是什麼呢？原來，他只是在那張白紙上貼上了一張面值一百美元的鈔票，其他的什麼也沒畫。就在其他人還疲於奔命的時候，他就已經穩坐贏家了。

這就是獨特創意的威力！

不盲從、不做毫無個性的跟隨者，最重要的就是要有自己的創意。創意就是你生命活力的激發，就是你區別於羊群的最顯著標誌。

你是什麼樣的人就決定了你走什麼樣的路。跟在別人屁股後面亦步亦趨難免會被吃掉或被淘汰。不走平常路才是你脫穎而出的捷徑，對個人來說是如此，對於公司來說更是如此。

當前幾年網路經濟繁榮時，無數的公司都將大把大把的金錢砸進了網路裡，大家似乎都看到了新時代的福音，一窩蜂地往裡擠，爭著做羔羊。

但是，在這些公司裡，真正有創意、有理念的有幾家呢？市場給了我們最好的回答。在這次網路泡沫中，無數的公司都被淹沒了，最後存活下來的不過寥寥數家而已，大多數公司早已銷聲匿跡，在泡沫過後連殘渣都沒留下。

這個例子再一次說明了盲目羊群的悲哀。

自己創造未來

自己的未來終歸掌握在自己手裡。你願意去做一條「毛毛蟲」，一隻「待宰的羔羊」，還是做一匹「特立獨行的狼」？

答案很明顯，做一條毛毛蟲難免被餓死，做一隻羔羊難免被狼吃掉。可悲的是，人們往往意識不到自己在不經意間已經加入了羊群。

因此，你必須時刻保持警惕，時刻保持自己的個性，時刻保持自己的創造性，自己把握自己的未來。

一個沒有個性的人是可悲的，一個沒有個性的組織注定是短命的。

我們再來看一個特立獨行者的例子。

上個世紀五○年代，斯圖爾特只是華盛頓一家公司的小職員。一次，他看一部表現非洲生活的電影，發現非洲人愛戴首飾，就萌發了做首飾生意的念頭。於是他借了幾千美元，獨自闖入了非洲。

經過幾年的努力，他的生意已經做到了使人眼紅的地步，世界各地的商人紛紛趕到非洲搶做首飾生意。

面對眾多的競爭者，斯圖爾特並不留戀自己獨創的基業，拱手相讓，從首飾生意中走出來，另闢財路。

斯圖爾特個人創業的成功，就是靠了「獨立創意」這一致勝要訣。這是由於他善於觀察、善於思考得來的。

要想有獨立的創意，首先就要求我們不要人云亦云，跟在別人屁股後面是撿不到錢的，所以一定要培養自己獨立思考的能力。

有創意的員工對於企業來說也是非常重要的。優秀的企業對於他們的創新鬥士都有一套周全的支援系統。在這個系統的支援下，創新鬥士的團隊才可以不斷地發展、興盛、壯大，從而使優秀的企業一直保持人才優勢和競爭優勢。

對於有創意的員工，獎勵制度怎麼加強都不過分，如果沒有這一制度或系統，員工的創造力和積極性就會受到打擊，對於企業來說這是最致命的危險。事實上，優秀的企業能夠不斷進步的祕密就在於創新意識。

因此不管是加入一個組織或者是自主創業，保持創新意識和獨立思考的能力都是至關重要的。

對於善於獨立思考而又能掌握領先要訣的人，他的前途一定是光明的。

PART 7

第7部

多米諾效應

　　不論是在政治、軍事還是商業領域中，如果不注意防微杜漸、堵塞漏洞，就可能產生一倒百倒的多米諾效應。

多米諾骨牌起源於中國

據中國《正字通》記載，宋宣宗二年（西元一一二〇年），民間出現了一種名叫「骨牌」的遊戲。這種骨牌遊戲在宋高宗時傳入宮中，隨後迅速在全國盛行。當時的骨牌多由牙骨製成，所以骨牌又有「牙牌」之稱，民間則稱之為「牌九」。

一八四九年八月十六日，一位義大利傳教士把這種骨牌帶回了米蘭。作為最珍貴的禮物，他把骨牌送給了他最美麗的女兒小多米諾。但傳教士怎麼也想不到，正是這副骨牌，使她的名字──多米諾，成為一種世界性體育運動的代稱。

不久，小多米諾就喜歡上了這副骨牌，因為她發現了骨牌的新玩法，她按點數的大小以相接的方式把骨牌連接起來。在玩骨牌遊戲的時候，小多米諾發現它可以很好地鍛鍊人的意志和耐力。

小多米諾的男友阿倫德是個性情浮躁的人，小多米諾就讓他把二十八張牌一張一張地豎起來。如果阿倫德不能在限定時間把二十八張牌排完，或者排完的牌倒下了，小多米諾就限制他一週不許參加舞會。經過多天的磨練，阿倫德的性格變得剛毅堅強，做事也變得穩健沉著。

傳教士多米諾為了讓更多的人玩上高雅的骨牌遊戲，製作了大量的木製骨牌。不久，木製骨牌就迅速地在義大利及整個歐洲傳播，骨牌遊戲成了歐洲人的一項高雅運動。後來，人們為了感謝多米諾給他們帶來這麼好的一項運動，就把這種骨牌遊戲命名為「多米諾」。

到十九世紀，多米諾已經成為世界性的運動。在非奧運項目中，它是知名度最高、參加人數最多、擴展地域最廣的體育運動。

從那以後，「多米諾」成為一種國際性術語。不論是在政治、軍事還是商業領域中，只要產生一倒百倒的連鎖反應，人們就把它們稱為「多米諾效應」或「多米諾現象」、「骨牌效應」。

世界巨頭們的轟然墜地

安然、安達信、環球電訊、世界通信、寶麗來、凱馬特、基爾希、飛亞特、施樂、維旺迪。

這是一份可怕的名單。沒有人知道這份名單還會延續多長。

安然公司，《財富》五百強中名列第七，擁有近五百億美元資產。所以當安然公司在二〇〇一年十二月三日申請破產保護時，它無疑成為美國有史以來最大的破產案。剛開始，人們根本預見不到這個大公司的猝死會造成什麼後果，媒體僅僅津津樂道於安然的難逃一死，然而，隨後在安然公司發現的財務漏洞卻引發了美國商業史上最大的一次多米諾效應。

十二月十二日，寶麗來（Polaroid）申請破產保護；一月二十二日，凱馬特（Kmart）申請破產保護；一月二十八日，環球電訊（Global Crossing）申請破產保護。而在德國，同樣瀰漫著不樂觀的氣氛，因為在四月八日、五月八日、六月十二日，德國最大民營傳媒公司基爾希集團（Kirch Gruppe）的四大支柱先後破產。

然而事情遠未結束，安然的財務問題牽出了其獨立審計師安達信。隨後，經過了二〇〇二年上半年的風風雨雨，由於妨礙了司法公正，安達信終於在六月十五日被休士頓聯邦法院判為「死刑」。

二〇〇一年六月二十五日，世界通信（World Com）——安達信的另一個客戶——緊接著爆出了三十八億美元的財務漏洞。三天之後，施樂（Xerox）在其重新公佈的近年收入報告中，承認虛報了十四億美元的利潤。

除此之外，我們還看到了負債高達七十一億美元的維旺迪（Vivendi）的梅西埃狼狽離席，涉嫌財務欺詐的Im Clone的瓦克塞爾倉惶被捕，負債六十六億美元的飛雅特（Fiat）的坎塔雷拉失意而去。

事實上，商業社會的運行規則並沒有改變，只是人們在一個個的光環下面都忘乎所以。商業社會並不需要重塑，需要重塑的只是我們

「多米諾效應」
PART 7
第七部

一度失去的理智以及信心。

　　縱觀這些不可一世的商界巨頭，它們的倒下或即將倒下不外乎三種原因：過度擴張、策略失誤以及最惡劣的財務欺詐。

■ 擴張過度，巨債壓身

　　環球電訊於一九九七年由加里‧溫尼克（Gary Winnick）成立於免稅天堂百慕達，是世界上第一家自行籌資鋪設海底電纜的公司。從運作理念上看，環球電訊更像是一家網路公司。

　　環球電訊將盈利放在令人激動的網路概念上，然後舉債大筆投入。隨著網路的興盛和衰落，也就有了環球電訊這顆電信新星的升起和墜落。一九九七年成立、二〇〇二年破產的環球電訊幾乎是和網路公司同生共死。

　　如果撇開環球電訊涉嫌的財務欺詐，至少我們可以說，溫尼克是一個極端理想化的商人。「一個星球，一個網路，一百萬種可能性」是他的宏偉目標，而且他的確成功地連接起了大西洋和太平洋兩岸的二十七個國家和地區。溫尼克的宏偉計劃並不可笑，只是他對通信容量的預期發生了重大失誤。

　　換言之，他以為市場上會對某種產品出現大量需求，於是他造出了大量的產品，但是只有一兩個賣了出去，其餘的全砸在了手裡。其後果就是，海底光纜使用率低下，使得鉅額投入無法收回，高達一百二十四億美元的債務無法償付。

　　與環球電訊高估了市場需求相比，德國人萊奧‧基爾希對回報的預期顯然是很有根據的。基爾希集團以十六億美元的天價買斷了世界盃轉播權，而通常，世界盃轉播權都以三億美元賣出。基爾希認為這種壟斷性資源根本不愁買主，任何一個國家，包括足球事業尚處蠻荒的美國，都會心甘情願地開高價成為自己到手的下家。

　　但問題在於，基爾希顯然過高地估計了下家的接受能力。因為，對每一個市場而言，基爾希實際上只有一個談判對象。也就是說，一旦某個談判破裂，基爾希就會損失掉這一部分市場，而不會有別的競

爭者補上。

不過，在收費電視——基爾希流血不止的最大傷口——市場的投入上，基爾希犯了和環球電訊一樣的錯誤：高估預期。

基爾希以為收費電視在德國會取得到長足發展，然而事實恰恰相反，其二萬四千訂戶遠遠無法讓公司爬上收支平衡線。收費電視公司每運作一天就會損失一萬三千美元，經過一段時間的運轉，超過一百億美元的鉅額債務最終讓基爾希集團分崩離析。

同為媒體巨頭，法國人尚・馬希・梅西艾的風格與德國人基爾希大不相同。做傳媒起家的基爾希習慣借債高價買斷某一傳媒資源（如體育賽事轉播權或影片播映權），然後再高價售出賺取鉅額差價，而梅西艾則喜歡透過大筆的收購，將法國第二大的水處理公司變成了全球第二大的傳媒集團——維旺迪。

和環球電訊的溫尼克、基爾希集團的基爾希一樣，梅西埃在戰略上並沒有發生失誤，他所看好的傳媒業確實是二十一世紀初最具有高回收率的行業。維旺迪併購了加拿大的施格拉姆集團（旗下擁有環球音樂和環球電影）、美國網路公司（USA Network）、法國收費電視公司（Canal），以及若干歐洲的出版公司和電信公司，手筆不可謂不大。為了做到這一點，梅西艾花了近一千億美元。

維旺迪旗下的媒體業務經營情況並不差，只是股東對梅西埃是否有能力償還高達一百六十七億美元的鉅額債務表示懷疑。因此，梅西艾的狼狽離席或許是種必然的選擇。

▌ 財務詐欺，誠信告危 ⌒

當世界通信批露出創紀錄的三十八億美元財務詐欺時，人們再一次對美國會計制度的漏洞表示震驚。

世界通信為了使公司在賬面上保持盈利，採取了與安然公司透過程序設立所謂「特殊目的實體」（SPE）來掩蓋債務完全不同的做法。他們輕易地將本應列在財務報表運營支出的專案，轉列在資本支出名下。

「多米諾效應」
第七部
PART 7

世界通信與安然的財務詐欺的另一分別在於，安然符合會計準則，而世界通信則是赤裸裸的詐欺。從技術層面上講，SPE實際上並未違反會計準則。「安然之死」本質上也不是因為財務造假，而是因為安然面臨龐大債務而無法償付，世界通信則是赤裸裸地違反最基本的會計準則。這可能也正是美國總統布希說這一事件是「令人極度震驚」的原因。

由於在安然案中銷毀文件、妨礙司法調查，五大會計師事務所之一的安達信被宣判有罪。人們曾對這家公司的突然死亡抱有幾分惋惜，因為按照上面的分析，安然案中它雖然有失察或者縱容，甚至與公司勾結的疑點，但從嚴格意義上講，它並未違反會計準則。

但在世界通信案中，安達信肯定無法躲避批評與調查，難道它的會計師會發現不了如此明目張膽的財務詐欺？

在二〇〇二年四月，施樂公司也爆出了財務詐欺醜聞。由於財務報表出現問題，施樂公司被美國證監會罰款一千萬美元。不久，施樂公司對過去五年的帳目進行重新審計，誰也不會想到，它這五年的總利潤比以前財務報表所顯示的少十四億美元。

令人更為擔心的是，那些最令人尊敬的公司如通用電氣、波音公司也非常有技巧地「管理」著利潤。

通用電氣的利潤管理技巧廣為人知，為了使公司的利潤保持穩定，它在進行大額金額注銷或者進行重組時，通常要進行一次金額相當的資產出售。

儘管這種「管理」沒有破壞任何現有的會計準則，但肯定不是投資者希望看到的。

▌防微杜漸，亡羊補牢

不論是在政治、軍事，還是商業領域中，如果能做到防微杜漸、亡羊補牢，那麼就算不能完全防止「多米諾效應」的發生，也可以把它的影響降到最低。

在中國古代，有這麼一個故事：東漢和帝時，由於竇太后執掌朝政大權，竇憲兄弟便依仗權力，為非作歹。官員中有的奉承拍馬，有的敢怒不敢言。只有一個叫丁鴻的官員，藉著天上出現日蝕的機會，給皇帝上了份奏章，說：「日為君，月為臣，日蝕的出現，就好像是臣子在侵奪皇上的權力。現在竇氏兄弟權勢很大，如果皇上能親自處理朝政，把一切壞人壞事消滅在萌芽狀態，那麼兇惡的禍源就可以除去，吉祥的事將接連而來。」

這就是「防微杜漸」的由來，它指在錯誤或壞事剛冒頭的時候，就加以制止，不任其發展。

對個人或組織來說，「防微杜漸」能讓人們及時堵塞漏洞，防止危機的發生。但大部分時候，人們想做到「防微杜漸」並不是一件容易的事。由於變化是漸進的，一年一年地，一月一月地，一日一日地，一時一時地，一分一分地，一秒一秒地漸進，猶如從很緩的斜坡走下來，人們很難察覺其遞降的痕跡。

正是由於這種不知不覺的變化，警覺性不高的人很難預防。這種過程慢得不易使自己感知，也不易使別人察覺。但越是這樣越可怕，因為它往往被一些不起眼的事物所掩蓋。

雖然人們總是希望在危機之前做到「防微杜漸」，但要想完全消除一切隱患卻是不太現實的事情，我們可以在隱患剛開始出現的時候做到「亡羊補牢」。

「亡羊補牢」的故事出自中國史書《戰國策》：在中國戰國時期，楚國有一名官員叫莊辛。有一天他對楚國君王說：「大王在皇宮的時候，左邊是州侯，右邊是夏侯；出去的時候，鄢陵君和壽陵君又總是跟隨著你。這四個人專門講究奢侈淫樂，不管國家大事，如果大王不遠離他們，楚國一定要危險啦！」

楚襄王聽了，很不高興，罵道：「你老糊塗了嗎？故意說這些險惡的話惑亂人心！」

莊辛不慌不忙的回答：「臣只是感覺事情一定會到這個地步，不

敢故意說楚國有什麼不幸。如果大王還一直寵信這些人，楚國一定會滅亡的。如果大王還是不信我的話，請允許我到趙國躲一躲，看看事情究竟會怎樣。」

莊辛到趙國才住了五個月，秦國果然派兵攻打楚國，楚襄王被迫流亡到陽城。到這時候，楚襄王才覺得莊辛的話說得很對，於是趕緊派人把莊辛找回來。當莊辛回到陽城，楚襄王問他還能有什麼解救辦法時，莊辛很誠懇地說：「臣聽說，看見兔子才想起獵犬，這還不晚；羊跑掉了才補羊圈，也還不晚。」

在企業的快速發展過程中，不可避免地存在很多漏洞和隱患，而這些漏洞和隱患能否即時得到解決將決定企業的生死存亡。

見好就收，想好退路

事業的成功往往在於比別人多看半拍，多走半步。因此，企業如果能夠預測經濟衰退什麼時候到來，就能即時地撤退，避免多米諾效應的發生。

在開始創建事業的時候，因為心情太過激動，每個人總是思考如何讓事業持續到永遠。可是，所有的調查資料都告訴我們：讓事業永遠持續下去是個不折不扣的幻想。

據美國麥金利諮詢公司調查顯示，從二十世紀二〇年代至三〇年代，全球五〇〇強企業的平均壽命是六十五年，可到了一九六〇年變成了三十年，而到了一九九〇年平均壽命縮短至十五年，估計到了二〇一〇年，企業的平均壽命為十年。所以，沒有做好撤退的準備就開始創業是一件非常冒險的事情。

順利地撤退對於確保整體的利潤是非常重要的，可是人們很少提起它。大概是因為事業一旦取得成功，人們便會大肆宣揚；可是一旦失敗，誰也不想重提吧。

以往經核算證實盈利的企業，經過總清算後反而欠下了大筆的赤字，賬簿上登記的資產根本值不了幾個錢。

比如辦公家具和辦公用具被算做資產，到了清算的時候，這些東西根本賣不出去。這時它們已經不再是資產了，只是笨重的垃圾，反而要付垃圾清理費。

在關閉公司時，各種費用更是昂貴。在此期間，首先必須付給員工大筆的離職補償，和國稅局、律師交涉時也必須付給他們豐厚的酬勞，再加上清算並不是一項前途光明的工作，所以誰都沒有心情去做這種事情。在這種情況下，損失可能會被無限制地擴大。

所以，在這個無法對企業的長久性抱有期待的時代，從一開始就要研究中止事業時將要面臨的風險。在此基礎上，要讓自己輕裝上陣。具體來說，要儘可能做到零庫存，要堅持預先付款、現金回收的原則，不要有拖欠的貨款；不要雇用正式的員工，盡可能地使用臨時兼職人員；有必要嚴格堅守不簽長期租約、不借錢的原則。

客戶可能會希望你能有庫存，也可能提出延長付款期等各種要求。可是如果答應了客戶的要求，就有可能讓自己的事業背負極大的風險。也有的經營者抱著沒有風險就沒有利益的想法，認為有增加庫存的必要。可是如果所得利潤不足以維持庫存的話，事業的運轉就會崩潰。

迄今為止，大家都認為堅持是美德，而且，中途停止事業會使我們對顧客心懷歉意。可是，即使是像證券公司這樣的大企業倒閉後，也沒有多少顧客會因此煩惱。

其實，與其說中途中止事業要冒很大風險，倒不如說，不預測中止時間、不採取相應對策才是最危險的。

如果撤退的壁壘已經被升高了，那就想撤退都退不了，其後果將是無法順利地實現事業的更新換代，那麼不僅僅是事業的壽命，連公司的壽命都會走到終點。

金融危機的骨牌效應

骨牌效應，在描述金融危機的浩繁文獻中，幾乎被當作公理來引用。無論是出於自身的毛病，還是陰謀家的顛覆，金融危機會像骨牌

113

一樣連鎖傳播。那些首先出現債務、信用或匯兌危機的地區會將危機順勢擴散，殃及其他經濟體制健全的地區。

自一九八二年八月墨西哥爆發金融債務危機以來，整個拉丁美洲地區的經濟儘管也有一段時間的發展，但沉重的債務一直是他們揮之不去的陰影。這些國家做過努力，世界各國包括各大國際組織也都給予過幫助，但仍沒有一個拉丁美洲國家能夠逃出這個巨大的財物黑洞。

二○○一年十二月二十四日，阿根廷再度爆發貨幣危機，政府宣佈停止支付一千三百二十億美元總值的債務，成為世界上有史以來到期債務最大的債務國。

在這之後，世界資本像風一樣流動，使出現在拉丁美洲的金融病毒迅速在阿根廷、巴西、烏拉圭等國家流傳開來，骨牌效應助長了拉丁美洲金融風暴，越演越烈，整個拉丁美洲已經陷入金融動盪的漩渦之中。直至巴拉圭、巴西告急，這場風暴最終震動全球。

金融風暴所到之處帶來的恐慌早已超過了拉丁美洲帶來的恐怖襲擊。那種今日不知明日的煎熬時來已久，前途暗淡且無藥可救。

據阿根廷政府八月九日公佈的報告，二○○二年上半年，阿根廷股票市值已經從三百三十三億美元降至一百二十六億美元。阿根廷政府被迫放棄了以美元為發行準備的貨幣局制度，烏拉圭央行也已經放棄盯住美元的匯率制度，半年來，其外匯儲備已從三十一億美元下降到六億美元。而墨西哥比索則累計貶值了百分之十，股票也出現大幅下挫。巴西的外債總額高達二千三百三十億美元，是外債最多的發展中國家。

▌ 只是推卸責任的藉口 ✑

金融危機會像骨牌一樣連鎖傳播，這個普遍流傳的說法，至少有兩個作用。一是找到了金融危機的外在「根源」：既然金融危機是被傳染上的，那麼政府就沒有責任，金融機構也沒有責任；另一個作用是為政府出資拯救金融市場提供理由：既然危機會產生骨牌效應，那

麼出資挽救金融機構就跟救火一樣迫切了。

然而，事實並非如此。過去，各國普遍實施金融本位制度，那時的金融危機確實會迅速地在國與國之間傳播。因為同樣實施金融本位的國家，實際上是使用同一種貨幣，一個國家的黃金量、資本以及貿易的變動，都會直接影響到其他國家的物價、收入以及產出。因此，要阻止金融危機的蔓延，就必須放棄金融本位制。

到了今天，大部分國家已經放棄了金融本位制，改用浮動匯率制。在浮動匯率制度下，國家與國家之間的經濟關聯是靈活機動的，不應該再出現金融危機的骨牌效應了。如果考察了東南亞發生危機的幾個地區，就會發現，沒有誰是無辜的，各地的危機，與其說是「傳染的」，不如說是「原發的」。

泰國、馬來西亞和菲律賓等國家，當初為了降低國內的通貨膨脹，都將本國貨幣與美元或一些外幣掛鉤，以便使本國的通貨膨脹水平與美元或一些外幣的通貨膨脹水平看齊。這種政策吸引了大量外資。

外資的增加，使得進口貨物越來越便宜，出口貨物越來越昂貴。隨著進口物品消費的增加，政府經常性帳目赤字也相應增加。當這個赤字增加到國內生產總值的一定比例後，人們對該地區經濟的信心就會被削弱。

此外，由於流入的外資在這些國家投資不當，變成呆帳壞帳，也加劇了信心的崩潰，外資因此迅速外流。最後，由於政府的外匯儲備不足，中央銀行不得不收緊本國的貨幣政策，以此向市場保證本國貨幣不會貶值。然而，國內緊縮的貨幣政策，恰恰進一步抑制了國內的經濟成長，加重了金融機構的收款難度。

一個國家一旦出現這種不幸的情況，人們就會拋售這個國家的貨幣。隨著貨幣量的下降，股市價格也隨即下降，從而形成金融危機。

沒有人能夠否認，泰國的問題產生於自身的一系列錯誤政策：包括與日俱增的經常性帳目赤字、過量的短期外債、用於過度投機的銀行貸款以及腐敗的政府和企業行為。

而其他陸續產生金融危機的國家，無一例外都同樣存在這些問

題。他們的危機不是從泰國傳染來的，而是自己國內的經濟問題所導致的。

　　同樣，在一九九五年墨西哥金融危機後，阿根廷的存戶擔心本國經濟轉壞，紛紛爭著提領比索並兌換成美元，使實行聯繫匯率的阿根廷貨幣量銳減，國內生產總值和就業率下跌——這被普遍認為是骨牌效應。

　　然而，當時阿根廷銀行的破產情況已經相當嚴重，二百多家銀行中有四十五家已經關閉或合併。阿根廷的危機還需要墨西哥來觸發嗎？因此，金融危機的「骨牌效應」有時只是政府推卸責任和施加干預的好藉口，並不是事實。

PART 8

第8部

蝴蝶效應

　　一隻亞馬遜河流域熱帶雨林中的蝴蝶，偶然扇動幾下翅膀，兩週後，可能在美國德克薩斯州引起一場龍捲風。

蝴蝶與龍捲風

二十世紀六〇年代初，氣象學家愛德華・洛倫茲（Edward Lorenz），麻省理工學院教授，渾沌學開創人之一）利用電腦進行「數值天氣預報」的試驗。他發覺，只要輸入的資料存在微小的差異，計算的結果就會出現極大分別，「差之毫釐，謬以千里」正是形容這種情況。這說明，「數值天氣預報」在一定程度上也具有不可預測性。

基於這個發現和廣泛的研究，洛倫茲一九七二年十二月二十九日在華盛頓的美國科學發展學會上發表了一篇演說，題為《可預測性：一隻在巴西翩翩起舞的蝴蝶可否在德克薩斯州引起龍捲風？》。

演說的大意為：一隻亞馬遜河流域熱帶雨林中的蝴蝶，偶然扇動幾下翅膀，兩週後，可能在美國德克薩斯州引起一場龍捲風。原因在於，蝴蝶翅膀的運動，導致其身邊的空氣系統發生變化，並引起微弱氣流的產生，而微弱氣流的產生，又會引起它四周空氣或其他系統產生相應的變化，由此引起連鎖反應，最終導致天氣系統的極大變化。

洛倫茲的演講和結論給人們留下了極其深刻的印象。從此以後，所謂「蝴蝶效應」之說就不脛而走、聲名遠揚了。

蝴蝶效應說明，事物發展的結果，對初始條件具有極為敏感的依賴性，初始條件的極小偏差，將會引起結果的極大差異。

我們可以用廣泛流傳的一首民謠對蝴蝶效應做出形象的說明，這首民謠說：

丟失一個釘子，壞了一隻蹄鐵；
壞了一隻蹄鐵，折了一匹戰馬；
折了一匹戰馬，傷了一位騎士；
傷了一位騎士，輸了一場戰鬥；
輸了一場戰鬥，亡了一個帝國。

10天打造超強的成功智慧
一次讀懂20部黃金智慧法則

馬蹄鐵上的一個釘子是否丟失，本是一種十分微小的變化，但其「長期」效應是一個帝國的存與亡。這就是「蝴蝶效應」在軍事和政治領域中的應用。

是不是有點不可思議？但是事實就是如此，一些看似極微小的事情卻有可能造成非常嚴重的後果，因此在任何事情上都應做到防微杜漸。

■ 天氣預報可信嗎？

有趣的是，在洛倫茲發表劃時代的論文之後，媒體上就充滿了關於「蝴蝶效應」五花八門的報導，它們似乎都簡單地宣佈「天氣預報是不可能的」。但洛倫茲本人的思想並非如此簡單，他的意思是天氣預報並不能做到完全準確。

當天氣急劇變化，預報又未能準確反應，大家很自然會想起「天有不測風雲」這句話。究竟這話有沒有科學基礎？天氣預報往往不夠準確，這是計算出現問題，還是科學尚有不足之處呢？

雖然二十世紀的科學出現了相對論及量子力學等新理論，但牛頓力學在一般日常生活上——包括天氣預報、建築設計、飛機工程等——仍然適用。近年來，隨著資訊技術的高速發展，以牛頓力學為基礎來類比天氣的變化——一般稱為「數值天氣預報」，已經成為預測天氣的一個主流。

為了使數值天氣預報更加準確，科學家雙管齊下：一方面深入研究大氣的複雜微妙的變化，例如颱風的內部結構，雷暴的生成消失過程等，務求精益求精；另一方面加強氣象觀測，例如增加觀測點，發展衛星及雷達技術等，從而獲得更多的氣象資料。

其實，由於氣候變化是十分複雜的，所以在預測天氣時，輸入的初始條件不可能包含所有的影響因素（通常的簡化方法是忽略次要因素，保留主要因素），而那些被忽略的次要因素卻可能對預報結果產生重大影響，導致錯誤的結論。

由此，洛倫茲認定，儘管擁有高速電腦和精確的測量資料（溫

度、氣壓、衛星風雲信息等），也難以獲得長期準確的天氣預報。

洛倫茲用超人的毅力將影響天氣的五百萬個變數壓縮到三個變數。以數學家的眼光和風格，實實在在地證明一個簡單的三階非線性系統就能出現「渾沌」（Chaos），從而令人信服地證明天氣系統是渾沌的。

奇妙的渾沌

什麼是渾沌呢？

目前，科學家給渾沌下的定義是：渾沌是指發生在確定性系統中的貌似隨機的不規則運動，一個確定性理論描述的系統，其行為卻表現為不確定性——不可重複、不可預測，這就是渾沌現象。

渾沌的原意是指無序和混亂的狀態，這些表面上看起來無規律、不可預測的現象，實際上有它自己的規律，渾沌學的任務就是尋求渾沌現象的規律加以處理和應用。

二十世紀六〇年代渾沌學的研究熱悄然興起，並滲透到物理學、化學、生物學、生態學、力學、氣象學、經濟學、社會學等諸多領域，成為一門新興學科。

麻省理工大學的天文學家和電腦專家指出，太陽系是不可預測的，在任意時刻，我們根本無法推算出有關行星的速度及準確位置，根據古典力學計算出的結果是不可信的。這與洛倫茲關於準確的長期天氣預報是不可能的結論一致。

其他像太陽黑子的增減、傳染病的發病規律、精神病的發病機理、腦電波和心律的變異、湍流、股票行情的變化、匯率的波動，以及許多化學反應和化學過程等都存在著渾沌現象。

天體物理學家試圖用渾沌學探索宇宙起源，醫學家試圖用渾沌學研究心臟運動的規律，經濟學家也試圖用渾沌學來預測股市行情，社會學家則試圖用它去認識和評價政治危機。一些未知的複雜過程和現象，都能從渾沌學那裡找到答案。這正是渾沌學具有誘人的魅力之處。

進一步研究表明，渾沌是非線性動力系統的固有特性，是非線性系統普遍存在的現象。牛頓確定性理論能夠完美處理的多為線性系統，而線性系統大多是由非線性系統簡化來的。因此，在現實生活和實際工程技術問題中，渾沌是無處不在的。

渾沌的發現和渾沌學的建立，同相對論和量子論一樣，是對牛頓確定性古典理論的重大突破，為人類觀察物質世界打開了一個新的窗口。

所以，許多科學家認為，二十世紀物理學永放光芒的三件事是：相對論、量子論和渾沌學的創立。

上帝擲骰子嗎？

蝴蝶效應是渾沌學中最具有詩意的部分，它之所以令人著迷、令人激動、發人深省，不但在於其大膽的想像力和迷人的美學色彩，更在於其深刻的科學內涵和內在的哲學魅力。

從科學的角度來看，「蝴蝶效應」反應了渾沌運動的一個重要特徵：系統的長期行為對初始條件的敏感依賴性。

古典動力學的傳統觀點認為系統的長期行為對初始條件是不敏感的，即初始條件的微小變化對未來狀態所造成的差別也是很微小的。

但渾沌理論向傳統觀點提出了挑戰。渾沌理論認為在渾沌系統中，初始條件十分微小的變化經過不斷放大，對其未來狀態會造成極其巨大的差別。

渾沌理論看來非常深奧，但它其實與我們日常生活息息相關。從浪花的變化到水龍頭上水滴的節奏，從閃電的位置變化到龍捲風的形成，從股票市場的波動到「六合彩」攪珠的結果，都存在渾沌理論所描述的不可預測性。

這些神祕的不可預測性常常讓人們懷疑，事物的發展並不是有一個特定的規律，事物的發展似乎更像是上帝擲骰子的結果。

與我們通常研究的線性科學不同，渾沌學研究的是一種非線性科學，而非線性科學研究似乎總是把人們對「正常」事物和「正常」現

象的認識，轉向對「反常」事物和「反常」現象的探索，研究目的是預測系統的最終發展結果。

這就是說：如果完全知道在時間序列中一個系統過去的歷史，能否預測它未來怎樣；尤其能否預測該系統的長期或漸進的特性。這無疑是一個意義重大的問題。

渾沌不是偶然的、個別的事件，而是普遍存在於宇宙間各種各樣的宏觀及微觀系統中，萬事萬物，莫不存在渾沌現象。

渾沌也不是獨立存在的科學，它與其他各門科學互相促進、互相依賴，由此派生出許多交叉學科，如渾沌氣象學、渾沌經濟學、渾沌數學等。

渾沌學不僅極具研究價值，而且有極高的現實應用價值，能直接或間接創造財富。

非線性思維

有這樣一個笑話：

一群遊客到一個類人猿遺址參觀，他們向遺址博物館年輕漂亮的女解說員詢問該類人猿的年齡。

她回答：「迄今已高達六十萬零一歲。」

遊客很詫異：「你怎麼知道得如此準確？」

她得意地說：「因為我去年剛到這裡工作時，博物館館長對我說，人猿的年齡是六十萬歲。」

這個笑話嘲諷了一種簡單的線性思維模式，也就是思考問題時直來直去，不懂得動動腦子。

事實上，世界上的事情都是複雜的，簡單的線性思維會讓人忽視假象背後的真實。

線性思維經常出現在新聞報導上。媒體往往根據線性的思維慣性，依據當時黑白分明的簡單化新聞的片面報導、強調誇大某個數

字、突出多種變化中的一個，從而誤導讀者。

根據「蝴蝶效應」，要注意新聞事件的複雜化和灰色地帶：新聞實踐和變化往往是充滿了各種意想不到的、相互作用的變數的非線性世界。但是，政治家、經濟學家和新聞界只會採用線性模型計算、預測和報導新聞。

新聞評論家在對未來變化和發展趨勢的預測上，總是喜歡把媒體上有關這項發展變化的點點滴滴的新聞和資訊相加在一塊，然後分析評估，從中找出事物變化的趨勢，並做出自己的預測。

這種根據新聞事件的累加做出的線性預測，疏忽了不同發展趨勢、變化的相互作用，忽視了某些意想不到的因素。因此，這種預測常常會「見木不見林」。比如，沒有一家美國媒體會預見到九一一事件；再如，在財經報導中，經濟的運行常常是非線性的發展，對網路經濟的發展與預測，就讓很多媒體以及專家學者跌破眼鏡。

但是，經濟學家和記者們卻常常在報紙和電視上試圖精確預測經濟的未來發展，比如，談話節目、股市分析節目、財經報導欄目等等。媒體做這種精確的預測，是想滿足受眾的期望，可是事件最終的變化往往否定了評論家們的展望和預測。

因此，當我們評論剛剛在報紙或電視上看到的新聞報導時，不妨用渾沌理論和複雜性的思維模式，對全球媒體關於政治、軍事和經濟等重大問題的報導持一種懷疑的態度，鍛鍊自己獨立思考的能力。

如果把複雜性理論運用到新聞評論中，將有助於讀者理解新聞事件發展的複雜性，同時表現媒體的獨立性。

乾草的發明與政治中心北移

世界上充滿了非線性系統，這些非線性系統的發展，往往是無法用規則及方程式來預測和計算的。

有誰能想到乾草的發明會促進北歐的城市發展並進而促使歐洲的政治中心北移呢？

在古羅馬時代，南歐的天氣溫暖宜人，一年四季都可以在草原上

放牧。因此，南歐人口眾多，城市發展很快，歐洲的政治中心就是義大利的羅馬。

在羅馬人眼裡，北歐都是些野蠻的民族，住在樹林裡與野獸為伴。

北歐雖然也有城市，但是北歐的城市發展非常緩慢，因為他們需要馬車和牛車從南方運輸新鮮草料。

直到中世紀早期，一個不知名的農民偶然間發明了乾草，這項發明使北歐人民也可以大規模圈養牲畜，直接導致了北歐人口的增加和南歐人口的大範圍遷移，並最終導致了歐洲的權力中心從羅馬轉移到巴黎和倫敦。

紙張的發明有著同樣重要的歷史意義。

在紙張發明之前，歐洲人的文獻記載主要是用羊皮，這對於文明的傳播是非常不利的，因為轉抄和攜帶都很不方便。

造紙術傳入歐洲之後，大大促進了歐洲文明的發展，最終帶來了歐洲的「文藝復興運動」，掀開了世界近現代史的帷幕。

類似的例子不勝枚舉。

電力的發明在當時並沒有引起人們的注意，但後來它直接導致了人們從農業時代跨入工業時代，使世界發生了天翻地覆的變化。試想一下，要是現在的電力供應出現問題，人類將面臨怎樣的災難？

馬可尼發明無線電，當時僅僅是為了尋找一個跨海電話通話的替代品。而今，無線電已經廣泛運用於通訊、交通、傳媒、軍事、航太等領域，為人類的進步做出了卓越貢獻。

二十世紀四〇年代，IBM並沒有為剛剛發明的電腦所動，沒有預見到其在資訊傳播上的任何前景，更不用說能預見它給世界帶來這麼大的變化。

而在今天，電腦已經成為人們須臾不離的交流工具，幾乎沒有一個行業不使用電腦。電腦的發展直接促進了資訊產業的發展，人類也已跨入資訊時代。資訊技術的發展又促進了經濟形態的轉變，從而引起人類社會各方面的巨變。

傑森‧布萊爾的稿紙

「蝴蝶效應」在社會學界用來說明：一個壞的微小機制，如果不加以即時地引導、調節，將會給社會帶來非常大的危害，人們戲稱為「龍捲風」或「風暴」；一個好的微小的機制，只要正確指引，經過一段時間的努力，將會產生轟動效應，或稱為「革命」。

《紐約時報》記者傑森‧布萊爾（Jason Blair）杜撰新聞的稿紙，看來就像那蝴蝶的翅膀，它掀起的風暴使得《紐約時報》轍亂旗靡，成為新聞史上重大醜聞的主角。

傑森‧布萊爾於一九九九年六月進入《紐約時報》，因「工作勤奮」而一路獲得提拔，二○○二年十月升任國內新聞記者，被同事稱為「多產記者」。

二○○三年五月十一日，《紐約時報》在其星期天版以醒目位置刊登長篇文章，披露了傑森‧布萊爾擔任國內新聞記者後，其至少一半的新聞報導均以虛構的筆法杜撰而成。

傑森‧布萊爾發表的許多文章，根本就沒有經過他本人的獨立採訪，而是靠他坐在家中，根據一點線索憑想像加工而成。傑森‧布萊爾經常在行動電話和手提電腦上做手腳，假裝從各地發稿，並向報社報銷採訪費用。

美國對伊拉克開戰後，他從一名自由記者那裡購買了一張照片，然後根據照片以訪談的形式杜撰了一篇〈一名老人聽到兒子在伊拉克戰爭中喪生後的感受〉，其大膽和想像力令人叫絕。

該報社早就有編輯發現傑森‧布萊爾有杜撰新聞嫌疑，但未能引起新聞主管的重視，傑森‧布萊爾反而被委以更重要的採訪任務。

《紐約時報》多年來以維護新聞工作的傳統準則、追求公信力而著稱；該報內部要求每一篇署名該報的報導，均須經過獨立採訪調查。因此，雖然不時遭到外界批評，但該報還是被看作美國最享盛譽的報紙，去年它還奪得了七項「普利茲新聞獎」。

傑森‧布萊爾醜聞的發現，暴露了該報內部管理機制的漏洞，使

《紐約時報》的聲譽造成了極大損害。

就像百年老店「童叟無欺」的招牌，《紐約時報》的報頭上天天都印著一句話：「此報所有新聞宜於印行」。然而，傑森‧布萊爾醜聞卻使這句招牌話成了莫大的諷刺，該報也自稱進入了有史以來的「最黑暗時期」。

沒想到《紐約時報》一百五十二年的聲譽就這樣毀於一旦！許多在這家世界級大報裡受過嚴格訓練的專業新聞工作者，居然栽在一個二十七歲、初出茅廬的行騙者手裡，不禁令全球傳媒跌破眼鏡。

同時，由於《紐約時報》的醜聞，兩個與新聞業本身一樣古老的準則，即新聞真實性和新聞工作者操守，在網路和電訊業高度發達的今天，重新提到全球新聞工作者的面前。《紐約時報》的醜聞為國際新聞界敲響了一記警鐘。

試想一下，如果當時的新聞主管能防微杜漸，在得知傑森‧布萊爾有杜撰嫌疑時採取果斷措施，情形何至於此呢？

■ 心靈的「超連結」

「蝴蝶效應」在教育領域也有極強的借鑑意義。一個極微小的起因，經過一定的時間及其他因素的參與作用，可以發展成極為巨大和複雜的影響力。因此教育工作者一定要考慮到「蝴蝶效應」在教學中的影響。

中學老師貝爾蒙特在談到作文評語時，曾激動地說過這樣一件事：

有一天，我收到一封學生的信，信中寫道：「我坐在大學寬敞明亮的教室裡給您寫信。還記得我嗎？您在我本子上批過一句話：『句子造得很精彩，希望你做人也精彩。』從那時起，我就一直努力使自己活得精彩一些，儘管我的基礎很差，經常碰到許多困難，但是因為您那句評語的激勵，我一直沒有放棄努力。」我被深深地感動了，為這名學生的努力感動，也為自己當初的評語感動。我沒有想到自己很隨意的一句讚揚，竟會產生如此巨大的迴響！

10天打造超強的成功智慧
一次讀懂20部黃金智慧法則

中小學生正處於自我意識的形成和成熟時期，自我評價能力還不健全，具有較強的向師性，家長的話可以不聽，卻把老師的話當作「聖旨」。老師寫給學生的評語猶如一面鏡子，學生會深信其真實性，作用也就不言而喻了。

對於學生來說，透過操行評定，可以衡量自己所達到的實際水平，學會正確評價自己和別人，激勵自己發揚優點，克服缺點和弱點，不斷進步。

而對於學生父母來說，藉由閱讀操行評定，能更全面、更客觀地瞭解自己的孩子，增加對老師的信任感，更好地與老師配合，共同教育孩子。

因此，老師們都應該重視學生操行評語的填寫，真誠、坦率地與孩子們進行心靈的溝通。

一份小小的操行評語，是老師對學生在一定時期內行為表現的書面鑒定，更是對師生相處、相親、相知程度的檢查，也是老師能力和水準的展示。它猶如一面鏡子，能照出各自的容貌；它猶如心靈的「超連結」，能讓老師、學生、家長的心靈相互溝通；它猶如喜劇小品，讓人在喜悅中接受教育；它猶如春風春雨，能使學生天賦的種子生根、開花、結果。

教育發展家維高斯基（Vyotsky．L．S．）的研究表明，教育能對兒童的發展造成主導作用和促進作用，但需要確定兒童發展的兩種水準：一種是已經達到的發展水準；另一種是兒童可能達到的發展水準，表現為「兒童還不能獨立地完成任務，但在成人的幫助下，在集體活動中，藉由模仿，卻能夠完成這些任務」。

這兩種水準之間的距離就是「最近發展區」，把握「最近發展區」能加速學生的發展。

維高斯基（Vyotsky．L．S．）的「最近發展區」主要是就智力而言的，其實在學生心理發展的各個方面都存在著「最近發展區」。

老師應該圍繞「最近發展區」大做文章，透過聯絡簿、週記、作業本、期末鑒定、書信等載體為學生寫評語，讓學生看到成功的希望，明確努力的目標，獲得前進的動力，一步一步地發展自己，一點

一滴地完善自己。

想不到的事情

人們日常生活中的一些趣事，也往往能反映出「蝴蝶效應」的作用。

布魯斯是紐約一家報紙的編輯。前不久，美國西海岸鬧起碼頭風波，工人們和老闆因為勞資問題又起糾紛，雙方談了好幾次都談不攏，於是工人們準備罷工。誰知老闆先下手為強，封閉了港口。

於是，西海岸的港口全線停擺，輿論譁然，布魯斯天天採訪碼頭風波的稿子。

再過兩個月就是耶誕節了，為耶誕節準備的一船船商品，正從世界各地運往美國。可是港口封了，貨到不了岸，這可苦了貨主和航運商。

這時，布魯斯收到了一封E-mail，是遠在加拿大的一位好友寫來的。看完之後，布魯斯哭笑不得。

原來，這位好友是替中國公司設計玩具的，美西港口封港導致美國方面的訂單取消，中國那邊的公司也只好對他說抱歉，可憐的他得另找東家，以度過這個寒冷的冬天。

布魯斯怎麼也想不到，碼頭風波不僅令他焦頭爛額，竟然也波及到遠在加拿大的好友。

這就是奇妙的渾沌世界。人們經常掛在嘴邊的一句話就是「真想不到啊」，感嘆世事無常，往往出人意料。

其實，大千世界，無奇不有，碰到想不到的事情，用「渾沌理論」或「蝴蝶效應」來解釋一下，肯定會有恍然大悟的感覺，不信你試試！

PART 9

第9部

皮格馬利翁效應

每一個孩子都可能成為非凡的天才，一個孩子能不能成為天才，
取決於家長和老師能不能像對待天才一樣愛他、期望他、教育他。

「雕像」變成「美少女」的故事

　　在古希臘神話裡，皮格馬利翁是塞普勒斯的國王，他愛上了自己雕塑的一個少女，並且真誠地期望自己的愛能被接受。這種真摯的愛情和真切的期望感動了愛神阿芙羅狄忒，她給了雕像以生命，皮格馬利翁的幻想也變成了現實。

　　在中國古代也有一個類似的故事：唐朝的官員趙顏從他一位朋友手裡得到一個布屏風，上面畫著一個女人，她異常的美麗。趙顏因為畫中女人的美麗而感到了一種絕望，不禁感歎地說：「可惜世上沒有這樣的女人，她要是能活過來，我一定娶她為妻！」

　　他的朋友神祕地告訴趙顏這是一幅神畫：「你的願望不難實現。她叫真真，你叫她一百天（晝夜不停），她就會答應你。她一答應，你就用百家彩灰酒灌她，準保她能像真人一樣活過來。」

　　癡迷的趙顏果真按照朋友的話去做了，畫中的女人也果真從屏風上走了下來。她感謝趙顏的召喚，心甘情願地侍奉他。過了一年，他們生了一個兒子。兒子兩歲生日那天，趙顏的另一位朋友知悉了他的情緣，懷疑真真可能是個妖精，生怕趙顏會因此遭遇禍端，便送給他一口神劍。當晚，趙顏便將神劍帶進了臥室。

　　真真因愛人的猜疑而傷心欲絕，她哭別趙顏，吐出了以前喝的彩灰酒，回到屏風上。趙顏轉身看畫時，吃驚地發現畫上的女人身旁多了一個孩子。

　　上面的兩個故事都是虛構的，或者說，都是隱喻性的，但現實中的「皮格馬利翁效應」卻經常發生。博爾赫斯在《論惠特曼》一文中寫道：「一件虛假的事情可能本質上是真實的。」幻想性的故事不是指代性的，而是寫意性的，具有魔法的特徵。

　　人們從皮格馬利翁的故事中總結出了「皮格馬利翁效應」，但是對這一效應做出充分解釋，並使它廣泛應用的是羅森塔爾和他的助手

10天打造超強的成功智慧
一次讀懂20部黃金智慧法則

們，因此「皮格馬利翁效應」又稱「羅森塔爾效應」。

美國著名心理學家羅森塔爾和助手來到一所小學做一項實驗：他們聲稱要進行一個「未來發展趨勢測驗」，並以讚賞的口吻將一份「最有發展前途者」的名單交給了校長和相關老師，叮囑他們務必保密，以免影響實驗的正確性。

其實他們撒了一個「權威性謊言」，因為名單上的學生根本就是隨機挑選出來的。

八個月後，奇蹟出現了。凡是上了名單的學生，成績都有了較大的進步，且各方面的表現都很優秀。

顯然，羅森塔爾的「權威性謊言」發生了作用，因為這個謊言對老師產生了暗示，左右了老師對學生能力的評價；而老師又將自己的這一心理測驗藉由自己的情感、語言和行為傳達給學生，使他們強烈地感受到來自老師的關愛和期望，變得更加自尊、自愛、自信、自強，從而使各方面都得到異乎尋常的進步。

人們把這一現象稱為「羅森塔爾現象」。它表明：每一個孩子都可能成為非凡的天才，一個孩子能不能成為天才，取決於家長和老師能不能像對待天才一樣愛他、期望他、教育他。

■ 每個人都希望得到讚美

林肯曾說過：「每個人都希望得到讚美。」頑童當州長的故事是「皮格馬利翁效應」的一個典型的例子。

羅傑・羅爾斯出生在紐約的一個叫做大沙頭的貧民窟，在這裡出生的孩子，長大後很少有人獲得較體面的職業。羅爾斯小時候，正值美國嬉皮族流行的時代，他跟當地其他孩童一樣，頑皮、曠課、打架、鬥毆，無所事事，令人頭疼。

幸運的是，羅爾斯當時所在的諾必塔小學來了位叫皮爾・保羅的校長。有一次，當調皮的羅爾斯從窗臺上跳下，伸著小手走向講臺時，出乎意料地聽到校長對他說：「我一看就知道，你將來是紐約州

的州長。」

校長的話對他的震動特別大。從此，羅爾斯記下了這句話，「紐約州州長」就像一面旗幟，帶給他信念，指引他成長。他衣服上不再沾滿泥土，說話時不再夾雜污言穢語，開始挺直腰桿走路，因此很快成了班裡的班代表。

四十多年間，他沒有一天不按州長的身份要求自己，終於在五十歲那年，他真的成了紐約州州長，而且是紐約歷史上第一位黑人州長。

美國心理學家威廉·詹姆斯發現，人類本性中最深刻的渴求就是讚美。教師對學生的讚揚與期待，將對學生的學習、行為乃至成長產生巨大的作用。其實每個人的內心世界都一樣，沒有一個學生不想得到老師的讚美和期待。

心理學家用這種效應說明，只要熱情期待和肯定，就能得到希望的效果。教師應對學生傾注愛心和熱情，寄予熱切的希望，提出合理的學習目標和要求，應該肯定多於否定。管仲在做齊國的宰相以前，曾經負責押送犯人，但是，與別的押解官不同的是，管仲並沒有親自押送犯人，而是讓他們按自己的喜好安排行程，只要在預定日期趕到就可以了。犯人們感到這是管仲對他們的信任與尊重，因此，沒有一個人中途逃走，全部如期趕到了預定地點。由此可見，積極期望對人的行為有多大的影響！

積極的期望促使人們向好的方向發展，消極的期望則使人向壞的方向發展，人們通常用這樣的話語來形象地說明「皮格馬利翁效應」：「說你行，你就行；說你不行，你就不行。」

對少年犯罪兒童的研究表明，許多孩子成為少年犯的原因之一，就在於不良期望的影響。他們因為在小時候偶然犯過的錯誤而被貼上了「不良少年」的標籤，這種消極的期望引導著孩子們，使他們越來越相信自己就是「不良少年」，最終走向犯罪的深淵。

可怕的精神施暴

有這麼一位父親，他讓兒子賣了四·五公斤柑橘，每公斤○·九美分，讓八歲的兒子算算總共要收多少錢。

近旁的幾位顧客馬上圍攏上來看這場「智力測試」。誰想到，眾目睽睽之下，孩子緊張慌亂，先說「五美元」，又說「四美元」，亂猜一氣。那位父親氣急敗壞，抬手一個耳光，還氣咻咻地罵道：「沒想到你這麼笨，完了，你這輩子算完了！」孩子哭了，卻又不敢放聲大哭，樣子極為痛苦。第二天，便聽說這男孩偷偷地喝下毒藥而悄然離開人間。

一個八歲左右的孩子，智力還沒有充分發展，閱歷還很淺薄，沒有獨立的思考能力，完全靠大人的評斷來認識自己。大人生氣之下脫口而出的一句話，常常是很偏激的，而且心情平靜下來以後早把氣話的內容忘記了。但是孩子聽得很認真，記得刻骨銘心。忽然之間他發現自己在他人眼中是那樣的不堪造就，心中突然十分驚異和沮喪，稚嫩的心靈難以承受那致命的打擊，此後極有可能以心灰意冷的態度來選擇悲觀的生活道路。

本來完全可能有錦繡前程的人在少年時代就凋謝了，這真是太殘酷了。不少孩子後來成績不好，工作生活能力差，精神萎靡不振，該成材沒成材，跟他們的童心曾經遭受過的深刻痛苦有關。

心理學關於情緒和情感的研究認為：情緒和情感的改善對提高智力水準和智力活動的效率有著積極的意義。

因此，有良好修養的老師會以真誠的愛使學生產生美好的情感體驗，從而激發出學生潛在智慧的釋放，使之變得更加聰明、更加活躍。

相反，如果因為孩子的一個過錯或一次笨拙表現就大發雷霆，使孩子產生痛苦沮喪的情感體驗，那麼，學生就會精力分散，智力削

133

「皮格馬利翁效應」
第九部
PART 9

弱，變得消極遲鈍。

■ 一個人最寶貴的東西是什麼

一個人最重要、最寶貴的東西就是自尊心和自信心，這是人的精神支柱。

這個支柱一旦被摧毀，人的精神生命就結束了。精神生命一結束，就只剩下一個肉體的存在，彷彿像動物般地活著，那還有什麼生存的價值呢？有些教育水準不高的家長，一旦發現孩子三五歲時有不聰明的表現，七八歲時有蠢笨的舉止，便斷言說：「這孩子可完了。這麼簡單的都不會，別指望他（她）有出息了！」

與錯誤的失望隨之而來的，就是父愛母愛驟然降溫，責罵痛打隨之降臨。其結果，肉體施暴傷及皮肉，心靈施暴損毀自信，受傷的皮肉很快康復，受傷的心靈卻可能一輩子也難以癒合。

不管怎樣，孩子一生還有幾十年的前程，發展變化難以預料。為人父母者，萬不可以點代面、以偏概全、以生氣代替理智和科學，過早地斷言孩子一輩子都不行。

■ 欣賞你的孩子

心理學家威廉·詹姆斯說過，人性最深切的渴望就是獲得他人的讚賞，這是人類之所以有別於其他動物的地方。一個人，無論是大人還是孩子，無論他從事什麼職業，都渴望受到別人的重視，得到別人的讚美。

對於孩子來說，由於年齡小，心理還很幼稚，他們心靈最強烈的需求、最本質的渴望就是得到別人的賞識。兒童的年齡越小，越需要外界的鼓勵，特別是父母的鼓勵。一個孩子如果在童年時代很少被賞識，就會直接影響到他個性的發展，甚至導致他一生的個性缺陷。

欣賞引導成功，抱怨導致失敗，這是每一個家庭必須牢牢記住的。

有個孩子一直想不通一個問題：為什麼他的同桌想考第一，一下子就考了第一；而自己想考第一，卻才考了全班第二十一名？

　　回家後他問他的母親：「媽媽，我是不是比別人笨？我覺得我和他一樣聽老師的話，一樣認真地做作業，可是，為什麼我總比他落後？」

　　媽媽聽了兒子的話，感覺到兒子開始有自尊心了，而這種自尊心正在被學校的排名傷害著。她望著兒子，沒有回答，因為她不知該怎樣回答。

　　又一次考試後，孩子考了第十七名，而他的同桌同學還是第一名。回家後，兒子又問了同樣的問題。她真想說，人的智力確實有高低之分，考第一的人，腦子就是比一般人的靈。然而這樣的回答，難道是孩子真想知道的答案嗎？她慶幸自己沒說出口。

　　應該怎樣回答兒子的問題呢？

　　有幾次，她真想重複那幾句被上萬個父母重複了上萬次的話——你太貪玩了；你在學習上還不夠勤奮；你和別人比起來還不夠努力試圖以此來搪塞兒子。

　　然而，像她兒子這樣腦袋不夠聰明，在班上成績不甚突出的孩子，平時活得還不夠辛苦嗎？所以她沒有這樣做，她想為兒子的問題找到一個完美的答案。

　　兒子小學畢業了，雖然他比過去更加努力，但依然沒趕上他的同桌同學，不過與過去相比，他的成績一直在提高。為了對兒子的進步表示讚賞，她帶他去看了一次大海。就是在這次旅行中，這位母親回答了兒子的問題。

　　現在這位做兒子的再也不擔心自己的名次了，再也沒有人追問他小學時成績排第幾名，因為他已經以全校第一名的成績考入了密西根大學。寒假歸來時，母校請他為同學及家長們做一個報告。

　　其中他講了小時候的一段經歷：「我和母親坐在沙灘上，她指著前面對我說，你看那些在海邊爭食的鳥兒，當海浪打來的時候，小灰雀總能迅速地起飛，牠們拍打兩三下翅膀就升入了天空，而海鷗總顯得非常笨拙，牠們從沙灘飛入天空總要很長時間，然而，真正能飛越

大海橫過大洋的還是牠們。」這個報告使很多母親流下了眼淚，其中包括他自己的母親。

對於大多數孩子來說，他們缺少的不是批評，而是讚揚。在學校裡，作業做錯了被老師批評；在家裡玩的時間長了，被家長訓斥。在孩子童年的記憶裡，令他們記憶深刻的不是家長的批評，而是那些難得的讚揚，因為他們已經被批評得疲乏了。

著名作家三毛寫過一篇散文〈一生的戰役〉，文中說：「我一生的悲哀，並不是要獲得全世界，而是要請你欣賞我。」這個「你」，是指她的父親。

有一天，父親讀了三毛一篇文章，為她留言道：「深為感動，深為有這樣一株小草而驕傲。」做女兒的看到後「眼淚奪眶而出」。三毛寫道：「等你這一句話，等了一生一世，只等你——我的父親，親口說出來，掃去了我在這個家庭裡一輩子消除不掉的自卑和心虛。」

■ 不應吝嗇對孩子的讚美

為什麼總有那麼多兒女盼不到父母的認可和欣賞呢？

為什麼總有那麼多父母對孩子吝嗇一個「好」字呢？

是傳統的束縛，還是大人們的虛榮，總覺得自家的孩子比不過別人家的，沒能為自己爭光？

在不少家長的意識中，從沒覺得有必要對孩子進行讚揚，在傳統的教育中，對孩子的愛是要放在心裡的。甚至有許多父母認為，只有不斷指出孩子的缺點才是培養他們成材的最有效方式。

在心理學上，還有這麼一種現象，越是親近的人越不容易用語言表達自己的情感，甚至難以溝通，因為他們彼此認為非常熟悉，可以心領神會，覺得語言是多餘的。父母對孩子的表現往往也有這種盲點，當孩子做對某件事情時，家長會覺得是理所當然的，無需表揚和讚賞。

我們可以想想，孩子說話、走路都是在父母的鼓勵下才學會的。學說話時，沒有不說錯話的，學走路時，沒有不摔跤的。沒有一個父

母因為孩子說了錯話、摔了跤，而不讓他們學說話、學走路。那麼，我們為什麼不能將這種鼓勵和寬容持續下去呢？

做父母的應該而且必須賞識您的孩子，要把賞識當成孩子生命中的一種需要。有了賞識的心態，父母就會把孩子當做天才來看待。

努力發現孩子的優點

由於先天遺傳與後天教育、環境的差異，每個孩子之間都各不相同，不僅身高、胖瘦和長相有區別，而且智商有高有低，能力有強有弱。家長千萬不能因自己的孩子在某些方面比別的孩子差，就輕視自己的孩子。

父母要努力發現自己孩子的優點，特別是發現與眾不同的優點，要多想想自己孩子的優點，學會欣賞自己的孩子。

當然，這種做法並不是說要忽視孩子的缺點，對孩子護短；也不是誇大孩子的優點，使他盲目驕傲自大；而是為了從宏觀和整體上樹立起一種理念──「我們的孩子是最棒的！」也是讓孩子樹立起一種信心──「我是最好的！」

美國成功學的創始人拿破崙·希爾博士小時候曾被認為是一個壞孩子，家人和鄰居甚至認為他是一個應該下地獄的人，無論何時出了什麼壞事，大家都認為是拿破崙·希爾做的。在這種情況下，拿破崙·希爾故意將罐子摔破，一心想表現得比別人形容的更壞。

他的母親去世後，一位新母親走進了他的家庭，當父親介紹拿破崙·希爾時說：「這就是拿破崙·希爾，是希爾兄弟中最壞的一個。」此時，他的繼母卻親切地說：「他完全不是壞孩子，他恰恰是這些孩子中最伶俐的一個，而我們所要做的一切，無非是要把他所有伶俐的品性發揮出來。」

繼母發現了拿破崙·希爾人性中的優點，在繼母的賞識和鼓勵下，拿破崙·希爾開始改正自己的缺點，並發奮學習。繼母用她深厚的愛和不可動搖的信心，塑造了一個全新的拿破崙·希爾。

當一個人受到周圍的人共同賞識時，他就會覺得自己「真行」，

往往會有超常的發揮。有一位哲學家曾經這樣表述自信心的作用，他說：「當你有了天才的感覺，你就會成為天才；當你有了英雄的感覺，你就會成為英雄。」

這種精神對物質的作用，在很多情況下都會存在。就拿創造世界記錄的運動員來說，當然平時的訓練是基礎，但是他們在創造世界記錄前，幾乎都有一種預感，覺得自己的狀態好，能出好成績，能破世界記錄。另外，現場的氣氛也有很重要的作用。這些都是一種激勵，透過心理暗示，運動員的自信心得到增強，最大限度地發揮了自己的潛能。

讚賞孩子的每一次進步

無論孩子付出多少努力，取得多大的進步，家長都要即時地加以肯定，讓孩子感受到來自父母的讚賞。

如果只是心裡高興，不善於表達，或者不願意表達，會使孩子覺得家長對自己的進步漠不關心，認為自己的努力白費了。時間一長，會使孩子的上進心受到嚴重的挫傷，失去進步的動力。

對父母來說，最能調動孩子積極性的辦法就是讚賞他們的每一個進步，如果父母能夠做到這一點，孩子會加倍努力，取得的進步一定會積少成多，實現從量的變化到質的飛躍。

有些家長對孩子的期望比較高，對孩子一些細小的進步比較冷淡，總希望孩子能有「突變」，產生「飛躍」。但是，質變是由量變引起的，平時大量的細微進步累積起來才能有大的變化。因此，對於父母來說，要想讓自己的孩子獲得「飛躍」，就不應該忽視孩子的點滴進步。

表揚孩子的樂善好施

如果家庭和社會能夠給予足夠的鼓勵，孩子做好事的積極性是很高的。特別是幼兒，做好事的動機，主要是為了獲得父母的表揚。

10天打造超強的成功智慧
一次讀懂20部黃金智慧法則

如果得不到讚揚，孩子就會喪失做好事的興趣，甚至影響對是非的判斷。

一般來說，孩子做了好事，家長都是高興的，也會讚揚孩子。但當孩子做好事要付出一定的代價，甚至帶來一些損失時，有些家長就會覺得「麻煩」，甚至感到「吃虧」，對孩子做好事的行為就不那麼支持了。

比方說，有的孩子主動幫忙家務，但在掃地、擦桌子時弄髒了自己的衣服，或在為花草澆水時把水灑到了地板上，有時父母就生氣了，孩子非但得不到讚賞，而且還有可能受到父母的訓斥：「怎麼搞成這樣！搗蛋鬼，還不夠我收拾的。」如果老是這樣責怪孩子，孩子以後肯定沒有做家務的積極性了。

還有些父母，在孩子做了好事後，雖然也能讚揚，但不即時，往往是事過境遷後才突然想起，或者漫不經心、輕描淡寫地一帶而過，對此，孩子會感到十分失望，在一定程度上挫傷了做好事的積極性。

讚賞孩子改正錯誤

孩子在成長過程中，免不了會有缺點和錯誤。當孩子意識到自己存在的問題，下決心改正時，父母一定要表示讚賞，給予鼓勵。

不要用懷疑的態度來對待孩子的承諾，更不要諷刺挖苦；對孩子改正錯誤也絕不要失去信心。孩子一旦對自己的問題有所認識，最需要的是家長的理解和幫助；改正錯誤時，最需要的是讚賞和支持。如果得不到家長的讚賞和支持，孩子會感到十分失望，很可能放棄改正錯誤的行動。

當孩子有了改正錯誤的意願時，家長除了讚賞和鼓勵外，還需要多一份耐心和寬容。年齡較小的兒童，約束力和意志力比較脆弱，思維也不穩定，家長不要因為孩子改正錯誤的成效不明顯，或者又重新犯了錯誤，就喪失了對孩子的信心。家長如果還諷刺挖苦孩子，不但對孩子改正錯誤毫無意義，而且極容易傷害孩子的自尊。

通常，多數成功人士在家庭中從小受到的正面激勵（讚賞、表

揚）遠遠多於負面激勵（批評、懲罰）。雖然也有些成功的人士在逆境中奮鬥，在挫折中奮起，但都是在步入社會之後。大部分成功人士在談到自己的家庭時都感到非常溫暖。

讚賞孩子，讓他們受到激勵，幫助他們步入良性循環的軌道，是父母教育孩子的重要手段。**在管理上有一條著名的「二八定律」，講的是要促使一個人進步，應該給他20％的壓力和80％的動力。20％的壓力是批評和懲罰，80％的動力來自讚揚和獎勵。**通常情況下，讚揚和獎勵比批評和懲罰更容易使人建立自信心，調動積極性，使之加倍努力工作。

曾經有個教育專家把水準相近的學生組成一個班，一起學習。這些學生分成四組：第一組的學生總是受到老師的表揚，而受不到批評；第二組的學生受到老師的表揚多於批評；第三組的學生受到老師的表揚少於批評；第四組的學生，總是受到老師的批評而得不到表揚。

一個學期下來，這個班的學生開始分化，第一組的學生成績拔萃，第二組次之，第三組再次之，第四組的學生成績下滑得很快，學生學習的自信心和積極性受到了極大影響。由此可見，來自老師和父母的讚賞是多麼重要。

因此，為了使您孩子的潛能得到充分發揮，為了使您孩子得到進步，請多給孩子一些讚賞吧！

不妨讚美一下自己

積極的期望促使人們向好的方向發展，消極的期望則使人向壞的方向發展，如果沒有貴人能夠給你積極的期望，不妨自己讚美自己。

馬克是在自卑與膽怯中黯然度過童年和少年時光的。他從未想過要打量一下自己，因為他矮小的個子，笨拙的嘴巴，總是穿一身過長或過短的破舊衣服，鞋子永遠比腳大幾號。父親早逝，母親早出晚歸地賺錢，還拖著兩個比他小得多的弟弟，似乎只有在餐餐有飯吃時才能體會到珍貴的母愛。他恨自己命不好，竟降生在這樣一個不幸的家

庭。

老師沒有注意過他，任何一個男同學都可以欺負他，他沒有信得過的朋友，所以他不願到學校去。可是上中學時，一件小事徹底改變了可憐的馬克。

有一天下課時，班上五個「老油條」開始打鬧，照例又惡作劇地把馬克當作擋箭牌。不知誰把數學老師留在講臺上的教學三角板碰到地上，正巧被他們推得站立不穩的馬克一腳踩斷了。

數學老師是個三十多歲嚴厲的女教師，她曾用三角板、木圓規之類的東西敲打過學生。看到數學老師一臉怒氣，馬克想到她準會用斷了的三角板狠狠敲自己的腦袋，馬克渾身直打哆嗦。數學老師要那五個「老油條」並排站在講臺前，又令馬克單獨站在門邊，然後大喝一聲：「跪下！」

馬克便急忙往下跪。「你，」她突然指著馬克，「給我老老實實地站著！」馬克一點也不知道那節課老師講了什麼。

下課後，數學老師把馬克單獨叫到辦公室，對他講了一番足以改變一生的話：「孩子，你和他們不一樣，你的家庭情況我知道，你應當懂得你母親的艱辛，她堅持供你讀書，對你寄予了很大的希望。」

馬克流著淚從她的辦公室走出來，找了一個沒人的地方，「哇」地一聲痛哭起來。這是馬克第一次真正為自己痛哭，第一次發現世界上有人看得起他，想起母親一直還以為他在學校很聽話，馬克的眼淚更止不住了。

此後，馬克像變了一個人似的，作業越來越工整，考試成績一次次地往前移。中學畢業時，他成為唯一考取當地知名高中的學生。三年後，馬克又順利地考入哈佛大學。

儘管生活中不如人意的事很多，但人們都不應該自暴自棄。

人世間可欣賞的東西太多了，但你永遠都不能忘記欣賞自己。靠著重新審視自己並恢復起自信，你會一次次走出情緒的低谷。

很自卑的你總以為命運在捉弄自己。其實，你不必這樣：欣賞別人的時候，一切都好；審視自己的時候，卻總是很糟。和別人一樣，你也是一片風景，也有陽光，也有空氣，也有寒來暑往，甚至有別人

未曾見過的一株春草，甚至有別人未曾聽過的一陣蟲鳴。

不必總是欣賞別人，也欣賞一下自己吧，你會發現，天空一樣高遠，大地一樣廣闊，自己有比別人更美好的地方。

欣賞你的員工

《第五項修煉》給企業提供了超越渾沌，走出雜亂，以人為尊，再造組織的指引。其實，懂得欣賞，既是一種享受，也是一項核心的修煉。這裡所說的「欣賞」，有對他人能力和成就的欣賞，也有對自我超越的欣賞。人自賞容易，難能可貴的是懂得欣賞別人。

欣賞你的下屬，千萬不要吝惜你的語言，真誠地去讚美每個人，這是促使人們正常交往和更加努力工作的最好方法。因為每一個人都希望得到稱讚，希望得到別人的承認。**在日常生活中，你會驚奇地發現，小小的關心和尊重會使你的群眾關係迥然不同。**

假如你的同事或下屬今天氣色不好，情緒不穩，你要是問候了他，表示你的關切，他會心存感激的。再推進一步，假如你的同事或下屬感到你在真誠地欣賞他，他會以最大的忠心和熱忱來報答你和你的企業。

對一個公司來說，感情留人、事業留人、待遇留人，這三點缺一不可，但感情更為重要。雙方只有在感情上能融合溝通，公司員工才能對管理者有充分的信任，這是留住人才的最大前提，也是企業邁向人本管理的核心所在。

對待下屬的缺點和錯誤，在諒解之餘，作為主管應少批評，多讚美，而不是相反——批評多多，讚美的言詞則一句也沒有。

你可知道，在大多數的企業裡，主管們花很多的時間在挑部屬的什麼嗎？是的！我相信你完全答對了——挑部屬的錯誤，然後再花時間批評他的不是。

一位主管如果經常重複這樣的事情，最容易導致部屬自暴自棄，造成上怨下恨，兩敗俱傷。

人人喜歡被讚美，不喜歡被批評。戴爾·卡內基曾說過：「當我

們想改變別人時，為什麼不用讚美來代替責備呢？縱然部屬只有一點點進步，我們也應該讚美他。只有這樣，才能激勵別人不斷地改進自己。」

如果你想到處處樹敵或使你的領導效益降低，不妨在大庭廣眾之下指出某個人的錯誤。使某個人在大庭廣眾之下受窘，他不但不願繼續跟隨你，可能一輩子都不會原諒你！假如在場的人有支持他的，你的敵人就更多了，因此，最好不要輕易做這樣的嘗試。有位研究領導學造詣很高的學者提出這樣的言論：「讚美是合乎人性的領導法則，適當得體的讚美，會使你的員工感到很開心、很快樂。」

有時候，你會經常聽到員工的心聲：「他很清楚地讚美我的表現，那就表示他是真摯地在關心我、尊重我，並且很熟悉我的工作內容。」同時，你會得到意想不到的回報，那就是你的員工感受到自己的表現受到肯定和重視時，他們會以感恩之心表現得愈來愈出色，愈來愈精彩。

一有機會就讚美你的下屬，永遠不要嫌多。讚美你的下屬，可以用真誠的微笑來表達，許多人都支持這樣的說法：「微笑的力量，無堅不摧，微笑是最好的領導。」當然，最直接的方式，還是用語言來讚美別人。

學會讚賞別人

愛受表揚是人類的天性，人人都喜歡正向刺激，而不喜歡負面刺激。雖說拍馬屁拍在蹄子上是件很尷尬的事情，但在現實生活中，又有多少人見過這樣的情況？即使真的拍在蹄子上了，被拍者恐怕也是高興的。

人際交往中，有這樣的不等式：讚賞別人所付出的要遠遠小於被讚賞者所得到的。在人際交往中如果人人都樂於讚賞他人，善於誇獎他人的長處，那麼，人際間的愉快度將會大大增加。

有一位心理醫生在銀行排隊取款時，看到前面有一位老先生滿面愁苦，這位心理醫生暗想，我要讓他開朗起來。於是一邊排隊一邊尋

找老先生的優點，他終於看到，老先生雖然年近七十，駝背彎腰，卻長著一頭漂亮的金髮，當這位老先生辦完事情走到心理醫生對面時，心理醫生衷心地讚美道：「先生，您的頭髮真漂亮！」

老先生一向以一頭漂亮的頭髮而自豪，聽到心理醫生的讚美非常高興，頓時面容開朗起來，挺了挺腰，道了聲謝，就一路哼著小曲走開了。可見，一句簡單的讚美能給別人帶來多大的好處。

善於讚賞別人常會使一個領導者具有神奇的力量。如果你對下屬說：「大家知道，你是很能幹的，最近公司人力繁忙，我們希望得到你的幫助，辛苦你了。」這樣一來，你的下屬肯定會為你分憂，即使一人完成了兩個人的業務也不會有任何怨言。

在家庭生活中，學會讚美尤其重要。人們常常婚前甜言蜜語，婚後批評抱怨，以為結了婚就如進了愛情的保險箱，用不著再挖空心思討好對方、誇獎對方，總是批評對方的缺點與不足，對顯而易見的優點視而不見。難怪有「婚姻是愛情的墳墓」、「婚姻好比一堵牆，牆外人想進去，牆內人又想出來」的說法。

其實，婚後妻子更需要丈夫的欣賞，丈夫更渴望妻子的鼓勵，批評挑剔不但於事無補，反而會適得其反。

在兒童的成長過程中，鼓勵和讚揚更是不可缺少。「小寶真乖，快把蘋果分給小弟弟」之類的話有利於孩子的社會化。「兒子真棒，爸爸為你而自豪」，「媽媽相信你有能力處理好與同學的矛盾」，這些對兒童的自信與自立至關重要。

讚美他人會使別人愉快，更會使自己身心健康。被讚美者的良性回報會使我們更為自信，也會使我們更有魅力，形成人際關係的良性循環。吝惜於誇獎他人者很難獲得朋友與他人的擁戴，從而加重了自身的自卑。

讚賞別人，特別應該注意幾個方面：

1.**讚賞要真誠**：要善於從理解的角度真誠地讚賞別人。

2.**讚賞要即時**：值得表彰的行為、事跡發生的時間及給予表彰和授予榮譽的時間間隔越短，激勵的效果越好。

3.**讚賞要適度**：讚賞太多或讚賞太少，都起不到應有的作用，所

以要適度。

    4.讚賞要有針對性：讚賞的內容要針對具體成就，而不能籠統地泛泛而談。

    5.讚賞要有藝術性：為使讚賞發揮應有的效應，管理者應講究讚賞的藝術。

PART 10

第10部

帕金森定律

　　一個不稱職的官員，可能有三條出路：一是申請辭職，把位子讓給能幹的人；二是讓一位能幹的人來協助自己工作；三是聘用兩個水準比自己更低的人當助手。

毛澤東推薦的案頭書

毛澤東曾向中國大眾推薦過一本小冊子——《官場病——帕金森定律》，這本書雖然只有幾十頁，卻對世界產生了深遠的影響。倫敦《金融時報》評價說：「一本可惡的書，不能讓它落入下屬的手裡。」倫敦《星期日泰晤士報》的評價則是：「一本極端情趣橫溢和詼諧的書。」

這是一本什麼樣的書，其作者又是誰？

帕金森，英國歷史學博士，曾在哈佛大學擔任教授。一九五七年，他在馬來西亞一個海濱度假時，悟出了一個定律，後來他將自己思考的結果發表在倫敦的《經濟學家》期刊上，一舉成名。

歷史學界一向有史學、史才、史識之說，但作為歷史學家的帕金森先生，與自己的同行相比，更具有面對真實的勇氣和對歷史、社會的責任感。

帕金森教授是典型的英國人，富有幽默感而又孤高自傲，《帕金森定律》一書出名以後，他的演講更是座無虛席。

《帕金森定律》一書出版以後，被翻譯成多國語言，在美國更是長居暢銷書排行榜榜首。

直到今天，現代各公私機構仍然沒有完全解決人員膨脹、效率低下的問題。帕金森教授對機構病症的獨到觀察與尖銳批評，仍然值得任何機構的高級人員進行參考與反省。

此外，帕金森還發現了另一個為人熟知的定律（通常稱為第二定律）：「增加開支以配合收入」。第二定律成功地解釋了人何以貪婪無厭——愈有錢的人愈想得到更多的錢——的問題，同樣引起了思想界的關注，奠定了其作為二十世紀最偉大的政治學家的理論基礎。

不稱職官員的三條出路

在《帕金森定律》一書中，帕金森教授對於公司人員膨脹的原因

10天打造超強的成功智慧
一次讀懂20部黃金智慧法則

及後果作了非常精彩的闡述：

一個不稱職的官員，可能有三條出路：
一、是申請辭職，把位子讓給能幹的人。
二、是讓一位能幹的人來協助自己工作。
三、是聘用兩個水準比自己更低的人當助手。

這第一條路是萬萬走不得的，因為那樣會喪失許多權利；第二條路也不能走，因為那個能幹的人會成為自己的對手；看來只有第三條路可以走了。

於是，兩個平庸的助手分擔了他的工作，減輕了他的負擔。由於助手的平庸，不會對他的權利構成威脅，所以這名官員從此也就可以高枕無憂了。

兩個助手既然無能，他們只能上行下效，再為自己找兩個更加無能的助手。

如此類推，就形成了一個機構臃腫、人浮於事、相互拖累、效率低下的領導體系。

這部分闡述是《帕金森定律》一書中的精華，也是帕金森定律的主要內容，常常被人們轉載傳誦，用來解釋官場的形形色色。

人數與工作量的關係

要打發時間就得多找事情做，這是大家公認的事實，所以俗語說：「真正忙的人是找得出時間的」。

一位閒來無事的老太太為了給遠方的外甥女寄張明信片，可以足足花上一整天的工夫：找明信片要一個鐘頭，尋眼鏡又一個鐘頭，查地址半個鐘頭，寫文章一個鐘頭又一刻鐘，然後，考慮去鄰街的郵筒投遞明信片要不要帶把雨傘，又花掉了二十分鐘……就這樣，一個忙

人總共三分鐘就可以辦完的事，老太太卻要猶豫、焦慮和操勞整整一天。

假如完成工作所需的時間，有如此之大的彈性，那就可以說明工作量和做這份工作的人數之間關聯性很小，甚至可能是毫無關係。不認真辦事不一定顯得悠閒，無所事事也不一定能從懶散上看得出來。

大家可能都認為，事情的重要性和複雜性應該和辦這件事情花去的時間成正比。政治家和納稅人可能相信（偶爾也懷疑），公司人員多了，工作量肯定就增加了。但有的人不信這一套，他們認為職員人數成倍上升，必定會有某些人閒下來無事可幹，不然就是大家的工作時間一律縮短。

對這個問題，相信和懷疑都不正確。

真實情況是怎樣的呢？

職員人數和工作量毫不相關，職員人數的增加是符合帕金森定律的。

不論工作量有多少，甚至完全沒有工作量，職員人數的變化總逃脫不了帕金森定律。這條定律的真實可靠性可以從統計資料得到證實。

然而，一般讀者可能更願意知道，帕金森定律是如何發揮作用的？為什麼公司的膨脹是必然發生的？公司膨脹有什麼內在的決定因素呢？公司膨脹的動力又是什麼？

就我們上面將要探討的問題來看，**有兩個無需解釋就十分明白的事實可以代表公司膨脹的兩種動力：其一，當官的人需要補充的是下屬而不是對手；其二，當官的人彼此之間是會製造出工作來的。**

官員製造更多的官員

為了弄明白當官的人需要補充的是下屬而不是對手，我們假設有個當官的A君，他覺得自己勞累過度，究竟是他的工作真的太多，還是僅僅他自己感覺這樣，這倒無關緊要。需要順便提一下，A君的感

覺（或許是幻覺）很可能是由於他的體力漸衰而引起的，這本是中年人常見的正常現象。

不論工作繁重是真是假，反正他現在只有三種選擇：第一，提出辭職；第二，讓同事B君來分擔自己的工作；第三，要求增加C先生和D先生來當助手。

按照一貫的做法，A君恐怕毫無例外地要選擇第三種辦法了。因為如果辭職，他就失去了領取退休金的權利；請來級別和自己相當的B君，等到日後上一級的W君退休，豈不是在自己晉升的道路上樹立了對手？

因此，A君寧可找C先生和D先生來當助手，何況C、D二位的到來等於提高了他的地位。他可以把工作分成兩份，分別交給C先生和D先生，而自己成了唯一掌握全局的人。

說到這兒，有必要強調一下，C先生和D先生二位是缺一不可的。單單補充一個C先生可不行。

為什麼呢？

因為只讓C先生分擔A君的工作，C先生幾乎就充當了原本就不想要的B君的角色：C先生成了唯一可以頂替A君的人。所以，要找助手，非找兩個或者兩個以上不可，只有這樣，他們才可以相互制約，牽制對方的提升。

有朝一日，C先生也開始抱怨疲勞過度（毫無疑問他是會走到這一步的），A君會跟他商量，給他也配上兩名助手。鑒於D先生和C先生的地位相當，為了避免矛盾，A君只得也給D先生增配兩名助手。

於是，在補充了E、F、G、H四位先生之後，A君自己的晉升就十拿九穩了。

如今，七個人在做A君過去一個人做的工作。也許你會想，這七個人太輕鬆了，幾乎每天都可以躺在辦公室睡大覺。但你看到的是每個人都忙得不可開交，實際上連A君也比過去辛苦。

為什麼會這樣呢？

答案是他們彼此之間會製造出許多工作來。

比如A君囑咐要起草一個文件，E兄認為該文件是F兄管轄範圍內

的事，於是F兄就起草一個初稿。初稿送到C先生那兒，C先生大加修改後送D先生會簽。D先生本想把文稿交給G兄去辦，不巧G兄請假不在，文稿轉到H兄手裡。H兄寫上自己的意見，經D先生同意送還給C先生。C先生採納了意見，修改了草稿，然後把修改稿送呈A君審閱。

A君怎麼辦呢？

本來他可以不加審查，簽發了事，可是他的腦袋裡裝了許多其他問題。

他盤算到明年自己該接W君的職位了，所以必須在C先生和D先生之間物色一位來接替自己；嚴格來說，G兄談不上休假條件，可是D君又批准他走了，H兄的健康狀況不佳，臉色蒼白，部分原因是鬧家庭糾紛，也許本來該讓H兄休假才對；此外，A君要考慮F兄參加會議期間增發工資的事，還有E兄申請調往退休金部去工作的問題；A君還聽說D先生愛上了一個女打字員，那可是個有夫之婦；G兄和F兄鬧翻了，已經到了互不理睬的地步——誰也不知道是為了什麼。

因此，當C先生把修改的文件送來的時候，A君本想簽個字發了完事。同事們相互製造了矛盾，也給他製造了矛盾，重重矛盾擾得他心煩意亂，而起因無非就是有這麼多大大小小的官員們的存在。

可A君呢，又是一個辦事極為認真的人，他絕不敷衍塞責。於是，他仔細閱讀文稿，刪去C先生和H兄加上的囉嗦話，把稿子恢復到精明能幹的F兄最初起草的樣子，改了改文字——這些年輕人簡直全不注意語法——最後定了稿。

這份定稿，假如說這一系列的人根本就沒有出現的話，A君同樣也是可以做出來的。人多了，辦同樣的事花費的時間反而比過去更多了，誰也沒閒著，人人都盡了最大的努力。

等到A君離開辦公室回家時，天色已晚，暮色沉沉中，辦公樓最後一盞燈熄滅了。他兩肩下垂，臉上泛起一絲苦笑，思忖著：長時間的工作和白頭髮一樣，是為爭取功名而受到的一份懲罰。

三流上司，四流下屬

　　當你看了A君製造六個下屬的過程，你對這樣的（行政、商業或學術）公司就見怪不怪了：高層人員感到無聊乏味，中層人員忙於勾心鬥角，低層人員則覺得灰心喪氣，工作沒有意義。他們都懶得主動辦事，因此整個機構毫無業績。

　　但一個機構究竟是如何變得這麼死氣沉沉的呢？

　　在大多數垂死的公司裡，它們最後的癱瘓麻木都是長期蓄意誘導和縱容的結果。

　　一開始，假如某個機構裡有一個高度無能與妒忌的官員，他在原來的部門沒有取得什麼成就，卻經常想著如何干涉其他部門的事務，以便控制「中央行政」。

　　於是，他會千方百計地排斥所有比自己能幹的人，也會設法阻止任何比他能幹的人獲得提升。他不敢說甲君太能幹，所以他說：「甲嗎？也許聰明，不過他穩重嗎？我比較贊成提升乙。」他不敢說甲君使他覺得自己很渺小，所以他說：「我覺得丙君有較好的判斷力。」

　　於是，丙獲得提升，而甲則調往它處。

　　最後，整個「中央行政」逐漸填滿了比主席、董事或經理更愚蠢的職員。如果機構的主席是個二流貨色，他會確保他的下屬是三流貨色，以此類推，較低的職員就是四流的貨色。

　　不久將出現愚蠢自負者之間的真正競爭，人們爭先裝得自己比誰都更無能，整個機構從上到下，全無智慧之光。

　　到這個階段時，這個機構實際上已經死亡。它可能處在這種麻木狀態達二十年之久，也可能靜悄悄地解體，最後甚至可能復甦（但復甦的例子很少）。

　　經過這個階段後，機構裡的每個人都以愚蠢的幽默掩蓋自己的無能。奉命去進行「排除有能力者」的人，很可能因為看不出某人的真正能力而失敗。

　　有趣的是，「排除有能力者」一旦失敗，有能力的人就開始從外

線滲透並開始往上爬。他們會變成終日嘮叨高爾夫球運動和傻笑虛弱的人，遺失文件，忘記姓名，使他們看起來和其同事毫無差別。

只有當他擢升到高位時，才突然間撕開假面具，就像是童話默劇裡一群仙女裡的魔王一樣，在尖銳刺耳的責罵聲中，這名貴人突然變得極為聰明能幹。

事到如今，對那些愚蠢的同事來說，排除已經太遲了，破壞已經造成，疾病漸漸開始痊癒，在未來的十年裡有望完全復原。

不過這種自然的復原畢竟太罕見了，在一般的情況下，疾病會經過各個階段，最後變得無藥可救。

那麼，我們又如何判斷一個三流上司、四流下屬的公司呢？

「我們太過努力是錯誤的，我們不能與上級階層比較，我們在低層同樣做著有意義的工作，配合國家的需要，我們應該問心無愧。」

「我們不自吹是第一流的。奮勇直前的人真是愚頑，他們自己的工作表現，好像他們是屬於頂層的人一樣。」

「思想交流和人員的調換是件好事──可惜從上層來我們這兒的幾個人卻令人非常失望，我們只能得到被其他部門踢出來的蠢才。」

「哎呀，我們不該抱怨，我們要避免發生磨擦。無論如何，以我們微小的能力，可以盡力做好事情。」

如果經常聽到這些話，你就可以確定這是一個什麼樣的組織了，他們的這些建議清楚地表示：所定的成就標準太低。他們只求低水準，更低的水準也未嘗不可。二流主管發給三流職員的指示，也只要求達到最低的目標。

他們不要求較高的水準，因為一個有效的公司不是這種主管的能力所能控制的。「永遠保持第三流」的座右銘，以金字刻在他們的大門入口處，三流水準已經成為所有工作的指導原則。

但是，他們仍然知道有較高水準的存在，所以一旦升到頂層時，他們還是會感到內疚。可是這種內疚為期不久，他們就會重新調整自己、安慰自己。

於是，他們又開始躊躇滿志、沾沾自喜，他們把所定的目標進一步放低，以至所有的目標都能達到──靶子立在十碼處，所以命中率

極高。

　　董事們已經做好他們應做的事，感覺自己很成功，事實上，他們所取得的成就只不過是費了吹灰之力罷了。

　　結果他們越來越自滿，並且洋洋得意地說：「我們的主管是一個明智的人，他從來不多說話——那是他的性格，他也很少犯錯誤。」「在這裡，我們不太相信什麼才華，那些聰明人多麼令人討厭，他們擾亂既定的慣例，提出我們從來沒有試過的各式各樣的新計劃，而我們只要擁有簡單的常識和合作的精神，就可以取得輝煌的成就。」

　　事情進一步發展，公司也進一步惡化，高層人員不再藉由與其他機構的比較來誇耀自己的效率。他們已無視其他機構的存在，不再光顧餐廳的食物，而寧願帶三明治上班。

　　於是，辦公桌上到處是麵包碎屑，布告欄上仍掛著四年前舉行的娛樂晚會的通告；布朗先生的辦公室外掛著史密斯先生的姓名，而史密斯先生的門上注明是羅賓森先生的辦公室；破碎的窗戶以交叉形的木板釘住，電燈開關給接觸的人一陣驚險的觸電；天花板白灰剝落，如雪片般地灑在地下；電梯久已失靈，洗手間裡的水龍頭永遠關不緊；破裂的天窗上雨水傾盆而下，地下層傳來陣陣餓貓的悲號聲……

■ 金玉其外，敗絮其中 ✐

　　大家都知道，英國的出版社向來是以雜亂無章的環境而聞名的。一個人走到顯然是入口處的地方時，會被引導向屋外走，繞過一座建築物，走下一條小巷，然後再爬上三段樓梯，才到辦事處。

　　見識過出版社的這種破漏和臨時湊合的環境之後，當我們看到那些外表整齊又方便的建築物時，心情不禁萬分舒暢。

　　那些銅和玻璃製造的外門，對稱地立在正門的中央，擦得發亮的皮鞋在光鮮照人的地板上輕快地滑向閃閃發光和無聲的電梯。擁有高度修養的接待員以鮮紅的櫻唇向冰藍色的電話聽筒嬌滴滴地說話，當她看見來拜訪的你時，會主動招呼你坐在電鍍的扶手椅子裡，以迷人的微笑告訴你：「請您稍微等候。」

從高貴的雜誌社往上看，你會發現寬大的走廊如何伸展到A、B和C部門，關閉的門後面時而傳出有規律的打字機聲音。

一分鐘後，你出現在董事長的面前，陷在他的地毯裡，被大人物不斜視的目光催眠著，並被掛在牆上的巨大畫像嚇唬著，你會覺得終於找到了真正有效率的工作環境。

但是，當你藉由眼前的場景看到事情的真相時，你將會大失所望。

現在人們知道，那些瀕臨破產的公司，通常會佈置富麗堂皇的辦公室來虛張聲勢。這個看來很矛盾的結論，是根據大量考古學和歷史學的研究得到的。

因為在業務旺盛的時候，沒有人會有時間去策劃一座完美的辦事處。只有在所有的重要工作都已完成後，人們才有時間這樣做。可見，完善是終結，終結是滅亡。

所以，對一般的旅客來說，在參觀聖彼得教堂、羅馬和梵蒂岡時，眼見那令人敬畏的景觀，就自然會聯想到教皇至高無上的權威、暴君在暴跳如雷地詛咒、明君在此修訂律法等。

但只要翻開導遊小冊子，旅客就會知道：真正有勢力的教皇是在這些教堂和宮殿建好之前的事，而且，他們經常不住在那些令人肅然起敬的宮殿裡。更有甚者，後世的教皇已經失去大半權力，在這些建築物完成時，他們幾乎已經被遺忘得一乾二淨了。

要證明這個理論並不難，讓我們以國際聯盟的歷史為例。從它於一九二〇年成立到一九三〇年這段時間，人們對國際聯盟抱著極大的期望，但到了一九三三年，這項實驗看來是失敗了。國聯宮無疑是一座卓越的建築物：祕書處、會議室、大會會場和餐廳等都經過精心和周詳的設計，各方面都是別出心裁、匠心獨運。但就在一九三七年國聯宮投入使用的時候，國聯幾乎已經完蛋了。

有些人或許會說凡爾賽宮是一個例外，這座巍峨壯觀的龐大建築，是在法王路易十四王朝頂峰時建造的。只是這還不是事實的全部，雖然凡爾賽宮象徵著那個時代的勝利精神，但它基本上是在該王朝的末期完成，一部分工作是在下一王朝才完成的。凡爾賽宮主要是

在一六六九年和一六八五年間建造的，國王直到一六八二年才入住，甚至到此階段，部分工程仍在進行。

著名的皇家寢室直到一七〇一年才啟用，而教堂則在九年後才完成。把凡爾賽宮當作政府而不是皇宮，其歷史是從一七五六年開始的。

另一方面，路易十四的豐功偉績主要是一六七九年以前的事情，到一六八二年登峰造極，而到一六八五年，其政權就已經開始走向衰微。據某位歷史家說，路易十四在來到凡爾賽宮時，其權勢已經趨向沒落了。

有數不清的例子可以說明，如果新公司成立時，有多名副董事長、顧問和高級職員，加上特地設計的建築，就足以讓這個公司迅速滅亡。它會被本身的完整無缺悶死，它不能生根，因為沒有土壤；它不能自然地成長，因它已經長大；它不能開花，更不用說結果。

■ 不堪折磨，知難而退

一個公司，如果它的主管（X君）在該退休的時候還比其他人能幹，是否一定要他讓賢呢？

很明顯，一個人在四十七歲時仍然屈居為他人的下屬，那麼他永遠不配做任何其他的事情。到X君該退休時，他的直接下屬已經太老，而且已經屈就太久了。他們所能做的就是阻撓所有地位比他們低的人，這點他們肯定是有把握做到的。

這樣一來，在很多年裡，不會出現一個能幹的繼任者，甚至永遠不會出現一個能幹的繼任者。除非有一些突變，使一個新的領袖出現在面前。

所以它必須做一個艱難的決定，除非X即時離去，否則最終對整個機構不利。

X越是能幹、留任越久，就越難取代他。所以，如何使X離去將是這個機構最棘手的問題。

在過去，如果一家公司想叫一個董事主席背包走人，通常是其他

「帕金森定律」
第十部
PART 10

的董事在董事會上「發表」根本聽不見的談話，只是把口張開和關閉而已，而另外一個董事，則不停地點頭，裝成能聽懂那個人說話的樣子，使主席認為自己已經又老又聾了。

但是，過去這種粗糙的辦法已經被廢棄了，與其他事情一樣，現在人們求助於現代的科學方法。

這個更有效和更有把握的辦法，主要是以坐飛機旅行和填寫表格來完成。研究結果證明：這兩種活動的結合，可以造成任何一個高層人員徹底的筋疲力竭。

比如把一系列的會議程序表放在某個高層人員的面前：六月在西伯利亞開會，七月在北極圈開會，八月在南極圈開會，每次會議為期三週。

人們告訴他：部門或機構的聲望完全有賴於他出席這些會議，而且若派別人去出席，會使其他國家的代表感到受辱。他的行程表使他奔波於不同的會議之間，一年只能回到辦公室三、四天。

當他回到辦公室時，發現辦公桌上堆滿了待填的表格，有些是關於他的行程的，有些是關於拖欠的帳單的，其餘的是關於所得稅的。

在出席完了南極圈會議，填寫了一大堆表格後，他會接到另一系列的會議行程表：九月份在冰島開會，十月在關島開會，十一月在亞馬遜河開會。到了十二月，他會承認自己不行了，打算明年一月宣佈退休。

在任何行程中，他絕無機會享受安閒的郵輪航程，全部旅程都是在飛機上度過的，而且每一次的班機一定是清晨二時五十分起飛，必須在清晨一時三十分到達機場；飛機原定隔日清晨三時十分到達目的地，可是，由於某種原因，拖延到三時五十七分才到達，於是在經過移民廳和海關檢查時已是清晨四時三十五分；回程時，數小時吃不到東西，餓到接近暈倒，他才獲得一杯薄酒沾唇。

當然，大部分的飛行時間是花在填寫各種各樣的表格上，包括貨幣和健康申報表，身上帶多少英鎊、美元、法郎、馬克、日元，多少信用卡、旅行支票、郵票和匯票？昨晚和前晚你在何處睡覺？你何時出生，你祖母的娘家姓什麼？……

試驗結果顯示：一個身居要職的老年人，在經過多次這種飛機旅行和填寫表格的折磨後，都會被迫宣佈退休。甚至有跡象顯示，有些老年人在接受這種折磨前便自行退休，當他一聽到要送他去斯德哥爾摩或溫哥華開會時，他就知道該是讓賢的時候了。

▌内閣膨脹，大權旁落◠

一個委員會的性質是有機組織，而不是一種機械的結合物。它就像一株植物，會生根成長，開花結果，然後枯萎凋謝，還會把種子散播開來，使其他的委員會得以接著開花結果。只有懂得這種原理的人，才能真正地瞭解現代政府的結構和歷史。

在顯微鏡底下做初步研究，組織學專家、歷史學者甚至對組建內閣者來說，一個委員會的最理想陣容是五個人。

五個人容易召集，而且在開會時可以有效地、機密地和迅速地辦事。在這五個人當中，四個人可以分別精通財政、外交、國防和律政。第五個人，他不擅長上述的任何方面，通常出任主席或首席部長。

無論把成員局限在五名是多麼的方便，但根據觀察，我們發現委員會的人數會很快地增加到七名或九名。這種增加的藉口總是說需要上述四種領域之外的特別技能。

在一個九個人組成的內閣裡，三個人制定政策，兩個人提供資料，另一個人主理財政，加上中立的主席，總數是七個人。乍看一下，另外兩個人似乎純粹是點綴。

大約在一六三九年，英國的內閣就是這樣分配職務的。我們至今尚不知道另外兩個緘默成員的職務是什麼，不過我們有理由相信，一個內閣進入第二階段的發展時，是不能沒有他們的。

許多國家的內閣，仍然處在第二階段，就是說把成員局限在九個人，不過這種內閣仍然是少數。在其他地方和較大的國家，它們的內閣成員通常都會有所增加。

新的成員會隨時加入，有些自稱是擁有特殊的學識，但多數是不

得不招攬入閣的，因為他們在閣外會製造擾亂。只有把他們牽連在每一項決策裡，才可以封住他們反對的口。由於新成員一個接著一個地被帶了進來，內閣成員的總數迅速地由十名增加到二十名。處在這第三階段的內閣，已經出現相當多的缺點。

最明顯的缺點是，很難在同一時間和地點把這些人召集在一起。一個成員在十八日出國，另一個則非到二十一日不回，第三個每逢星期二總是沒有空，第四個在下午五時以前絕不出席。

這些只是麻煩的開端。因為，一旦多數人會合在一起，極大可能都是些老態龍鍾、疲憊不堪、聽覺不靈者或聾子。這些成員很少是因為他們的貢獻而入閣的，大多數人入閣，可能只是為了討好某些外面的利益集團。

然而，這些受操縱的成員越是堅持本集團的利益，其他的集團就越理直氣壯地要求委派自己的代表入閣。於是，人們繼續尋求透過增加閣員來獲取權力。二十個人的總數已經達到，並且超過。結果，內閣突然間進入最後的發展階段。

在這個階段，內閣的發展遭受突如其來的變化。

首先，舉足輕重的那五個人已經事先會晤過，並且制訂了決策，沒有什麼留下來給象徵式的閣員做的，所以他們不反對委員會人數的擴大。

其次，更多的成員不見得會浪費更多的時間，因為，整個會議就是在浪費時間。這樣一來，透過接受外面集團的代表入閣，委員會可以暫時緩和他們的壓力。

可是經過數十年的時間，他們才發現所謂的利益是如何的虛幻。

隨著閣門大開，閣員的人數由二十名增加到三十名，由三十名增加到四十名……成員的人數最終很可能會達到千人之眾。

對英國內閣制的研究顯示，內閣人數超過二十或二十一名時，就會失去效率。皇室理事會、國王理事會和樞密院在開始走下坡時，其人數都超過二十名，至於那些有更多人數的委員會則早已大權旁落了。

現在大家都知道人數超過二十名時，一個會議就會變質。坐在會

議桌旁的委員們，開始交頭接耳地談起話來。

　　為了使對方聽到自己的聲音，發言者不得不站起來。一旦站起來，他就情不自禁地長篇大論：「主席先生，我想我可以毫不猶疑地宣稱，根據我二十五年的經驗，我們應該以……主席先生，我們肩負重擔，而至少我……」

　　就在這位仁兄喋喋不休地胡說時，其他人卻忙著在桌下交換字條——「明天跟我一同吃午餐，好嗎？」，「到時再決定吧！」——除此之外，他們又能做些什麼呢？

　　那個發言者極可能是在說夢話，只是他的聲音沒完沒了地嗡嗡作響。該委員會已經無關緊要，它早已完蛋，無藥可救了。

唇槍舌劍，實乃演戲

　　自小從集體遊戲中長大的英國人，抱著一種人棄我取誰的精神進入下議院。他們既然不善於打高爾夫球或網球，至少可以把政治看成是具有類似規則的一種遊戲。要不是這種想法，國會就不會引起太多人的興趣。

　　所以，英國人的本能是組織互相對抗的兩個隊伍，加上裁判員和巡邊員，讓雙方唇槍舌劍地辯論，直到他們精疲力竭為止。

　　此外，下議院的組織也會迫使每一個議員不得不支持某一邊，而通常，這些議員連論點是什麼，甚至辯論的主題是什麼都不清楚。他們從小的訓練就是為本隊賣命，這樣也為他們省下了任何過度的精神負擔。

　　如果發言者是本黨同僚，他可以放心地高叫：「聽啊，聽啊！說得好，說得妙！」如果發言者是反對黨議員，他可以毫不猶疑地喊：「可恥！」或「嗚」起來。過了一會兒，他可能會停下來問一問鄰座的同僚，究竟在辯論些什麼。

　　不過，他大可不必這樣做，因為他明知，無論如何都不能把球踢進自家門裡去。坐在對方的議員沒有一樣可取，他們的論調簡直是胡說八道；而自己這邊的同僚無不個個都有政治家的風度和才幹，而且

他們的言論都是卓越智慧、雄辯和穩健涵養的結晶。

　　所以，英國的議會制度完全依賴其座位安排：如果議員們不是對面而坐，那麼沒有人可以分辨誰是誰非，除非他認認真真地從頭聽到尾。然而從頭聽到尾是很荒唐的，因為多半的發言者都在胡言亂語。

　　在法國，最初議會讓議員們圍成半圓形而坐，大家都面對著主席。混亂的結果是可以想像的，沒有一個真正的反對黨可以形成，而且沒有一個人能分辨誰的論點比較有說服力。他們不把議員分成兩個陣營，使一邊是「對」的，一邊是「錯」的，在這種混亂的情況下，一場比賽甚至無法開球。

　　現在，不僅是英國的議會，那些國際性的、全國性的或地方性的大小會議，座位的安排也都是極端重要的。

　　圓桌和方桌會議是完全不同的兩件事，長桌會議又有其特點。這些差別，不但影響了討論的時間、長度和辯論的激烈程度，也影響到應該達到什麼決議。

　　但我們知道，選舉的結果很少跟事件本身的優缺點有關係。

　　最終的決定受各種因素的影響，尤其值得注意的是，選舉的最後結果很可能被「騎牆派」分子的選票所左右。而這裡所說的「騎牆派」是指：看不懂開會文件的人，愚蠢到根本無法領會會議內容的人，聾子，在清晨一兩點鐘還喝得酩酊大醉、帶著劇烈頭痛出席的人，虛弱的老人。

　　為了爭取「騎牆派」的選票，某些集團會分派自己的忠貞分子來左右這些「騎牆派」人物。通常，這些忠貞分子一開始會和上述各種的「騎牆派」人物搭訕，在這初步的搭訕裡，忠貞分子會盡量地避免提到就要辯論的主題。

　　如果這些開場白表演得逼真，每一個忠貞分子將跟騎牆人物開始一回生動的交談。他會把「騎牆派」人物半推半拉地帶向會場前面。當他這樣做的時候，另一個忠貞分子會故意走在這兩個人的前面，向另一個方向移動。

　　讓我們舉一個具體的例子，說明這場戲法是怎麼逼真地表演的：

　　假設忠貞分子張三，正在把一個騎牆人物老五，朝前方的一個座

位帶去，而在他們兩個人的前面是另一個忠貞分子李四，他已經坐在前面的一個座位上，假裝不知道後面有兩個人跟著他。他把頭轉向相反的方向，跟一個在遠處的人招手，然後，裝模作樣地把身體傾向前面，跟前面的人說幾句話。

一直等到老五被張三引到前面的座位坐下來了，他才立刻轉向他，很意外似地說：「我的好朋友，真高興見到你！」再過一會，他才把視線轉移到張三，以裝得很像的表情，突然問：「喂，老張，沒想到你也來了。」就這樣，委員們的座位次序被安排得完全偶然、巧合和友善的樣子。第一場戲就此告一段落。

第二階段的戲法是根據所要影響的人的個性，隨機應變。

就以老五的情況來說，要避免跟他討論會議所要辯論的主題，從而給他造成事情已經有所決定的印象。由於老五坐在前面，不大容易看到其他的委員，也就無法跟他們討論。

張三開口了：「說實在的，我不知道為什麼我自己會來出席。我想第四項議程已經決定了，我所碰到的同事都已經打定主意，投票贊成（或反對，視情況而定）。」

李四接著說：「真巧，我也這麼想，這個問題沒有討論的任何必要了。」

「我自己還沒有拿定主意，」張三繼續道，「兩邊都可以，公說公有理、婆說婆有理地爭論不休。不過反對它，實在是白費時間。你覺得如何，老五？」

「這個嘛──」老五遲疑地說，「我承認我對這個問題感到莫名其妙。一方面，這個動議是值得支持的，至於反對嘛，你看會獲得透過嗎？」

「親愛的老五，我贊成你對這個問題的看法。你剛才說過，大家都對這個問題有了一致的看法。」

「喔，是嗎？好吧！看來多數人是這樣想的，或者我應該說……」

「謝謝您的意見，老五，」不等老五說完，李四搶著說，「我也是這樣想的。不過我特別高興我們的看法能夠相同，我最尊重您的意

見。」

　　就在李四影響老五想法的同時，張三正轉身與後排的一個人說話。其實他所說的只是：「你的太太現在怎麼樣了，她出院了嗎？」可是當他轉身時，居然聲稱坐在背後的人也都一致同意他對這個問題的看法。

　　如果整個戲法演得順利，這個動議實際上等於已經通過了。

　　當對方的委員們正忙著準備演講詞或修飾議案時，這邊的人卻以超然的手法，每兩個忠貞分子左右著一個騎牆人物。

　　到了投票時間，左右兩邊一舉手，中央的騎牆派也就成了它的支持者了！

　　在影響了「騎牆派」人物後，某個派別就不難以多數票通過或推翻某項動議。

　　由此，我們可以知道：幾乎所有爭論性的事件交由所謂代表民意的代表來決定時，起決定性作用的是「騎牆派」人物的選票。

■ 帕金森定律發生作用的條件

　　帕金森對於機構人員膨脹的原因及後果作了精彩的闡述，但機構膨脹的問題又該如何解決呢？

　　「植物學家的任務不是去除雜草，他只要能夠告訴我們，野草生長得有多麼快，就萬事大吉了。」這就是帕金森教授給我們的答案。

　　如果這是一個不治之症，社會豈不是將一天天衰敗下去，企業豈不是要一天天蕭條下去？

　　要尋找解決之道，首要的前提在於弄懂這個定律。所謂定律，無非是對事物發展的客觀規律的闡釋，而規律總是在一定條件下起作用的。

　　那麼，「帕金森定律」發生作用的條件有哪些呢？

　　首先，必須要有一個團體，這個團體必須有其內部運作的活動方式，其中管理佔據一定的位置。這樣的團體很多，大的來講，各種行政部門；小的來講，只有一個老闆和一個雇員的小公司。

其次，尋找助手的領導者本身不具有權力的壟斷性，對他而言，權力可能會因為做錯某事或者其他的原因而輕易喪失。

第三，這位「領導者」對他的工作來說是不稱職的，如果稱職就不必尋找助手。

這三個條件缺一不可，缺少任何一項，就意味著「帕金森定律」會失靈。

可見，只有在一個權力非壟斷的二流領導管理的團體中，「帕金森定律」才起作用。

那麼，在一個沒有管理職能的團體——比如興趣小組之類，不存在「帕金森定律」描述的可怕頑症；一個擁有絕對權力的人，他不害怕別人攫取權力，也不會去找比他還平庸的人做助手；一個能夠承擔自己工作的人，也沒有必要找一個助手。

解決帕金森定律的關鍵

那麼「帕金森定律」的癥結究竟在什麼地方呢？

權力的危機感，正是這種危機感產生了可怕的機構人員膨脹的帕金森現象。

恩格斯曾說過：「自從階級社會產生以來，人類惡劣的情欲、貪欲和權欲就成為歷史發展的槓桿。」

人作為社會性和動物性的複合體，因利而為，是很正常的行為。假設他的既有利益受到威脅，那麼本能會告訴他，一定不能喪失這個既得利益。一個既得權力的擁有者，假如存在著權力危機，不會輕易讓出自己的權力，也不會輕易地給自己樹立一個對手。因此，他會選擇兩個不如自己的人作為助手，這種行為，無可譴責。

假設有一個企業主，公司的土地、產權全部屬於企業主所有。隨著企業規模的不斷擴大（這個公司有些名氣了），他現在越來越感到在管理上力不從心了。顯然，此時需要有人來協助他，於是企業主向各種媒體發了徵人廣告。

應徵而來的人絡繹不絕，其中有位這樣的人才：在美國一所著

名的大學讀完了ＭＢＡ課程，而且有長達十年的管理經驗（姑且不論他為何來這樣企業的原因，假設就是自己願意來這裡效力），業績良好，顯然是十分理想的人選。

這個企業主會不會聘任他呢？

這個老闆可能會想：公司的土地是我的，所有的產權都是我的，這就意味著這個人來我這裡是「無產階級」，他純粹是為我工作，做得好我可以繼續留他，給他很高的待遇，做得不好我可以辭退他，無論他如何出色和賣力地工作，他都不能坐我的位置，老闆永遠是我。

一番盤算以後，這個高智商、高素質、高能力的人才留了下來。這位老闆可以說是完全不受「帕金森定律」的影響。

接著，這個企業繼續發展，企業經營取得重大突破，業務範圍擴大了，新的問題層出不窮。這時，高材生由於所學已經過時，又沒有很好地「充電」，感到越來越力不從心了。於是，他向各種媒體發出徵聘廣告，各種人才絡繹不絕湧來。

在這些應聘者中，老闆比較看重其中兩位：一個是某名牌大學的公共管理專業剛剛畢業的研究生，寫了很多的文章，理論功底極為深厚，實務經驗卻非常匱乏；另一個頗有實務家的手腕和魄力，擁有先進的管理觀念和多年操作經驗。

老闆拿不定主意，叫他選擇，這時他盤算了一下。最後，他選擇了那個剛走出校門的研究生。

可見，要想解決「帕金森定律」的癥結，就必須把用人權放在一個公正、公開、平等、科學、合理的用人制度上，不受人為因素的干擾。最需要注意的是，不要將「用人權」放在一個被招聘者的直屬上司手裡。

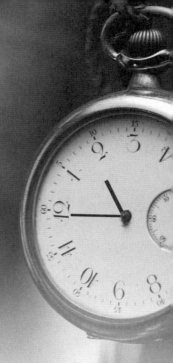

PART 11

第11部

華盛頓合作定律

一個人敷衍了事，兩個人互相推諉，三個人則永無成事之日。

華盛頓合作定律

聰明的美國人喜歡把簡單的道理總結成定律，所以中國版的「三個和尚」的故事就變成美國版的「華盛頓合作定律」：一個人敷衍了事，兩個人互相推諉，三個人則永無成事之日。

釣過螃蟹的人或許都知道，簍子中放一群螃蟹，不必蓋上蓋子，螃蟹是爬不出來的。因為只要有一隻想往上爬，其他螃蟹便會紛紛攀附在牠的身上，把牠也拉下來，最後沒有一隻能夠出去。

與此類似的是邦尼人力定律：「一個人一分鐘可以挖一個洞，六十個人一秒鐘挖不了一個洞。」

人與人的合作不是力氣的簡單相加，其中的關係要微妙和複雜得多。在人與人的合作中，假定每個人的能量都為一，那麼十個人的能量可能比十大得多，也可能甚至比一還小。因為人的合作不是靜止的，它更像方向各異的能量，互相推動時自然事半功倍，相互抵觸時則一事無成。

合作是一個問題，如何合作也是一個問題。企業裡常會有一些人，嫉妒別人的成就與傑出表現，天天想盡辦法進行破壞與打壓。如果企業不把這種人除去，久而久之，組織裡就只剩下一群互相牽制、毫無生產力的「螃蟹」。

揭開華盛頓定律的面紗

一九六四年三月，在紐約的克尤公園發生了一起震驚全美的謀殺案。

在凌晨三點的時候，一位年輕的酒吧女經理被一不相識的殺人狂殺死。作案時間長達半個小時，附近住戶中有三十八人看到或聽到女經理被刺的情況和反覆的呼救聲，但沒有一個人出來保護她，也沒有一個人及時給警察打電話。

事後，美國大小媒體同聲譴責紐約人的異化與冷漠。

然而，兩位年輕的心理學家——巴利與拉塔內並沒有認同這些說法。對於旁觀者們的無動於衷，他們認為還有更好的解釋。為了證明自己的假設，他們專門為此進行了一項試驗。

　　他們尋找了七十二名不知真相的參與者與一名假扮的癲癇病患者參加試驗，讓他們以一對一或四對一兩種方式，保持遠距離聯繫，相互間只使用對講機通話。事後的統計資料出現了很有意思的一幕：在交談過程中，當假病人大呼救命時，在一對一通話的那組，有百分之八十五的人衝出工作間去報告有人發病；而在四個人同時聽到假病人呼救的那組，只有百分之三十一的人採取了行動！

　　透過這個試驗，人們對克尤公園現象有了令人信服的社會心理學解釋，兩位心理學家把它叫做「旁觀者介入緊急事態的社會抑制」，更簡單地說，就是「旁觀者效應」。他們認為：在出現緊急情況時，正是因為有其他的目擊者在場，才使得每一位旁觀者都無動於衷，旁觀者可能更多的是在看其他觀察者的反應。

　　用這個效應再來看一下媒體經常報導的「小孩落水事件」。

　　旁觀者甲本想下水救人，又有些猶豫，他在看其他目擊者乙、丙等人的反應。轉念一想：「這麼多人都看到小孩子落水，總會有幾位下去救人的，自己就不下去吧。」

　　猶豫之間，小孩子被水吞沒了。居然沒人下水，甲不禁心裡有些內疚。再一想，要責怪，要內疚，要負責任，也是和乙、丙等數十人分擔，沒什麼大不了的。於是，他走開了。

　　就這樣，一樁樁旁觀者眾多，卻「見死不救」的事件產生了。這種現象產生的原因之一，正在於「旁觀者效應」，與人們一般以為的世態炎涼、人心不古之類的社會氛圍或看客的冷漠等集體性格缺陷沒有太大關係。

　　如果把拯救酒吧女經理、解救小孩落水當成旁觀者的一次合作，那麼合作失敗的最根本原因就在於「旁觀者效應」，眾多的旁觀者分散了每個人應該負有的解救責任。因此，社會學家認為責任不清是華盛頓定律產生的最主要原因。

使每個人都知道該做什麼

既然人們互相拖累，敷衍了事的主要原因是責任分配不明確，那麼試問，三個和尚如果進行明確的分工，確定每個人都應該做什麼，還會有人敷衍了事嗎？

太多的故事告訴我們，進行明確的分工是對付「南郭先生」的最好辦法，因為明確的分工能使大家輕易地看出誰在敷衍了事，誰在互相推諉。

對一個組織來說，進行詳細的職務設計是絕對必要的，只有讓每個人都知道自己該做什麼，才能遏制「華盛頓合作現象」的發生。

假如你藉由顯微鏡觀察一個組織，你會發現它是由成千上萬個任務構成的，這些任務可以組合為職務。組織中人們所承擔的職務並不是隨機確定的，管理層應當對職務進行有意識的設計安排，以反映組織技術的要求以及工作人員的技巧、能力和偏好。只有這樣做了，才能充分發揮員工生產的潛力。

在各種各樣的職務中，有些職務以團隊的方式進行可以取得很好的效果；而另一些職務，讓個人單獨去做效果會更好。

加強內部的交流和溝通

人們發現，組織內部的勾心鬥角很大一部分是由於缺乏溝通所致，溝通流暢會帶來效率的提高、士氣的高漲，而溝通不暢只會使人們心懷鬼胎，各自算計。

對於溝通障礙，人們應該如何克服呢？以下的建議將幫助你使溝通更為有效。

1. 運用反饋：很多溝通問題是直接由於誤解或不準確造成的。如果管理者在溝透過程中使用反饋回路，則會減少這些問題的發生。這裡的反饋可以是語言的，也可以是非語言的。

當管理者問接受者：「你明白我的話了嗎？」所得到的答覆代表

著反饋。但反饋不僅僅包括是或否的回答。為了核實資訊是否按原有意圖被接受，管理者可以詢問有關該資訊的一系列問題。

但最好的辦法是，讓接受者用自己的話複述資訊。如果管理者聽到的複述正如本意，可增強理解與精確性。

反饋還包括比直接提問和對資訊進行概括更精細的方法。綜合評論可以使管理者了解接受者對資訊的反應。另外，績效評估、薪金核查以及晉升都是反饋的重要形式。

當然，反饋不必一定以語言的方式表達，行動有時比語言更為明確。比如，銷售主管要求所有下屬必須填好上月的銷售報告，當有人未能按期上交此報告時，管理者就得到了反饋。這一反饋表明銷售主管對自己的指令應該闡述得更清楚。

同理，當你面對一群人演講時，你總在觀察他們的眼睛及其他非語言線索以瞭解他們是否在接受你的資訊。

2. 簡化語言： 由於語言可能成為溝通障礙，因此管理者應該選擇措辭並組織資訊，以使資訊清楚明確，易於接受者理解。管理者不僅需要簡化語言，還要考慮到資訊所指向的聽眾，使所用的語言適合於接受者。

記住，有效的溝通不僅需要資訊被接收，而且需要資訊被理解。透過簡化語言並注意使用與聽眾一致的語言方式可以提高理解效果。比如，醫院的管理者在溝通時應盡量使用清晰易懂的辭彙，並且，對醫務人員傳遞資訊時所用的語言，應和對辦公室工作人員不同。

在所有人都理解其意義的群體內，行話會使溝通十分便利，但在本群體之外使用行話則會造成無窮問題。

與前面反饋的討論一致，在傳遞重要資訊時，為了使語言問題造成的不利影響減少到最低程度，可以先把資訊告訴不熟悉這一內容的人。比如，在正式溝通之前讓接受者閱讀演講詞是一種十分有效的手段，它有助於確認含混的術語、不清楚的假設或不連續的邏輯思維。

3. 積極傾聽：

當別人說話時，我們在聽，但很多情況下我們並不是在傾聽。傾聽是對資訊進行積極主動的搜尋，而單純的聽則是被動的。在傾聽

「華盛頓合作定律」
第十一部
PART 11

時，接受者和發送者都在思考。

　　在我們之中的不少人並不是好聽眾。為什麼？因為做到這一點很困難，而且常常當個體有主動性時才會做得更為有效。事實上，積極傾聽常常比說話更容易引起疲勞，因為它要求腦力的投入，要求集中全部注意力。

　　我們說話的速度是平均每分鐘一百五十個辭彙，而傾聽的能力是每分鐘可接受將近一千個詞彙。二者之間的差值顯然留給了大腦充足的時間，使其有機會神遊四方。

　　藉由發展與發送者的移情，也就是讓自己處於發送者的位置，可以提高積極傾聽的效果。不同的發送者在態度、興趣、需求和期望方面各有不同，因此移情更易於理解資訊的真正內涵。

　　一個移情的聽眾並不急於對資訊的內容進行判定，而是先認真聆聽他人所說，這使得信息不會因為過早得出不成熟的判斷或解釋而失真，從而提高了自己獲得資訊完整意義的能力。

　　正是由於人們帶著情緒進行交流，所以我們經常因為彼此的語言造成的誤會而導致彼此不合。如果認為管理者總是以完全理性化的方式進行溝通，那太天真了。我們知道情緒能使資訊的傳遞嚴重受阻或失真。

　　當管理者對某件事十分失望時，很可能會對所接受的資訊發生誤解，並在表述自己的信息時不夠清晰和準確。那麼管理者應該如何行事呢？最簡單的辦法就是暫停進一步的溝通，直至恢復平靜。

挑戰辦公室政治

　　任何一種團體，都免不了存在著勾心鬥角的現象，這種現象有一個很文雅的名稱——「辦公室政治」。顯然，「辦公室政治」是引起內耗的主要原因，是華盛頓定律的最直接表現！

　　當你必須和一群要求高、反應敏銳、主觀意識強烈的人一塊兒工作時，「辦公室政治」是絕對無法避免的。而你的挑戰，便是找出能讓你應付自如、樂在其中的辦法。

10天打造超強的成功智慧
一次讀懂20部黃金智慧法則

如何對付辦公室政治，貝爾曼對那些在公司組織基層、無法說話算話的人，提供了很好的建議：

1. 事先評估你的工作可能引發的「政治效應」，並做好準備。

　　政治是無所不在的，因此，千萬別天真地認為，你的主管只會從工作品質來評價你的表現。對於那些手握生殺大權的人，你也必須花點心思。

　　一位領班曾經領悟到這麼做的好處。他知道，他的上司對於他的能力懷有戒心，因此他總是把重要的工作交給別人，這一來，他和這些工作就完全沒有瓜葛。雖然這讓別人得到一些表現的機會，但也使得他自己的工作總能順利完成。

2. 事先評估自己「玩辦公室政治」的能力。

　　羅傑斯有首歌唱出了其中的精髓：「知道什麼時候該擁抱，知道什麼時候該收手，知道什麼時候該改變。」

　　任何一位職場高手都會告訴你：「要知道自己能力的極限，玩不起，只能躲得起了。」

謹防小人作亂

　　「華盛頓合作定律」的現象之所以發生，並不是組織中沒有一個好員工，也不是每個人都喜歡相互推託、敷衍了事，也許問題的關鍵就出在一兩個小人身上。

　　小人能量大。一個很好的組織，有一兩個小人拚命一攪，或到上級部門告狀，或在下面公開搗亂，輕者能使功變為過，使好人變為灰溜溜、心灰意冷的人，使一個好企業變為糟糕的企業，重者能把一個好端端的人或企業徹底毀掉。

　　誰沒有聽過這種小人魔術？又有多少優秀分子被這種小人魔術要弄過？

　　不管人們喜不喜歡「人治」，都無法否認管理者的個人因素對一個組織的決定性影響，換上一個好主管可能使一個糟糕的企業「起死回生」，撤掉一個好主管就可能使一個好企業「落花流水」。

既然可以靠「人治」，當然也可以「人亂」。小人攻擊的目標常常是那些對企業有「決定性影響」的人物。把治理企業有方的人整治一下，企業還能不亂嗎？

小人真有這麼厲害？

是的，一個小人的破壞力往往超過成百上千個好人的建設力。

好人怕惹事，而軟弱又助長邪惡，這些都有形無形、有意無意地縱容破壞力。不僅一般員工怕惹事，相當多的管理者也怕惹事。

出了事，有些管理者不先懷疑告狀的，不先責怪鬧事的，總是先埋怨被告，滿腔怒火全出在受害者身上。即便查清被告是冤枉的，也還是要說：「你惹他幹什麼？終究是無風不起浪，他抓不著你一點影子也不敢亂告。」

用一句中國的古語說，「寧得罪君子，不得罪小人」，先告狀就沾光，所以常常是惡人先告狀。

他們相信，要使自己更好，最容易的辦法就是讓另一些人倒楣。不損害別人的人，會經常受到損害，經常損害別人的人，自己倒很安全。

正如癌細胞不怕好肉，好肉懼怕癌細胞一樣，小人效應對人們的精神構成了極大的毒害。說真話最困難，說假話很容易。

十個人敘說同一件事會說成十種樣子。社會上真誠少了，歪理多了，一件事有多少人參與就有多少道理，誰的話都有理，唯獨真誠沒道理。

小人正是利用社會的虛偽，利用人們對壞事的好奇心，不斷製造「轟動效應」。好人說話做事講究人格，自尊自重，受社會的約束，也受自己的約束。

小人沒有人格，更沒有自尊自重的負擔，所以無拘無束，享受更多的自由。在以好人為主的社會中，小人無形中成了特殊的享受優惠政策的群體。

10天打造超強的成功智慧
一次讀懂20部黃金智慧法則

卸掉每個人的包袱

每個人都在不斷累積、追憶、悔恨、內疚、怨恨、憤怒、成見，它們來自我們過去的生活，來自我們不愉快的記憶。這些都是無形的「包袱」，它消磨我們的鬥志，影響大家工作的效率。

這些「包袱」並不會因為我們的徹悟而停止累積，相反，它會與日俱增，並且讓我們的同事、朋友、家人越來越不快樂。

每天早上，由於沒有卸下包袱，往往會造成部分同事的不愉快。當然，這些都是微不足道的瑣事，只是你帶著這些包袱和同事們相處，就可能發生彼此的不悅。

也許，這也是引起大家在職場上爾虞我詐的真正原因。我們每個人都有包袱，也經常被別人的包袱絆倒。

比如，你和同事共同執行一個專案，你把自己份內的工作完成，卻惹來別人的不悅，他們故意拖延時間。或者，你支持某個同事的建議，卻引來另一位同事的不滿，只因為缺乏安全感的他，覺得自己受到了威脅。

職場的四周充滿了這樣的情緒包袱，沒有人能夠安然無恙地在職場遊走。事實上，很多時候你甚至懷疑，人們居然可以在這樣的環境下把工作完成。

「由於行李的外觀非常接近，請您在提領行李之後再確認一遍。」機場服務員這段廣播內容，你應該相當熟悉。這和我們在職場裡所面對的問題，其實大同小異：

你將會一遍一遍的，遇到「非常接近」的情緒包袱。以下是我們最常碰見的幾種包袱。

1.憤憤不平者：在組織中往往有些人會因為升官不成而憤恨不已，或是被自己的孩子氣得發瘋，總而言之，「憤憤不平」和他如影隨形，改也改不了，這種人總是希望把自己的情緒往別人身上倒。

2.事後諸葛亮：假如你有好的點子，你大可不必告訴這種人，他會告訴你，他早曉得可以這麼做；當你手中案子有麻煩，更別讓這種

人知道，他會說，他早告訴過你會如此。

3.**拖延者：**當你為了趕工期需要這種人的協助時，你將會發現，獲得這種人的協助，如同拔牙般痛苦不堪。就在你等待他、乞求他、催促他，乃至大喊大叫時，你完成工作的期限也悄然而至。

4.**敗事有餘者：**往往會因為這種人的無能，害得你的工作一敗塗地。你把完成的工作交到他手上，接著你會發現，自己的心血被糟踏得體無完膚。

5.**內部奸細：**當你拚了老命出色地完成一項工作時，團隊中的內奸會使你的一切心血付諸東流；當你操作一項祕密的計劃時，他也會把祕密弄得盡人皆知。內奸往往行動隱祕，你也不知道究竟是誰，卻只能眼睜睜地看著自己的努力灰飛煙滅。

處理這一類的問題，就像在沒繫好安全帶的情況下遇上了亂流，毫無規律可循。所幸，還是有一些方法，可以讓飛機平穩地穿過亂流。只要你保持冷靜，「先謀而後動」，或許能將碰壁的機率降到最低，以下是專家的幾點建議：

1.**找出辦公室裡的包袱專家。**就像在機場有許多專門處理行李的專家一樣，許多公司裡也有不少解決情緒包袱的專家。這些人可能是總經理、接待或行政助理，他們必須和各路人馬互動，因此也最瞭解每個人的習慣。

2.**幫助同事解決包袱問題。**不管你多麼不願意，都盡量找時間，聽聽他們的想法，關心他們的問題。不過，別花太多時間。只要他們感覺到你是「自己人」，就不會將情緒包袱往你頭上砸。

3.**直接面對自己看不順眼的人。**將問題開誠佈公地說清楚。

4.**找出影響你同事的情緒包袱。**千萬別掉入同事的情緒包袱中，找出方法，然後處理它們，讓自己受的傷害減至最低。

勇敢地說抱歉

把工作搞砸是件糟糕的事，而這個搞砸的人如果是你就更加糟糕了。

一個犯錯誤的人不但得為後果負責，而且還得面對因你的差錯而受連累的人，包括你的同事。

那麼，你唯一的選擇就是：誠懇地道歉。從來沒有人認為挨罵很愉快，也沒有人喜歡向別人道歉。然而，這是解除你心中不安的唯一辦法，也是顯示你負責態度的唯一方式，更是重建人際關係的唯一通道。

要注意的是：好好表達你的歉意，博取同事的尊敬，而不是鄙視。

下面提供一些道歉的祕訣，教你如何有建設性地說「對不起」。

1.把你的錯誤說出來。並且主動承擔這個錯誤所造成的後果。

暫且收起平常的推託和交際手腕，你必須讓對方知道，你不但口頭上承認了這個錯誤，心裡也知道是自己錯了。這可能是簡單的一句話，如「我把事情搞砸了」或是「在我簽合約之前，我應該先來徵詢你的意見」等等。

2.讓對方知道，你完全瞭解這個錯誤給對方造成的影響。告訴對方你曾設身處地地想過，並能充分體會他的感受；告訴他，你心裡明白這個錯誤會帶給他多少額外的麻煩，而且願意和他一起解決。

3.向對方解釋你這麼做的原因。道歉時最容易擦槍走火的一種狀況是：對方以為你的解釋是在推卸責任。

4誠懇地向對方表達你的歉意。你必須用正確的措詞，以及正確的表達方式。舉例來說，邊走邊說、用電子郵件、透過第三者傳話等都不是很正確的方法。

▮ 處理好上下級關係 ⌁

如果你是一名下屬，那確實非常不幸，你肯定要適應你的上司，把「華盛頓定律」的可怕影響降到最低。

如果我們的每個上司都賢明公正，那真是求之不得。可惜，事實常常並非如此，現實的做法是了解每個上司的風格，並找到相應的解決辦法。

你一定看到過像暴君似的上司，他們習慣頤指氣使，要求每個人都言聽計從，並且時有仗勢欺人之舉，而你一旦有什麼錯誤被他抓住，就只能乞求老天保佑了。

對這種上司，逃避是無用的，反抗往往會把事情弄得更糟，下面的一些策略能幫助你對付「瘋狂上司」或其他讓你「發瘋」的人：

1.不讓你的情緒受到上司的影響：如果你將所有的情緒雞蛋都放在他或她的籃子裡，你簡直是在自找麻煩。試著學習從達成任務本身獲得滿足感，而且不要太看重上司的評價。

2.把工作僅當成是一份工作而已：很多人因為工作的不順而產生不良的情緒，他們甚至把這種情緒帶到家庭和生活中。因此，你最好在下班以後就讓你的工作停止吧！

3.讓自己更加冷靜：每一次當你和上司發生爭執，他或她一定是獲勝的一方。你若想反敗為勝，最好讓自己保持冷靜，用具體事實來支持你的主張。

4.看穿暴君的心思：每一個仗勢欺人上司背後，都有弱點，聰明的下屬會掌握這些弱點，並善加利用。

工作中你也許會遇到一種「變色龍」上司，當你向他提出一項好建議時，他會立即表示「百分之一千」支持你的計劃，甚至把他堅決支持的方面都點出來。

「不管發生什麼變化，我都會堅定地站在你這一邊！」不用說，這種支持讓你放心，於是你拚了命地工作，以為從此會一帆風順！

但當他的上司發現這個計劃並開始過問之後，一切都完全改觀。你無法想像，當別人開始有不同意見的時候，這牆頭草見風轉舵的速度有多快。突然間，整個計劃被取消，而你被分派負責另一項「重要」的職務——每天檢查廁所。

告別了「一帆風順」後，「愁雲慘霧」在前面等你。

這也許是你第一次遇到這種「變色龍」上司，但絕不會是最後一次。為了保護自己，你必須學會如何對付他們。方法就是「往下挖」，這就是對付變臉上司的訣竅。

舉例來說，剛剛提到的這位「變臉上司」經常根據「管理高層要

什麼」來做事。你要做的其實很簡單：只要在投入一項計劃之前，徵詢「上上級那些人」的意見，然後再向這位「變臉上司」解釋「上上級」認同這項計劃的原因，通常，這位上司都會點頭接受。其實抬出「上上級」這招，比想像的簡單。

　　與「變色龍」相比，非常固執的上司顯得更加難以對付，因為每當有人向他提出新點子，都會被他大潑冷水。

　　遇到這樣的上司，下屬除了自歎命苦，也就只能盡力投其所好、言聽計從了。這也並不保險，因為這位上司有時竟然連自己的想法都照樣推翻！

　　除了上面這三種上司之外，還有一種上司也很糟，這類上司就算眼前的電腦著了火，也不會急著去打「119」。這傢伙簡直可以當「核廢料場」──任何東西到了他那裡，都會石沉大海，有去無回。

　　和一個無法變化、沒有彈性的上司相處，不是件簡單的事。有時候，讓他改變的最好辦法，就是求助於公司裡的其他部門。你不一定要做得像是在打小報告或越級報告，但如果能找到一位讓你上司尊敬的人，為你的想法，而不是為你自己美言幾句，或許能有些轉機。

　　應付這種「固執」上司的另一個方法，就是接受他的意見，讓它漸漸成為你自己的想法。剛開始，你可以表示支持他。告訴他，你正試著執行他的主張。

　　一旦他知道你支持他，他就可能放鬆對你的限制。接著，你可以一步一步地，加入你的想法，讓他知道，你這麼做是為了強化他的主張，讓他的想法可以成功實現。

　　當然，這並不是完美的狀況。如果你能同時享有充分的發言權，又能讓自己的想法獲得應有的重視，無疑是最理想的。

　　但現實的情況是：你和你的上司──不管他是善變型或一成不變型──並不處於平等的地位，他的權力比你大，說話當然也比你大聲。不過，如果你能時時注意這幾點，或許會有意想不到的結果。

　　如果你很幸運是一個上司，那麼處理好你與下級的關係就顯得更為重要了，因為可怕的內耗直接關係到你的前程！

　　在一家公司，有一位叫彼得的中層經理負責一個五十二人的部

門，他採取的是「鐵腕式管理」。因為他總是擔心，如果在電梯裡遇到上司問他有關某一位部屬的情形時，他會答不出來。為了確保這種情況不會發生，彼得只讓部屬做他能掌握的工作，不允許部屬提出新觀點，嘗試新方法。結果如何呢？

他的部屬們不再「自動自發」，曾經滿肚子好點子，曾經積極想把工作做好的人，都成了行屍走肉。彼得像高速公路上的收費通道，不管部屬有多強的馬力，都會讓他們緩下來。

如果彼得給部屬們加油，而不是吝嗇付出支持，替部屬清除路上的障礙，而不是擋在他們前面，把重點放在終點線，而不是過程中的瑣碎細節，那麼彼得將會很快因為部門的成績而得到提升。然而，他並沒有這麼做。

一個聰明的上司將能把部屬的潛力最大、最全面地發揮，下面是幾種比較適用的方法。

1.給下屬足夠的「支援」。 一位剛剛獲得律師資格的年輕人抱怨，他工作的法律事務所，往往不懷好意地只提供給他片面資訊，讓他看起來像個完全無法勝任工作的笨蛋。假如事務所願意給他多一點資訊，他一定能按照他們的要求完成任務；而如果事務所提供的資訊不足，他便得自己想辦法猜。結果，事務所那些人提供的資訊，正好足以讓他出醜。

千萬別對你的部屬犯這樣的錯誤，經常問他們是否得到了足夠的資訊和資源，然後提供他們所需要的一切。

2.替下屬清除前方的障礙。 管理「大師中的大師」愛德華‧戴明說，企業面對的問題當中，有百分之九十四是來自「制度」，而不是人。

在制度方面，你能為部屬做些什麼呢？

你不妨先試著從他們的觀點來觀察制度，有哪些行政程序害得他們手忙腳亂？你應該怎麼做，以節省他們的時間和力氣？簡言之，你如何運用自己的權力，使他們的生產力更高？

3.當下屬完成任務時， 給予他們必要的獎勵。或許你會說把工作完成，就是最好的獎勵。若是如此，為什麼那些大牌經理人每年可以

10天打造超強的成功智慧
一次讀懂20部黃金智慧法則

拿到高得嚇人的獎金，而他的部屬們卻只能從工作中得到滿足？

設法為你的部屬提供一些實用的獎勵方式，包括：現金、配股、休假和升遷等。例如，在自己的部門裡設立一套獎金制度，或者利用年度預算中沒有用完的部分，推出部門內部的「利潤共享計劃」。

▌讓每個人知道目標

今天，很多人正面臨「期望落差」：許多主管不直接把自己的期望告訴部屬，卻期待部屬自己能夠去體會。但部屬可以看出你的情緒，可以看懂你的指令，卻不可能知道你在想什麼。

因此，你最好實際些，每一次交代任務時，記得把你對目標和進度的要求說清楚。

下面是企業管理界一個知名的案例：

某知名管理顧問接到H公司李總的求助電話之後，猶豫了很久。李總是他的好友，自然不便推託。但H公司的現狀確實很棘手，組織結構、管理制度、人力資源、市場行銷……問題一大堆。

這位顧問心想：「該從何處入手呢？」因為與H公司接觸過幾次，他知道公司決策層的做法還是「摸著石頭過河。」於是，總經理摸石頭，員工們也摸石頭，手忙腳亂卻摸不著石頭。

所以，他提議首先改變操作層面上的混亂狀態。於是，他讓所有的員工玩一種遊戲。首先，把在場的員工分成兩組，然後讓A組的每個成員從一疊撲克牌中選取最好看的兩張；請B組每人選取兩張紅心，並對點數作了明確的要求。最後，兩組人員把各自的牌都亮了出來，出現了下面的結果：

A組：黑桃2、方塊A、黑桃8、梅花Q、紅心3……

B組：紅心A、紅心K、紅心Q、紅心J、紅心10……

「發現問題了嗎？」他問李總經理。

李總經理仍然迷惑不解，要求解釋。

「兩組的結果是完全不同的，A組是一副雜牌，B組卻是一手紅

心同花順。對於A組我沒有明確的指令，所以A組的人都按照各自不同的審美觀來選牌。但很顯然，他們每個人的做法都是一種個人行為。個人行為與個人行為混合在一起叫什麼？只能叫『烏合之眾』。再看看B組，清一色的同花順，這才是組織行為。」

這時，李總輕輕「喔」了一聲。

他繼續說：「你能拿一副雜牌去打敗對手的同花順嗎？當然不能。如果公司的管理現狀不及時改變的話，恕我直言，恐怕會印證『以亂攻治者亡』這句哲言。現在H公司處於A組的混亂狀態，這不是員工的過錯，而是管理層有問題。如果一個企業想要得到一副『同花順』，必須達到兩個條件：第一，決策層一定要思路清晰；第二，要給員工發出明確的指令。否則，員工們會茫然失措而自行其是。」

建立互相合作的文化

在《聖經》中，摩西的岳父曾叮囑過摩西：「你這樣做是不行的，你會累垮的。你承擔的事情太繁重，光靠你個人是無法完成的。你應當從百姓中挑選有才幹的人，封他們做千夫長、百夫長、五十夫長和十夫長，讓他們審理百姓的各種案件。凡是大事呈報到你這裡，所有的小事由他們去裁決，他們會替你分擔許多容易處理的瑣事。如果你能這樣做事，這是上帝的旨意，那麼你就能在位長久，所有的百姓也將安居樂業。」

在傳統的管理理論中，對合作的研究並不多，大多數的管理制度都致力於如何減少人力的無謂消耗，而非如何提高組織的效能。換言之，不妨說管理的主要目的不是讓每個人做得最好，而是避免內耗過多。

但人類是一種群居的動物，自然要有群體歸屬感。如果自己的行為和群體相同，我們本能上就會覺得放心，如果和群體不同，就會產生不安的感覺。因此，人類更多的是群體合作行為。在人類的漫長歷史中，人們透過群體合作度過了一個又一個的災難。

當眾人同心協力地完成某件事情的時候，每一個參與者都會感到

自豪，都能體會到合作的樂趣，甚至找到長期的朋友和夥伴。所以，相互合作的文化成了人類文明不可或缺的一部分。

建立互相合作的文化，有其外在的表現形式，有人認為用穿制服之類的手段來強調「團體性」有一點本末倒置的意味，其實不然，因為外在的整齊，可能會影響到內在的心情。所以，即使你還不習慣企業人的穿著風格，也請你把自己喜歡的服裝保留在假日。穿著制服到公司上班，外表上會給別人較規範的感覺。

二十一世紀將是一個合作的時代，值得慶幸的是，越來越多的人已經認識到真誠合作的重要性，正在努力學習合作。

PART 12

第12部

木桶定律

一個木桶盛水的多少，並不取決於桶壁上最高的那塊木板，而恰恰取決於桶壁上最短的那塊木板。

最長的不如最短的

　　眾所周知，一個木桶盛水的多少，並不取決於桶壁上最高的那塊木塊，而恰恰取決於桶壁上最短的那塊木板。人們把這一規律總結為「木桶定律」或「木桶理論」。

　　根據這一核心內容，「木桶定律」還有三個推論：

　　其一，只有桶壁上的所有木板都足夠高，那木桶才能盛滿水；如果這個木桶裡有一塊木板不夠高，木桶裡的水就不可能是滿的。

　　其二，比最低木板高的所有木板的高出部分都是沒有意義的，高的越多、浪費越大。

　　其三，要想提高木桶的容量，就應該設法加高最低木板的高度，這是最有效也是唯一的途徑。

　　對這個理論，初聽時你或許會懷疑，最長的怎麼反而不如最短的？繼而就會表示理解和贊同。確實，木桶盛水的多少，起決定性作用的不是最長的木板，而是那塊最短的木板，因為水面的最高點是與最短的木板平齊的。

　　與「木桶定律」相似的還有一個「鏈條定律」：一根鏈條跟它最薄弱的環節有著相同的強度，鏈條越長，就越薄弱。

　　你可以很容易地發現這兩者的共同之處，它們說的都是任何一個組織都可能面臨的問題：構成組織的各個部分往往是優劣不齊的，而劣質的部分往往又決定整個組織的水準。

　　「最短的木板」與「最弱的環節」都是組織中有用的一部分，只不過比其他部分稍差一些，你不能把它們當作爛蘋果扔掉。正如你可以清除一個屢屢犯錯的害群之馬，卻只能對辦公室隨處可見的浪費和低效率現象束手無策。

阿基里斯之踵

　　阿基里斯是希臘神話中最偉大的英雄之一。他的母親是一位女

神，在他降生之初，女神為了使他長生不死，將他浸入冥河洗禮。阿基里斯從此刀槍不入，百毒不侵，只有一點除外——他的腳踵被提在女神手裡，未能浸入冥河，於是「阿基里斯之踵」就成了這位英雄的唯一弱點。

在漫長的特洛伊戰爭中，阿基里斯一直是希臘人的最勇敢的將領。他所向披靡，任何敵人見了他都會聞風而逃。

但是，再強大的英雄也有弱點。在十年戰爭快結束時，敵方的將領帕里斯在眾神的示意下，抓住了阿基里斯的弱點，一箭射中他的腳踵，阿基里斯最終不治而亡。

自身或公司內部的薄弱之處就是我們的「阿基里斯之踵」。不管是一個英明的個人，或是一個健康的公司，都應該避免把最薄弱的地方暴露給對手。

想要完全克服最薄弱的環節是不可能的。按照木桶定律，我們的薄弱環節是必然存在的，而且永遠存在。一根鏈條總會有一節比其他的環節要薄弱一些，儘管它可能比另一根鏈條中的任何環節都強。強弱只是相對而言的，因此也是無法消除的。

問題在於，你容忍這種弱點到什麼程度。如果它已成為阻礙工作的瓶頸，你就不得不有所動作了。

所以你首先要確保你不是最短或最弱的那一部分，其次你還要避免或減少薄弱的環節影響你的成功。

木桶定律還提示我們，要想戰勝對手，首先必須要抓住對手的弱點。人們常說的打蛇打七寸，用的正是這個道理。

對於一個組織或者團隊來說，薄弱的部分最有可能被對手發現，從而在競爭中失利。因此，保護和加強「阿基里斯之踵」，就是一個組織或團隊在前進道路中不得不重視的一件事情。

木桶定律與團隊精神

談到木桶定律的應用，我們可以先對它所應用的對象做一個明確的分類。木桶定律的應用對象，可以分為組織和個人兩種。這裡，我

們將主要談到木桶定律與團隊精神，因為團隊精神是組織和個人共同努力的結果，團隊建設也是組織和個人互動的過程。

「木桶定律」可以啟發我們對團隊建設重要性的思考。

在一個團隊裡，決定這個團隊戰鬥力強弱的不是那個能力最強、表現最好的人，而恰恰是那個能力最弱、表現最差的落後者。

因為，最短的木板在對最長的木板起著限制和制約作用，決定了整個團隊的戰鬥力，影響了整個團隊的綜合實力。

也就是說，只有想法讓短板子達到長板子的高度，或者讓所有的板子維持「足夠高」的相等高度，才能完全發揮團隊作用。

說到木桶定律，我們就不得不談到系統的概念，因為木桶定律的現象正是系統現象中的一種。

木桶定律可以啟發我們對構成系統的各個要素的思考，比如一個生產流程、一種商業運作模式、一個組織系統中的各個要素。

可以想像，如果在生產中少了一個流程或是某個流程不合格，那麼生產出來的肯定是廢品。

就算是一道好菜，也要求添加的各種佐料必須都是最好的，否則這道菜燒出來就不那麼可口了。

「木桶定律」還告訴領導者，在管理過程中要下工夫針砭公司的薄弱環節，否則，公司的整體工作就會受到影響，人們常說「取長補短」，即取長的目的是為了補短，只取長而不補短，就很難提高工作的整體效應。

一個企業要想成為一個結實耐用的木桶，有一個方面是絕不容忽視的，那就是加強對每一個員工的教育和培訓。

我們以美國的惠普公司為例來說明這個問題。

惠普公司內部有一項關於管理規範的教育專案，僅僅是這一個培訓專案，每年研究經費就高達數百萬美元。他們不僅僅研究教育內容，而且還研究哪一種教育方式更容易被人們所接受。

企業教育是一項有意義而又實實在在的工作，優秀企業的員工，都很樂意接受教育和培訓，這對於培養企業的團隊精神大有裨益。

10天打造超強的成功智慧
一次讀懂20部黃金智慧法則

團隊的競爭力

一個優秀團隊的凝聚力和競爭力是不容忽視的，沒有一個企業希望自己的員工是一盤散沙，個個都只能去單打獨鬥。

當今的世界是國家與國家的競爭，是企業與企業的競爭，也就是規模經濟的競爭。可以說，規模經濟已經是當今市場競爭的一個主要特徵。那麼，我們又怎麼去贏得這場競爭呢？

用最通俗的方法來解釋，規模經濟無非就是人的整合、資源的整合、資金的整合，然後產生最大規模的經濟效益。對於這幾個整合來說，有效地組織才是一個最核心的問題。

因此，我們必須關注企業的體制是否有利於這種集合。湯姆·彼得斯指出，對於今天的企業來說，如何建立員工團隊的集合力，已經成為一個關係到企業發展成敗的大事。

什麼是集合力呢？事實上就是企業員工的凝聚力，這也是企業競爭力的源泉。

員工的凝聚力來自於員工對企業目標和企業文化的認同感與專注度，也可以叫做事業的忠誠度。

如何提高員工的凝聚力呢？我們首先要尊重這樣一些事實：

1.**員工的潛力是巨大的。**員工的潛能如同光能，他們既可以各行其是，像單個的電燈泡一樣散發著自己的能量；他們也可以把所有的能量集合起來，如同一束雷射，穿透所有前進道路上的障礙。

2.**在這個充滿競爭的時代，企業所需要的凝聚力，更多地表現在員工的心智方面。**企業需要員工對於企業目標和企業文化有一種極大的認同，需要所有的員工對於企業的事業有一種主動的參與，把它當做個人事業的一部分。

3.**今天的競爭是人才的競爭。**人才競爭的內在含意，不僅僅是企業與企業員工整體素質的競爭，更重要的是企業與企業員工凝聚力水準的競爭，因此，**評價一個企業，不僅要比較企業員工的素質，更要審視哪家企業員工的人心最齊。**

這些事實啟示我們，要想成為一家卓越的企業，就必須在團隊精神的建設方面有很好的建樹，必須在凝聚力方面有很好的突破。

因此，一個企業的文化和共同願景必須明確，而且必須讓每一個員工都主動參與進來。

打造超級團隊

現在，團隊建設成為最受企業歡迎的培訓課程。企業在飽受長期內耗之苦以後，希望藉由提倡一種團隊精神來改變現狀，於是四處找尋團隊培訓，不惜重金到戶外進行team-working或team-building的培訓。當時感覺不錯，可是回來後就不靈了。

原因很簡單，我們工作的環境及內容與戶外活動有很大的不同，離開了特有的環境、特有的內容和氛圍，培訓的那套方法自然不靈了，畢竟工作與遊戲有本質的不同。

那麼如何打造一支超級團隊呢？

追求團隊精神固然是最重要的因素之一，但團隊精神的產生必須經過有效的團隊經歷。因此，團隊建設方法和團隊精神一樣都不能放棄。

為了說明這一點，首先應明確團隊的概念：團隊是由具有互補技能組成的、為達成共同目標、願意在認同的程序下工作的團體。

不難看出，在團隊的運作中，程序（方法）是靈魂。在好的程序與方法下，團隊成員會共同思考，統一行動，這樣堅持下來便會形成一種行為習慣，這種習慣會不斷提升團隊精神。

反之，**沒有好的、為成員認同的程序和方法，光有團隊精神卻也難於協調運作，團隊精神也不過是口號而已。**

舉一個足球隊的例子。一個球隊是一個典型的團隊，由前鋒、中場、後衛、守門員構成，球隊的目的就是要贏球。

可是為什麼同樣的球員，不同的教練，成績會有很大的差別？

原因就在於，教練換了，球隊所遵循的訓練方法和程序也就變了，從而影響整個球隊的風格和士氣。

一個團隊的共同目標就是要「贏」，所有成員都要認同這一共同目標，並遵循為達成目標所設定的一套程序，讓所有的成員都知道要做什麼，以及如何協調彼此的努力，這就是方法。

　　這種方法應能夠銜接團隊內以及其個別機構間的差異；能夠讓團隊共同使用，以執行任務；同時，也不會阻礙個別成員的貢獻。

　　身為團隊的主管就是要找到可遵循的方法，並讓團隊成員也認同和使用這些方法。成員培訓的重點，應放在學會處理管理事項的共同方法方面。

　　這裡舉一個成功打造出超級團隊的例子。

　　一個主管升任總裁之後，為在組織內推行團隊精神，把各級主管分批派去參加培訓，大家都學到了處理和解決管理問題的共同方法。為了將培訓的成果鞏固下來，他有意製造了一種氛圍，並身體力行。

　　果然，這個組織的氣氛幾乎在一夕之間改變了，他們學會了公開討論，並願意把自己的構想和別人交流，透過將學到的共同方法運用，使他們能夠解決更多的問題，做出更好的決策。

　　這位總裁藉由引進一種工具和觀念，使團隊成員的「努力」得到「協調」和「整合」，互助合作及團隊精神也就水到渠成。他並沒有立意要建立團隊精神，而團隊精神卻透過團隊成員在共同的準則及程序下，共同的工作中產生。

　　因此，**想要打造一支超級團隊，需要持久的、堅持不懈的努力，這個過程的關鍵就是要找到適合團隊的程序和方法。**

超級團隊的魅力

　　一個群體是一回事，一個團隊又完全是另外一回事。當然群體是可凝聚成一個團隊的，竅門在於「整合」。

　　在這裡我們將提供一個每個成員都願意為之奮鬥的模式——超級團隊模式。

　　——**渴望成功。**超級團隊非常有活力，每個成員都能擔負起責任，大家在渴望成功的基礎上，尋求最好的合作發展。

——**不斷改進。**成員對自己和他人有很高的期望，並不斷尋求進步。

——**離經不叛道。**成員遵循一定的規則和方針，但又不拘泥於規則，他們能夠堅持和他人溝通，無論是獨自工作還是群體工作，都能取得很高的效率。

——**主動進取。**成員反應迅速、態度積極樂觀，行動能力強。

——**重視領導。**成員敬重識大體、有活力的領導人，並且希望在他們的領導下共同爭取外部資源與支持。

——**以人為本、強調合作。**成員尊重知識、競爭和貢獻勝過身份和地位，他們注重合作及解決問題。超級團隊在履行任務過程中，始終以使命和目標為導向。他們持之以恆，但又不失靈活。

——**理性、頑強並勇於創造。**成員能夠分清事情的輕重緩急、敢於面對問題。能夠選擇合適的方法清除障礙，方法可以是靈活的、創造性的或者規範化的。

——**富有創新。**成員能適度冒險以獲取卓越成績。

——**容易接近。**成員不斷和外界接觸，讓外界了解自己，積極尋求外部的反饋與幫助。

——**勤奮敬業。**成員理解組織的戰略和經營哲學，並希望實現組織的目標。他們在一個開放的文化中發展，他們所在的系統授予他們權力，也希望他們承擔責任，以便完成雙方共同商定的目標。

——**與所在的組織互相影響、共同發展。**團隊成員和團隊創始人一樣擁有權力，因為個人的影響力取決於信譽而非權威。

我們經常看到積極的、強勁的團隊中的成員相互慶祝：「我們真棒！」當這種感覺能夠激發人們追求更大、更好的目標時，這就是最好的結果。

與此同時，超級團隊也必須認識到危險所在，杜拉克說：「超級團隊有時侯會驕傲自滿，這將導致他們的衰敗。」

團隊成員自我感覺太好，過分親近也可能導致過度利己、效率下降以及傲慢自大的後果。

我們可以從以上各點中瞭解到超級團隊的準確形象，但要真正實

現這樣的目標，還需要所有成員的理解和努力。

培養你的合作能力

隨著知識型員工的增多，以及工作內容中智力成分的增加，越來越多的工作需要團隊合作來完成。

傳統的組織管理模式和團隊合作模式最大的區別在於：團隊更加強調團隊中個人的創造性發揮，以及團隊整體的協力工作。

如何協調個人成長與團隊成長的關係，使他們能夠相互作用、共同發展是一個值得討論的話題。

團隊協力模式對個人的素質有較高的要求，成員除了應具備優秀的專業知識以外，還應該有優秀的團隊合作能力，這種合作能力，有時甚至比成員的專業知識更加重要。

作為團隊中的一員，你應該從哪幾個方面來培養自己的團隊合作能力呢？從下面五點可以做到。

1. 尋找團隊積極的品質

在一個團隊中，每個成員的優缺點都不盡相同。你應該主動去尋找團隊成員中積極的品質，學習它，並克服你自己的缺點和消極品質，讓它在團隊合作中被弱化甚至被消滅。

團隊強調的是合作工作，一般沒有命令和指示，所以團隊的工作氣氛很重要，它直接影響團隊的工作效率。

如果團隊的每位成員，都主動去尋找其他成員的積極品質，那麼團隊的合作就會變得很順暢，工作效率就會提高。

2. 對別人寄予希望

每個人都有被別人重視的需要，那些具有創造性思維的知識型員工，更是如此。有時一句小小的鼓勵和讚許，就可以使他釋放出無限

的工作熱情。

3. 時常檢查自己的缺點

你應該時常檢查一下自己的缺點，比如，還是不是那麼冷漠，言辭還是不是那麼鋒利。在單兵作戰時，這些缺點可能還能被忍受，但在團隊合作中，他會成為你進一步成長的障礙。

團隊工作需要成員在一起不斷地討論，如果你固執己見，無法聽取他人的意見，或無法和他人達成一致，團隊的工作就無法進行下去。

團隊的效率在於配合的默契，如果達不成這種默契，團隊合作就不可能成功。

如果你意識到了自己的缺點，不妨就在某次討論中，將它坦誠地講出來，承認自己的缺點，讓大家共同幫助你改進，這是最有效的方法。

當然，當眾承認自己的缺點可能會讓你感到比較尷尬，但你不必擔心別人的嘲笑，因為一般人只會給你理解和幫助。

4. 讓大家喜歡你

你的工作需要得到大家的支持和認可，而不是反對，所以你必須讓大家喜歡你。但一個人又如何讓別人來喜歡你呢？

除了和大家一起工作外，你還應該盡量和大家一起去參加各種活動，或者禮貌地關心一下大家的生活。

總之，你要使大家覺得，你不僅是他們的好同事，還是他們的好朋友。

5. 保持足夠的謙虛

任何人都不喜歡驕傲自大的人，這種人在團隊合作中也不會被大

家認可。

你可能會覺得自己在某個方面比其他人強，但你更應該將自己的注意力放在他人的強項上，只有這樣，你才能看到自己的膚淺和無知。

因為團隊中的任何一位成員，都可能是某個領域的專家，所以你必須保持足夠的謙虛。

謙虛會讓你看到自己的短處，這種壓力會促使你在團隊中不斷地進步。

小心團隊陷阱

團隊作為一種先進的組織形態，越來越引起企業的重視，許多企業已經從理念、方法等不同的管理層面著手進行團隊建設，並對「成功的團隊」賦予了極高的期望。

然而，企業在保持熱情的同時，謹防掉入「團隊陷阱」。

就現在來說，團隊適合於這樣的情況：工作任務挑戰性極高，環境不確定性很高，組織成員差異很大且素質很高。

事實上，團隊成功率並不是很高，很多團隊取得的業績差強人意，其原因無非掉入團隊陷阱而不能自拔。

團隊陷阱主要表現為以下三個形式：

1. 團隊的目標迷失

團隊作為組織形式之一，是為完成組織的目標而服務的。然而由於團隊面臨任務的特殊性和挑戰性、環境的不確定性等原因，作為團隊指南針的目標往往很難明確。

而且，在團隊成員參與決策和執行的過程中，往往因為資訊不足，成員價值觀和個人利益角度的不同，使目標被肢解，最終喪失提高士氣的功能。

康寧公司是一家以人力資源管理見長的企業，在十幾年團隊運作

實踐中，他們發現團隊作為組織形式之一，完成目標的機率僅為百分之三，在失敗的原因中，目標迷失的比例為百分之五十一。

2. 團隊適應性和靈活性喪失

團隊的外部環境決定其必須具有高度靈活性和適應性，否則很容易導致團隊的行動僵化。

根據某權威機構的研究，總體而言，團隊的靈活性比不上工作組。

其原因主要有：團隊成員差異較大，其動機、態度和個性難以一致；在運作過程中，團隊領導和成員的「搭便車」心理以及矛盾衝突使注意力內斂，這也使得團隊對外界資訊反應速度減慢；團隊成員達成一致的要求也影響了團隊的靈活性。

3. 團隊合力分裂

團隊成員本身具有分力傾向，團隊管理稍有鬆懈，就會導致團隊的績效大幅度下降。根據康寧公司的團隊管理經驗，團隊合力常常受到下列情況的衝擊：1領導者變更；2計劃不連續；3裁減成員；4管理不當；5規則不連續。

對於如何避免「團隊陷阱」，我們有如下建議：

（1）**團隊需要強而有力的領導者。**強而有力的領導者能把分力轉為合力，貫徹和執行團隊目標，使團隊成員保持對外部的靈敏度，並迅速作出反應。根據經驗表明，團隊比其他組織形式更需要強而有力的領導者。

（2）**統一的團隊規則。**優秀的團隊具有統一的管理規則，並能得到所有成員的遵守，成為團隊內部統一的語言。

（3）**精心管理、細心呵護。**團隊陷阱產生於微妙之處，所以團隊需要管理者和成員的細心呵護。

1加1等於幾

在上個世紀二〇年代後期，德國心理學家馬克斯‧瑞格曼（Max Rinselmann）進行了一項試驗，他將拔河中個人和團隊的表現進行了比較。他預計團隊的努力應該等於團隊中個體的努力之和。例如，三個人拔河的力量應該等於一個人力量的三倍；八個人的力量應為一個人力量的八倍。

但是，結果卻不像預期的那樣。三個人的力量之和只是一個人的二‧五倍，而八個人的力量還不到一個人的四倍。

其他研究者用類似的工作任務重複了瑞格曼的研究，結果大多支持他的發現。

團隊人數的增加與團隊中個體的績效呈負相關，越多就會越好只是意味著這樣一件事情：四人團隊的總產出大於三人團隊的總產，然而，團隊中成員的個體產出下降。

心理學家把這歸咎於社會惰化效應，這是什麼引起的呢？

也許是因為團隊成員都認為其他人沒有公平付出。如果你認為其他人偷懶，你就會減少努力以重建公平感。

另一種解釋是責任分散。因為團隊的成績不會歸功於某個人，個人的投入和團體產出之間的關係不明朗，這樣有的個體可能成為「搭便車者」，依附團隊的努力。換句話說，如果個體認為自己的貢獻無法被衡量，效率就會下降。

社會惰化對工作團隊的設計有什麼意義呢？如果你使用團隊的形式來鼓舞士氣，或是提高合作意識，你需要確認和衡量個體努力程度的方法。

團隊的提倡者說，公司應該以團體的形式重組。原因之一是可以產生正合作效應，也就是說，團隊的產出比成員單個工作的產出之和大，因為團隊精神可以刺激個人的努力，因此一加一可以等於三。

但事實是，團隊產生的合作效應常常是負的。個體在共同工作時比在單獨工作時付出更少的努力，因此，一加一可能等於一。為什麼

會有這種結果呢？原因在於上面提到的社會惰化效應。

從優秀到卓越與從無能到普通

彼得・杜拉克曾在《哈佛商業評論》撰文指出：「精力、金錢和時間，應該用於使一個優秀的人變成一個卓越的明星，而不是用於使無能的做事者變成普通的做事者。」

這是一個與木桶定律相悖的忠告，我們稱之為「杜拉克原則」。

彼得・杜拉克認為，人們不應該把努力浪費在改善低能力的人或技能這一方面，而是應該使那些表現一流的人或技能變得更加卓越。

儘管我們還不能確切地知道，把一個優秀的人變成一個卓越的人，比把一個無能的人變成一個普通的人，究竟能節省多少精力、金錢和時間，但是杜拉克的觀點還是被人們普遍接受。

木桶定律著眼於人的不足、缺點，而且認為人們的不足、缺點都是不好的，因而人們應該千方百計地彌補不足、改正缺點。

杜拉克原則關注的是人的成長，組織或個人應該千方百計地創造條件，把精力、金錢和時間都用在發揮人的優點上，而讓人的缺點不要干擾優點的發揮，也就是做到揚長避短。

杜拉克告誡說，壞習慣必須改掉，因為它妨礙你取得績效。但你在某一方面的缺點和不足，卻並不一定要花大力氣把它提高到普通水準。因為，這樣做的話，改善的很可能不是你某一方面的能力，而是使你失去自我！

木桶定律說得很有道理，杜拉克原則也沒錯，但他們是相悖的，這是怎麼回事？

其實，我們在大部分時候誤解了木桶定律和杜拉克原則，或者說，我們擴大了兩者的適用範圍。

要確定二者的使用範圍，還是來考察一下系統、系統中的要素、系統要實現的目標之間的關係。

首先，不管是木桶定律，還是杜拉克原則，都不是「放諸四海而皆準」的，它們都有自己的適用條件。

10天打造超強的成功智慧
一次讀懂20部黃金智慧法則

一種情況是適用木桶定律，還是適用杜拉克原則，取決於該情況系統中各個因素之間的關係，以及我們藉由這個系統所要達到的目的。

比如說，木桶的各個木板如果不是拿來裝水，而是用來燒火，那麼請問，較短的那個木板，會影響其他木板燃燒釋放出的能量嗎？

所以，一個系統的各個要素發揮出來的作用，是否與最短的一塊木板一樣，取決於它們是否有共同的目標，以及要實現什麼樣的目標。

此外，各個因素之間的組合關係，也決定了系統中各個因素的組合效果是木桶效應，還是杜拉克效應。如果這種關係只是一種鬆散型關係，那麼人們可以不必理會那些缺點，只需把優點發揮到極致。

可以這麼說，不管是木桶定律，還是杜拉克原則，都是系統中各個要素相互作用的兩種比較特殊的情況，我們應該區別對待。

PART 13

第13部

彼得原理

　　在各階層組織裡，每個人都會由原本能勝任的職位，晉升到他無法勝任的職位，無論任何階層中的任何人，或遲或早都將有同樣的遭遇。

事情為何總是弄砸了

生活中荒唐的事情隨處可見。

你肯定看過這樣的漫畫：一位護士對熟睡的病人大聲叫喊：「喂！醒醒！吃安眠藥的時間到了！」

你肯定見過這樣的情景：醫院在救治急診病人前，會要求患者將寶貴的時間花在填寫大量表格上。

或許你還知道愛爾蘭人歐布萊恩的故事，他在往來於香港與澳門之間的渡輪上待了十一個月，原因是他沒有可以在兩地下船的證明文件，而香港和澳門當局都沒有發證明給他。

還有，各種商品的製造商依照慣例，總會在各地設立服務站，因為他們預測（事實也是如此），他們的許多產品在保證期內會發生故障。

事實上，類似的現象並沒有時空的限制。

例如，十九世紀英國政論家麥考萊（Maculay）根據當時日記作家皮普斯（Samuei Pepys）的記載，描述了英國海軍一六八四年時的情形：「海軍總部實在令人驚奇，浪費、貪污、無知、懶散無所不包……他們的判斷不足信賴……他們從不履行合約，也從不執行巡檢的任務……有些新兵腐化、無能，如不加緊訓練和糾正，甚至可能在船靠岸的時候失足落海……」此外，水手們因無法按期領到薪水，而情願將他們的配給券六折賤賣給地下錢莊。至於大多數在海上往來的船隻，指揮統率者往往沒有受過航海訓練。

英國名將威靈頓將軍（Wellington）在前往葡萄牙參加一八一〇年戰役前，曾翻閱了隨行的軍官名單，然後說道：「我只有盼望敵人看到這份名單時，也能和我一樣感到戰慄不安。」

南北戰爭時期的名將泰勒（Richard Taylor）提到七日戰役時評議道：「南軍將領對地形根本不熟，在雷契曼城一天的行軍情況就好比在美洲叢林中行軍一樣混亂。」而另一位名將羅伯特‧李將軍（Robert Lee）也悲痛地抱怨說：「我的命令簡直無法實行。」

二次大戰期間，一艘醫療船的澳籍指揮官在檢查改裝後的水槽時赫然發現，水箱內部漆的居然是足以讓船上每個人中毒的紅鉛。

上述事例不得不讓自詡為「理性動物」的人們汗顏，人們也不得不承認這樣的一個事實：「不勝任」現象無所不在！

彼得原理浮出水面

彼得博士在觀察了人們不勝任的行為多年後，漸漸意識到一種規律的存在——**在層級組織裡，每個人都會由原本能勝任的職位，晉升到他無法勝任的職位，無論任何階層中的任何人，或遲或早都將有同樣的遭遇。**

一九六〇年九月，在一次由美國聯邦出資舉辦的研習會上，彼得博士首次公開發表了他的發現。

當時彼得博士的聽眾是一群負責教育研究計劃的主管，每位與會者都已經完成了圓滿的提議書，每個人也都已獲得提升——晉升為一項或一項以上研究計劃的主管。

這些人當中有些確實具有研究的能力，但是這和他們獲得主管的職位並無關聯。其他更多人並不擅於研究計劃，他們只是拚命地複製一些老掉牙的統計習題。

於是，彼得博士決心向他們引介彼得原理，用來說明他們的困境。

他們聽了之後，敵意、嘲笑兼而有之。

有一名年輕的統計員捧腹大笑，並從椅子上跌下來。他向別人解釋說，他的強烈反應是被彼得博士具有冒犯意味的幽默演說所惹起的。

而在同一時刻，他卻沒有注意到區域研究主管——他的頂頭上司——的臉一陣紅一陣紫。

當時一位著名的記者胡爾對彼得原理很感興趣，他促使彼得博士把這個天才思想寫成了書籍。

但《彼得原理》一書的出版卻頗費周折，彼得博士一共收到十四

位不稱職編輯的退稿信。於是，他決定採用迂迴法——在他的書中稱為「彼得迂迴法」——以促成出版。

他和胡爾先生先後在報紙雜誌上撰文介紹彼得原理，讀者的迴響十分強烈，數月之內，彼得博士收到四百多封讀者來信，邀請他演講和約稿的人也蜂擁而至。

在文章引起轟動效應之後，終於有出版商找彼得博士商談出版事宜。

該書於一九六九年二月出版後，漸漸登上非小說類暢銷書排行榜的第一名，並一直佔據榜首位置，持續時間長達二十週。

至今，《彼得原理》已被翻譯成數十種語言，在世界各地熱銷。

更不可思議的是，該書成為許多大學的必讀課程，並成為許多研討會爭相討論的主題。

此外，該書還促成了幾個嚴肅的研究計劃，調查彼得原理的有效性如何，結果每項研究都證實彼得博士的觀察是準確無誤的。

彼得博士對「彼得原理」的詮釋，成為二十世紀最具洞察力的社會、心理領域的創見。

人類的輝煌與無奈

不可否認，人類取得了許多輝煌的成就，但同樣不可否認的是，人類也造就了一些可怕的不稱職。

人類大力推行官僚政治，即使是完成一件最簡單的工作，也要花費大量的時間和精力。人類的社會結構越複雜，人浮於事、混日子者就越多，並成為社會沉重的負擔。

雖然從小到大，我們總能聽到這樣的教導：身居高位的人往往具有自知的睿智。他們會說：「你懂得越多，前途越不可限量，有一天也會躋身高位。」

於是我們用功讀書，直到大學畢業、踏入社會、進入一種職業，我們仍緊緊抱持著上述的信念。

然而，我們總會很失望地發現，許多人似乎都不知道他們的專職

何在，因而也都不能盡到工作上的職責。

　　例如，一位校長關心的主要問題竟然是：所有窗簾要高度一致，教室必須保持安靜以及禁止任何人踐踏或靠近花圃。

　　當我們的見聞增加後，會發現每個組織總有許多人無法勝任他們的工作。

　　我們可以看到優柔寡斷的政客裝腔作勢，儼然是果決剛毅的政治家；自命消息可靠的權威人士，到頭來將過錯歸咎於難以掌握的情況；懶散而傲慢的公務員不計其數；軍事將領以豪壯的措辭掩飾行為的怯懦……

　　在這個複雜、虛矯的社會裡，充滿了不道德的牧師、貪污的法官、頭腦不清的律師、文筆不通的作家以及連拼音都會出錯的英文老師，我們對此也只能無可奈何地聳聳肩而已。

　　甚至在大學校園裡，我們也能見到文件由拙於溝通的行政人員擬稿；而一些單調、乏味的課程，則由聲音不清、表達能力缺乏的老師主講。

　　彼得博士在收集和分析了數百件工作上不勝任的案例後，他得出了「彼得原理」的公式：在層級組織裡，每位員工都將晉升到自己不能勝任的階層。

　　彼得原理可以說是解開所有層級制度之謎的鑰匙，因此也是瞭解整個文明結構的關鍵所在。

　　或許有些特立獨行的人可以避免被納入層級組織裡，但凡是置身於商業、工業、行政、軍事、宗教、教育等各界的所有人士，都和層級組織息息相關，也就是說絕大多數的人都受彼得原理的控制。

　　可以肯定的是，其中許多人可能獲得一兩次的晉升——從某個能勝任的階層晉升到仍可勝任的更高階層，但能勝任新職位將使他有資格再度晉升，於是每個人最後都由能勝任的階層晉升到不能勝任的階層。

　　所以，假定時間足夠，同時假定層級組織裡有足夠的階層——每個員工終將晉升到自己不勝任的階層，並從此停滯不前。

　　因此，彼得原理的推論結果是：假如有足夠的時間和足夠的階

層，那每個階層的職位終將由不勝任的員工所佔據。

既然如此，誰來推動層級組織的輪軸呢？

當然，在現實生活中，你很難找到一個所有員工都到達不勝任階層的組織。大部分的情況是，人們仍會完成某些任務，因此層級組織仍有它繼續存在的理由。層級組織的工作任務多半是由尚未到達不勝任階層的員工所完成的。

不勝任的經典案例

既然不勝任普遍存在於政治、法律、教育和企業各界，那麼在這些機構裡，員工們是如何在組織階層中往上爬，他們升遷後的情況又如何？

在彼得博士收集的研究資料中，以下是三個典型的案例：

1.「市政府檔案，第十七號案例」

湯姆斯是A市公共工程部的維修領班，他為人親切和氣，深受市政府高級官員的賞識和稱讚。

一名工程部的監工說：「我喜歡湯姆斯，因為他有判斷力，又總能保持愉悅開朗。」

湯姆斯的這種性格恰好適合他的職位：因為他不必作任何決策，自然也沒有和上司意見分歧的必要。

後來那名監工退休了，湯姆斯接替了監工的職務。

和以前一樣，他依然附和大家的意見，上司給他的每個建議，他不經選擇就全部下達給領班，結果造成政策上的互相矛盾，計劃也朝令夕改。不久整個部門的士氣便大為低落，接二連三地接到來自市長、其他官員、納稅人、以及工會工人的抱怨。

至於湯姆斯，他依舊對每個人唯唯諾諾，仍舊在他的上司和部屬之間來回傳送訊息。名義上他是一名監工，實際上他做的卻是信差的工作。

他所負責的維修部門經常超出預算，而原定的工作計劃也無法完成。

湯姆斯以前是一名稱職的領班，現在卻變成不能勝任的監工了。

2.「服務業檔案，第三號案例」

傑克在汽車維修公司是一名熱忱又聰明的學徒，不久他被聘為正式的機械師。

在這個職位上他表現傑出，不但能診斷汽車的疑難雜症，還能不厭其煩地加以修復。於是他又被提升為該維修廠的領班。

然而，在擔任領班之後，他原先對機械的熱愛和追求完美的性格反而成為他的缺點。因為不管維修廠的業務多麼忙碌，他還是會承攬任何他覺得看起來有趣的工作。

他總是說：「我們總得把事情做好！」而他一旦工作起來，做不到完全滿意絕不輕易罷手。

他事事干預，極少坐在他的辦公室。他常常親自動手修理拆卸下來的引擎，而讓原本從事那件工作的人呆站在一旁，並且不會給其他工人指派新的任務。

結果維修廠裡總是堆著做不完的工作，總是顯得一團糟，交貨時間也經常延誤。

傑克完全不瞭解，一般顧客並不在乎車子是否修得盡善盡美——他們只希望能如期取回車子。

傑克也不瞭解，大部分工人對薪資比對引擎的興趣還要濃厚。

因此，傑克對他的顧客和部屬都不能應付得宜。從前他是一位能幹的機械師，現在卻成為不勝任的領班了。

3.「軍事檔案，第八號實例」

高文將軍（Generral‧A‧Goodwin）為人熱誠、不拘小節，言談爽快風趣，蔑視一切繁瑣規則，具有過人的膽識，麾下將士們將他視

為偶像，在他的領導下打了許多場漂亮的勝仗。

由於戰績輝煌，高文將軍晉升為戰地指揮官，他所面對的不再是普通的士兵，而是政客和軍方的高級將領。

然而，高文將軍既不遵守必要的交際禮儀，也無法適應傳統的客套和諂媚。他經常和高官政要爭吵，然後窩在指揮棚裡一連好幾天地酗酒、發脾氣。

於是，軍隊的指揮權就漸漸旁落到部屬手中了，高文將軍也晉升到他無法勝任的職位了。

以上的三個例子都說明了人們在層級組織中的悲哀。但儘管如此，人們還是盲目地往層級組織的更高處爬。

爬不完的梯子

現代的層級組織制度，總是從下面補充由晉升、辭職、退休、解雇和死亡帶來的空缺。

人們一直把層級組織中的晉升看作是「攀登成功之梯」或「爬上權力之梯」。層級組織通常被比喻為梯子，因為梯子和層級組織確有一些共同的特點。例如，梯子是讓人向上爬的，而且爬得越高，危險越大。

一個收入固定的人，平時能合理地掌握他的錢財。可一旦當他繼承了一筆鉅額財產後，他的理財能力就會變得無法勝任。

在軍隊或政府層級組織中，一個稱職的隨從晉升為主管時，也會突然變得不稱職。

當稱職的科學家被提升為研究院院長時，也可能會變成一個不稱職的管理者。

以上各類晉升，之所以產生不勝任，是因為它需要被提升者具備他以前所在職位不需要的新能力。

一個一向負責品管工作的雇員，可能會被提升到一個他比較勝任的督監之職。

最後，他或許還能升任管理方面的主管，雖然做起來有點吃力，但是他努力工作，勉強可以彌補能力的不足。

但是，如果層級組織的其他條件有利的話，他還可能達到一種不稱職狀態——做個部門經理，這可能是他所能爬上的最高一層階梯了。

這時，他需要花費大量的時間去做日常工作。如果有一群稱職能幹的部屬的支持和幫助，他還勉強可以完成工作。

由於他看起來還算稱職，加上領導者的威望，他也許會進一步得到晉升，即升任總經理——他現在已經達到了最大不稱職狀態。

作為一個總經理，他的主要責任是制訂與公司目標和政策緊密相關的決策，從負責品管工作到應付長遠的目標和更抽象的觀念，他越來越感到力所難及，不僅給公司帶來損失，而且給他個人造成很大的傷害。

某些人很理智地觀察到了這種事實，就可能會退出這種劇烈競爭，開始一種全新的、更有價值的生活。

今天，許多人已經開始懷疑這種「爬不完的梯子」的遊戲。他們把老一輩人視為彼得原理的受害者，他們不再熱衷於建立層級組織，而試著改變自己的生活方式。

不幸的是，大多數的人並沒有付諸行動，還是樂此不疲。

位子越高越好嗎？

人們總是以為爬得越高就代表越好，可是環顧四周，我們看到，這種盲目往上爬的犧牲者比比皆是。

學校的制度是個典型的組織，我們研究一下「彼得原理」在學校制度裡運作的情形，同時也能推知彼得原理如何運作於各行各業。

為了便於分析，我們把老師們分成三級：勝任、適度勝任以及不勝任。老師們通常會不均勻地分佈於這三個等級：其中絕大多數老師屬於適度勝任級，只有少部分老師屬於勝任級和不勝任級。

──墨守成規者的案例

艾莉絲小姐在大學念書時是一個非常守規矩的學生，她的作業和報告不是引用教科書和期刊，就是轉述教授上課所講的內容。她所做的不多不少總是完全吻合於別人告訴她的內容。因此，她被認為是一名勝任的學生。最後她以優異的成績從師範學院畢業，並成為一名老師。

當她成為老師後，她教給學生的，不多不少正是她以前所學的——她完全按照教科書、課程指導和教學進度上課，從不超出範圍。

所以她的教學工作進行得不錯，只是沒有規則或前例可循時就另當別論了。

例如，有一次水管破裂，大水淹進教室，艾莉絲小姐依然繼續上課，直到校長衝進來才救了全班。

校長大叫道：「我的天哪！艾莉絲小姐，教室都積水三英寸了，你為什麼還繼續上課？」

艾莉絲小姐答辯說：「因為我並沒有聽到緊急事故鈴的響聲。你知道我一直注意聽的，但我確定你們並沒有拉響警鈴。」

面對如此似是而非的答辯，校長一時啞口無言，最後援用校規上賦予他的緊急事件處置權，將那些泡得濕淋淋的學生帶出教室。

儘管艾莉絲小姐非常遵守校規，而且從未犯錯，但她時常使學校當局困擾，因此將不再獲得晉升。

做一個學生，艾莉絲小姐可以勝任，但是擔任老師時，她已到達不勝任階層。

──更高級的爬梯者

沃特曼過去曾是勝任的學生、老師和系主任，於是他被提升為副校長。

在副校長任內，他表現出優異的智慧，與老師、學生、以及家長們都處得十分融洽，於是他又進一步升到校長的職位。

10天打造超強的成功智慧
一次讀懂20部黃金智慧法則

在擔任校長以前，他從未直接與學校董事會或當地的教育督學交涉過。上任後不久，他馬上顯露出缺乏與這些高級官員打交道的本領。

有時他會為了替兩個學童調解糾紛，而讓督學在一旁等候。

有一回他替一位請病假的老師代課，卻錯過了副督學召開的課程修訂會議。

他竭盡全力處理校務，以致於無法兼顧社區組織的活動。例如，他拒絕當老師暨家長協會的主席，拒絕當社區改進會的會長，同時也拒絕當文學指導委員會的顧問。

因此，沃特曼的學校失去當地社區的支持，他本人也不再受到督學的賞識。他逐漸被一般大眾和上司們認為是一位不勝任的校長。

也因為如此，當副督學的職位出缺時，學校董事會拒絕為他提名；直到退休以前，沃特曼都只能繼續當一名不快樂且不勝任的校長。

＊＊＊＊＊＊＊＊＊＊＊＊＊＊＊＊＊＊＊＊＊＊＊＊＊

布萊爾先生以往曾是勝任的學生、老師、系主任、副校長以及校長，因而被提升為副督學。在此之前，他只須闡明學校董事會的政策，並有效率地加以施行即可。現在，身為副督學，他必須參與學校董事會的政策研討，並以民主程序作出最後決策。

然而，布萊爾不喜歡民主程序，他喜歡專斷，堅信自己就是一名專家。當他向董事會會員們發表意見時，使用的態度和他從前對學生訓話的態度沒有兩樣。此外，他也試圖以校長管理教職員的方法控制董事會。

於是，學校董事會評議布萊爾為不勝任的副督學，他將不會再有晉升的機會。

＊＊＊＊＊＊＊＊＊＊＊＊＊＊＊＊＊＊＊＊＊＊＊＊＊

漢斯曾是勝任的學生、英文老師、系主任、副校長以及校長，之後六年的副督學任期裡他也頗能勝任——富於愛國心、擅長交際、和藹可親且受眾人愛戴。

於是，他又晉升為督學，並負責掌理學校財務。

但沒多久，他就發現自己一頭霧水。

從他擔任老師開始，漢斯就不會為錢煩心，因為他太太已全權處理他的薪資，只在每星期給他些零用錢。

現在，漢斯在財務方面的不勝任顯露無遺了。

他預付了大量訂金向一家公司採購教學器材，結果該公司什麼產品也沒製造便已宣佈破產。

此外，他在市內各個學校的每間教室裡裝置了電視機，儘管當地電視台的教學節目只適合中學生。

總而言之，此時漢斯已到達他的不勝任階層了。

——另一種晉升型態

與前述的「直線式晉升」案例不同，有一種晉升型態為「幕僚式晉升」。

瑪格麗特小姐從前是勝任的學生和優異的小學老師，後來她被升為教學主任。現在她所要教的對象不再是小朋友，而是一群老師。然而，她仍採用適於小學生的教學技巧來指導老師。

當瑪格麗特小姐和老師們說話時，不管面對的是一位或多位老師，她一律慢吞吞地說，力圖說得十分清楚。她的用字相當簡單，多半只是一兩個音節組成的字，每一個要點一定以不同方式解釋好幾遍，直到她確定老師們都聽懂為止。

此外，她始終面帶笑容。老師們不喜歡瑪格麗特小姐的笑容，認為那是裝出來的。同時，他們也不喜歡瑪格麗特小姐高人一等的說話態度。他們產生極強烈的排斥感，不但沒有遵行她的所有建議，反而花許多時間編造藉口，規避她的建議。

由於瑪格麗特小姐無法和老師們充分溝通，她不再有晉升的資格，因此她將繼續擔任教學主任，停在她不勝任的階層。

「南郭先生」的煩惱

我們再來看看工廠裡不勝任者的例子。

奧克曼是萊姆汽車公司的傑出技師，他對目前的職位相當滿意，因為不需要做太多文案工作。因此，當公司有意調升他做行政工作時，他很想予以回絕。

奧克曼的太太艾瑪，是當地婦女協進會的活躍會員，她鼓勵先生接受升遷機會。如果奧克曼升官，全家的社會地位、經濟能力也會各晉一級。如此一來，她就可以競選婦女協進會的主席，也有能力換部新車、添購新裝，還可以為兒子買輛迷你摩托車了。

奧克曼百般不願用目前的工作，去換辦公室裡枯燥乏味的工作。但在艾瑪的勸服與嘮叨之下，他終於屈服了。

升任六個月之後，奧克曼得了胃潰瘍，醫生告誡他必須滴酒不沾。

艾瑪指控奧克曼和新來的祕書有染，並且把失去主席頭銜的責任全部推到他身上。

奧克曼的工作時間冗長不堪，卻毫無成就感，因此下班回家後就變得脾氣暴躁。奧克曼夫婦的婚姻徹底失敗了。

另外一個相反的例子是這樣的。

哈里斯是奧克曼的同事，他也是萊姆公司的優秀技師，而且老闆也打算提升他。

哈里斯的太太莉莎非常瞭解先生很喜歡目前的工作，他一定不願意花更多的時間坐辦公室，負更多責任。於是，莉莎沒有強迫哈里斯去做一個他不喜歡的工作。

因此，他繼續當一名技師，將胃潰瘍留給奧克曼獨享。

哈里斯一直保持開朗的個性，在社區裡是個廣受歡迎的人物，工作之餘，他還擔任社區青年團體的領袖。鄰居的車如果需要修理，一定都送到萊姆公司，以回報哈里斯平時對公益事業的熱心。

哈里斯的老闆知道他是公司不可或缺的寶貴資產，所以為他提供了優厚的紅利、穩定的工作和一切制度內允許的加薪。

於是，哈里斯買了一輛新車，為莉莎添購新裝，也為兒子買了一輛自行車和棒球手套。

哈里斯一家過著舒適美滿的家庭生活，他們夫婦幸福的婚姻也令親朋好友非常羨慕。他們在鄰里間享有的美譽，正是奧克曼太太夢寐以求的理想。

每個層級系統都由不同的層級或類別組成，系統中的個體則分別隸屬於各個層級。如果一個人的能力很強，他就會對人類社會產生正面的貢獻，傑出的表現又使他獲得升遷的機會，這樣他就會從原來勝任的層級晉升到自己無法勝任的層級。

世界上每一種工作，都會碰到無法勝任的人。只要給予充分的時間與升遷機會，這個能力不足的人終究會被調到一個不勝任的職務上，他會在這個位子上原地踏步，把工作弄得一塌糊塗。他的表現不僅會打擊同事的士氣，而且嚴重妨害整個組織的效率。

更為重要的是，這些「南郭先生」們自己也會掉進一個自尋煩惱的陷阱，而且無法自拔，如同上述的奧克曼一樣。

排隊木偶現象

我們把目光從個人移到組織，就會發現，每一個新興的層級體系，剛開始都頗有一番作為，但是最後都不免變成暮氣沉沉的官僚機構。

每個機構在步入窮途末路之前，都曾經有過一段黃金歲月。郵政與電報機構、鐵路局、電信事業、航空公司、天然氣公司、電力公司等機構在開始起步和發展階段，都曾經輝煌一時。

在一個新興體系中，因為成長迅速、朝氣蓬勃、創意不斷，所以會表現出很高的效率，新興機構的機動靈活性使員工的才智得以運用到適當的地方。

10天打造超強的成功智慧
一次讀懂20部黃金智慧法則

在這段期間，每名員工的工作表現，都會對各自職位的業績有所貢獻。如果一名員工的能力一直很強，那麼他的業績也會持續成長。如果體系中大部分職位均保持良好的業績，那麼整個體系的業績也會隨之升高。這就是大多數機構早期的發展狀況。

當體系趨漸成熟時，「彼得原理」提到的症狀便陸續出現。官僚污染限制了優秀員工的表現，卻保證了無能員工登上更高一級的職位。每一名無能員工都會對工作帶來負面的影響，一群無能員工便會使工作呈紊亂狀態。過不了多久，整個體系會步入蕭條期，我們稱這種現象為「體系蕭條」。

適應環境、發揮才智及選擇的自由，都是人性的特點，但「體系蕭條」使人性越來越難以彰顯。

人類行為深受所屬層級體系的限制與操縱。人類不像毛毛蟲，卻比較像木偶。木偶的外形酷似人類，其行動則完全受外力控制。

「體系蕭條」下的可憐人類，可以用「排隊木偶」一詞來形容，他們會經過生存、打卡、填表、執行無意義的儀式等階段。

「排隊木偶」今天已經形成一股龐大的社會勢力。他們包括：普通人、沉默的大眾、多數人、一般人或是消費者。

「排隊木偶」是功能性的人，他對工作的內涵漠不關心，卻對發明更新、更好的官僚程序極度熱衷。他致力於研究行使職務的方法，而非發揮職務的實質內涵。

「排隊木偶」非常注重個人歸屬感。從較廣的層面來看，他會對自己的國籍、宗教或隸屬於大多數人的團體而驕傲不已。

從中級管理階層來看，他可能屬於龐大的機構、商業俱樂部和兄弟會社團。從高級管理階層來看，他特別喜愛加入私人俱樂部或成為高級機構的會員。

如果「排隊木偶」的地位獲得提升，他就必須被迫面對一個痛苦的抉擇——是做一個有所作為的木偶，還是做一個不勝任的可憐蟲。

「排隊木偶」當權時，會用本身有限的理解力解釋社會現象。他常說：「我們可以做得到，所以讓我們放手去做。」他從事太空探險，因為所有必要的科技一應俱全；他發明了能毀滅世界人口幾百次

的核武器；他製造了上百罐的細菌，每罐都具有消滅十億人的威力，而可能成為受害者的全世界人口也不過六十幾億而已。

是什麼原因造成這種現象？因為他受到精神壓抑的煎熬，從而導致感情的匱乏。儘管他深受其害，卻不會針對問題提出有效的解決方案。

他所面臨的問題，不是在槍或奶油之間做選擇，也不是決定是否要修建造福百萬市民的捷運系統，或者斥資三十億美元發展登陸月球的計畫，而是他走不出層級組織的困境，他被無意識的人們推動著盲目向前。

庸人們的天堂

許多人變成「排隊木偶」後，絲毫沒有危機意識，他們繼續沉溺於排隊的行為模式。

教育界、法律界、產業界、政府部門等都在崇尚平庸，個人貢獻不復存在，平庸成為流行時尚，並進而成為典範作風。由平庸人領導的「平庸社會」都由「排隊木偶」全權管理。

可是有些憂心忡忡的人，卻因為他們的覺醒而痛苦。這些不適應環境的人大聲疾呼，倡導變革，可是沉默的大眾都已成為無可救藥的「跟從癖」。

「跟從癖」是一個沒有個性特徵的標準單位，他是大眾口味的典型代表，他是大眾文化、大眾風尚、大眾道德的一個組成部分。

技術創造了一個沒有個性的標準社會，免除了「跟從癖」的責任，使他們不再需要作決策，也使他們覺得只要保持自身的跟隨行為，就可以安然無事地接受教育、法律、產品和政府的平庸。

「跟從癖」對技術的巨大進步深信不疑。他被汽車、冰箱或其他用品上的電鍍裝飾迷住了。作為一個消費者，他覺得自己是進步的促成者之一。

他參與重大事件，而且以登陸太空計劃之類的成功而自豪，雖然他與這些成功沒有一點關係，對它們也只是一知半解。

如果不加限制，「跟從癖」的泛濫最終將腐蝕整個社會的結構，形成一種萬馬齊瘖的局面。

　　與跟從癖截然不同的另一個典型是「人道主義者」，他的特質是：培養精神生活、仁愛與自我實現。這種人充分發揮自己的潛能，從創意、自信、才幹中獲得滿足。

　　如果每個人都努力做一個「人道主義者」，我們不但可以把自己從不稱職中解救出來，而且還可以扭轉正在逐步升級的體系蕭條現象。

■ 平庸至上的社會

　　理想的「排隊木偶」被有系統地剝奪了想像力、創造力、天賦、夢想和個人特色。

　　自從進入公立學校開始，他就被灌輸不同學科的知識，並用這些知識來處理生活問題。從這種教育制度出來的人，都將成為平庸社會中機械化的角色。

　　當他一旦進入「平庸社會」之後，便被排山倒海般的勢力壓迫著，內心殘存的真實感情也無法忠實地表達。

　　剝奪個性的機械化工作方式，會使他進一步喪失自我。

　　最後，他只有公式化地扮演好「排隊木偶」的角色，才能得到滿足感。

　　在平庸至上的社會中，一切崇尚大眾化、通俗化，這個風氣使整個社會品味低下，產品品質也不再精良。

　　在平庸至上的社會中，行政組織內的各個部門，都有自我膨脹、敷衍了事的趨勢。組織內的法則、規定和條例不但鉗制了個人行動，也嚴重侵犯了個人生活。

　　於是員工開始感染一種病態心理，他的安全感越來越依賴法則、規定、慣例和有關他職務的紀錄。漸漸地，他便顯露為無知、刻板甚至惡毒的組織偏執狂。他極度重視組織內部的結構、程序與形式，對工作表現或公共服務的品質與效率反而漠不關心。

「平庸社會」對官員施壓，要求他們以正確的方法、小心謹慎的態度，維護組織中的各種慣例。於是他一味墨守僵化的官場作風，而且對既定程序不知變通，只是盲目服從。

由於他將全副精力投注於服從規定之上，所以根本無暇顧及工作成績，更別說為大眾提供服務了。

在層級組織中竄起的官僚，往往得力於他們的負面特質。所謂的「能幹」是指不打破常規、不興風作浪。拖延（sluggish）、隱密（secretive）、多疑（suspicious）是官僚們的天性，也是他們的「三S」詭計。

如此，每個排隊木偶就逐漸養成「個人自掃門前雪，莫管他人瓦上霜」的心態。他會兢兢業業地做好分內工作，卻對所屬部門、公司、社會、國家的蕭條與腐化袖手旁觀，不聞不問。

經過包裝的木偶政客

當「體系蕭條」跌至谷底時，「平庸社會」的政治領袖就按照自己的形象，為排隊木偶塑造一個領導人，以掌握政治領導權。這和大量生產、包裝、銷售商品所用的技法如出一轍。

當尼克森（Richard・Nixon）還是美國總統候選人時，他創下了一個新紀錄，即成為有史以來最注重包裝的政治人物。

他的競選總部進行廣泛的民意調查，並多方收集資料後交給電腦處理，電腦彙整出的報告，成為公關人員研究選民想聽的政見基礎。

然後，尼克森在一連串電視廣告上發表這些政見，將它們直接傳達給對這些政見有興趣的民眾。

這是史無前例的政治行銷手法：找出顧客的需求加以包裝，然後告訴他們，這就是他們想要的東西。

站在公正客觀的立場來說，從最好到最壞的產品或者政客都是用這種方法推銷出去的，這個行銷策略賣的是形象、包裝、品牌，而非內容。

有趣的是，尼克森的競選對手休伯特・漢弗萊（Hubert・

Humphrey）竟然沒有批評尼克森的競選策略。

在長期接受電視的滋養之後，排隊木偶做好了萬全準備，他們可以將經過包裝的政客，視為有實力的總統候選人了。

遺憾的是，「經過包裝的木偶政客」大多會反映排隊木偶的價值觀，而後者則是體系蕭條下的產物。於是，這形成了一個惡性循環，從地位最低的小職員，到貴為一國之尊的元首皆包括在內。

在一個發展完全的「平庸社會」中，沒有真正的領袖。具有領袖頭銜的人，其實是最徹底的跟隨者。

民意調查和電腦左右了領袖的行為，如果口味多變的一般大眾像期待其他新產品一樣，期待「新配方」和「含有特殊成分」的產品，他們多變的口味為什麼不適用於對領導人的期待呢？

民意調查顯示，人們需要一個屬於群眾的人，於是他們會在電視上看到一個在烤肉、看電視、拍撫寵物、打高爾夫球的總統。

當人們口味翻新，不再對舊形象感興趣時，他們就會在電視上看到一個全新的總統，一個設計了新髮型、新演說技巧、新形象、新口號的總統。

因此，在不斷升遷的層級組織裡，即使是最高級的領導，也只是一個排隊木偶，領導和隨從，在行為上難以區分。

彼得處方

為了避免人們都成為排隊木偶，扭轉「體系蕭條」的頹勢，彼得博士提出了「彼得處方」，提供了六十六則改善生活品質的祕訣，讓讀者可以藉由自我表現，發揮自己最大的潛能，不斷向前追求更美好的生活，而非向上攀緣、爬到無法勝任的職位，藉此擺脫彼得原理的陷阱。

彼得處方一：彼得熱身運動——重振活力在於運動。
彼得處方二：彼得靜心術——每天度個心靈假期。
彼得處方三：彼得全面檢視原則——列出你最喜愛的活動，有選

擇地實施。

彼得處方四：彼得潔淨計劃——清除過去生活所造成的陰影。

彼得處方五：彼得追求法——做自己心目中的英雄。

彼得處方六：彼得驕傲感——時時犒賞自己。

彼得處方七：彼得實用主義——經常為他人服務。

彼得處方八：彼得座右銘——再度肯定自己。

彼得處方九：彼得檔案法——回溯個人歷史。

彼得處方十：彼得探尋法——檢查讓你滿足現狀的原因。

彼得處方十一：彼得延伸法——瞭解在你之上的職位的壓力和報酬。

彼得處方十二：彼得釋放法——免於不相關勢力的影響。

彼得處方十三：彼得波爾卡舞曲——跨越障礙是成功的第一步。

彼得處方十四：彼得人格面貌——描繪一個理想的自己。

彼得處方十五：彼得專精法——將注意力集中於自己熟練的領域。

彼得處方十六：彼得優先法——選擇持久的樂趣。

彼得處方十七：彼得潛力法——找尋實際可行的替代方案。

彼得處方十八：彼得先知法——預知自己的能力範圍。

彼得處方十九：彼得預測法——做事情前預測後果。

彼得處方二十：彼得可能法——可能的話，嘗試轉業。

彼得處方二十一：彼得之路——跟著良知走。

彼得處方二十二：彼得收容所——拒絕「升遷」。

彼得處方二十三：彼得短劇法——如果上司逼你接受一個你不感興趣的職位，你就假裝能力不足。

彼得處方二十四：彼得迴避法——不要對「樓上的人」太認真。

彼得處方二十五：彼得巧言法——用言語去澄清而不是去混淆觀念。

彼得處方二十六：彼得預想法——認清目標。

彼得處方二十七：彼得議案法——建立衡量成就的標準。

彼得處方二十八：彼得討論會——讓員工參與制訂目標的過程。

彼得處方二十九：彼得政策法──使團體目標與個人目標相融合。

彼得處方三十：彼得定位法──從需求而非形式的角度理解目標。

彼得處方三十一：彼得實用性──訂立可行的目標。

彼得處方三十二：彼得目標表達法──將目標訴諸言語和行動。

彼得處方三十三：彼得參與法──讓他人參與建設階段性目標的過程。

彼得處方三十四：彼得精確法──用明確、看得見或測得到的方式表達目標的具體內涵。

彼得處方三十五：彼得和平原則──和善地待人處事。

彼得處方三十六：彼得處理法──決策過程中運用理性。

彼得處方三十七：彼得時效法──當機立斷、及時行動。

彼得處方三十八：彼得平衡法──要在恐懼與急躁中取得平衡。

彼得處方三十九：彼得精簡法──以解決問題作為決策導向。

彼得處方四十：彼得分離法──將解決方案和人事問題劃分清楚。

彼得處方四十一：彼得承諾原理──不要做出一個沒有人贊同的決定。

彼得處方四十二：彼得效力法──勇於行動。

彼得處方四十三：彼得或然率──科學方法與預言的天賦都只能概略描繪出未來事物的輪廓。

彼得處方四十四：彼得明確法──在選擇或提升每位人選之前，先認清工作性質。

彼得處方四十五：彼得證明法──購買前先試用。

彼得處方四十六：彼得預演法──暗中進行考驗。

彼得處方四十七：彼得戲劇法──類比未來狀況。

彼得處方四十八：彼得請願法──嘗試臨時實驗性升職。

彼得處方四十九：彼得宣導法──培養新的勝任人選。

彼得處方五十：彼得理解法──用第三隻耳朵傾聽。

彼得處方五十一：彼得教學法——強化孩子所有合乎人道的行為。

彼得處方五十二：彼得配對法——將有效的強化因子和預期產生的強化因子配對出現。

彼得處方五十三：彼得薪資法——只要表現優異就能獲得加薪。

彼得處方五十四：彼得升遷法——當升遷人選足以勝任新職位時，他才會將升遷視為一種報酬。

彼得處方五十五：彼得地位法——有系統地提高優秀員工所在職務的地位，以資鼓勵。

彼得處方五十六：彼得效率法——鼓勵員工相信效率為報酬之依據。

彼得處方五十七：彼得賞罰法——依表現優劣，賞罰分明。

彼得處方五十八：彼得利潤法——讓所有員工共同分享利潤，使員工成為和諧一致的團隊。

彼得處方五十九：彼得保護法——福利應該能為員工提供實質的安全感及有意義的享受。

彼得處方六十：彼得美食舖——讓每名員工有權選擇他或她想得到的報酬。

彼得處方六十一：彼得目的法——若想鼓勵和強化員工的表現，就明確地告訴他們工作目標，並提供足以回報他們貢獻的獎勵機制。

彼得處方六十二：彼得參與法——獎勵團體表現。

彼得處方六十三：彼得授權法——為有能力者提供發揮創意的機會。

彼得處方六十四：彼得讚美法——傳達你對員工傑出表現的讚賞。

彼得處方六十五：彼得聲望法——要與各階層的優秀員工溝通。

彼得處方六十六：彼得趨近法——藉由強化的手段，不斷地使一個人趨近理想的目標，可以改造一個人的行為。

PART 14

第14部

80／20法則

世界上充滿了神祕的不平衡：20％的人口擁有80％的財富，20％的員工創造了80％的價值，80％的收入來自20％的商品，80％的利潤來自20％的顧客……

一個經濟學家的神奇發現

一八九七年，義大利經濟學者帕雷托（Vilfredo·Pareto，1848～1923）在研究中偶然注意到一件奇怪的事情：十九世紀英國人的財富分配呈現一種不平衡的模式，大部分的社會財富，都流向了少數人手裡。

在當今社會，這件事本身並沒有什麼值得大驚小怪的，但令帕雷托真正感到興奮的是，這種不平衡模式會反覆出現，在不同時期或不同國度都能見到——不管是早期的英國，還是與他同時代的其他國家，或是更早期的資料——而且這種不平衡的模式有統計學上的準確性。

帕雷托從研究中歸納出這樣一個結論：如果20％的人口擁有80％的財富，那麼就可以預測，10％的人將擁有約65％的財富，而50％的財富，是由5％的人所擁有。

在這裡，重點不僅是百分比，而在於一項事實：財富分配的模式是不平衡的，而且這種不平衡是可以預測的。

因此，80/20成了這種不平衡關係的簡稱，不管結果是否恰好是80/20，因為嚴格來說，精確的80/20關係不太可能出現。

後人對他的這項發現有不同的命名，如帕雷托法則、帕雷托定律、80/20法則、80/20定律、二八法則、最省力法則、不平衡原則等。

80/20法則無時無刻不在影響著我們的生活，然而人們對它知之甚少。**約瑟夫·福特說過：「上帝和整個宇宙玩骰子，但是這些骰子是被動了手腳的。我們的主要目的，是要瞭解它是怎樣被動的手腳，我們又應如何使用這些手法，以達到自己的目的。」**

儘管帕雷托首先發現了80/20法則，但是這一法則的重要性在當時並沒有充分顯現出來。直到第二次世界大戰後，有兩位不同領域的先驅者開始引介80/20法則，終於引起世界性的轟動。

一九四九年，哈佛大學語言學教授吉普夫發現了「最省力法

則」，該法則認為：資源（人、貨物、時間、技能或任何有生產力的東西）總是會自我調整，以求將工作量減少，而大約20%～30%的資源，與70%～80%的資源活動有關。

從某種意義上講，「最省力法則」實際上是對80/20法則的重新發現與闡釋。

引介80/20法則的另一位先驅是羅馬尼亞裔的美國工程師朱倫（Jos・Moses・Juran），他是上個世紀五〇至九〇年代品質革命的幕後功臣，被稱為偉大的品質管理導師。

朱倫在一九二四年加入西屋電器（Western Electic），他的職務是工業工程師，他透過自己的研究和分析，發現了產品品質中所隱含的80/20法則。

朱倫的《品質管理手冊》一書在一九五一年出版，在這本跨時代的著作中，他大力頌揚了80/20法則：「經濟學者帕雷托發現，財富分配是不平衡的。這種不平衡在其他許多事情中也可以找到：犯罪行為在犯罪分子身上的分佈，意外事件在危險過程中的分佈等等。帕雷托的不平衡分佈法則，也能解釋產品品質不良的分佈。」

當時，美國大部分企業家對朱倫的理論缺乏興趣。

一九五三年，朱倫應邀前往日本演講，獲得熱烈的反響。於是他留駐日本，與幾家日本公司合作，並將其理論應用到生活消費品的價值與品質的提高上。

朱倫的理論對於日本工業的崛起推動很大。一九七〇年後，日本經濟迅速起飛，美國經濟感受到威脅，朱倫的理論才受到西方的尊重。於是他重回美國懷抱，並為美國工業做出了重大貢獻。

在朱倫的倡導和實踐下，80/20法則廣為人知，並成為全球品質革命的中心思想。

▊ 神秘的不平衡 ◜

80/20法則到底是什麼？是一種偶然的巧合，還是某種對於經濟和社會影響巨大的金科玉律？

從心理學的角度看，80/20是反直覺的，我們的直覺常常這樣認為：

——所有的產品是一樣重要的；

——所有的顧客是一樣重要的；

——所有的投入是一樣重要的；

——所有的原因是一樣重要的；

……

因此，人們很容易做出這樣的假設：50％的原因或投入，會造成50％的結果及產出。

這種深植人心的「50/50謬誤」，與事實往往不符，常常誘導人們誤入歧途。

80/20法則主張，當我們檢查和分析兩組因果有關的資料時，最可能出現的結果是一個不平衡模式。這種不平衡可能是65/35、70/30、75/25、80/20、95/5或99.9/0.1，或是其他任何一個組合。

但是人們對這種不平衡沒有清晰的認識。當人們藉由表象，瞭解到事物之間的真實關係時，往往會被它的不平衡嚇一跳。

例如，一位營業經理儘管有自己的種種揣測，意識到某一些顧客或產品比其他顧客或產品更能獲利，但當他瞭解其間真正的差異之後，往往會大吃一驚。

機率理論告訴我們，所有80/20法則所揭示的不平衡不可能都是隨機發生的，應該有一些更深奧的規律或原因隱藏於80/20法則背後。

為此，帕雷托陷入苦思，想為他的發現找出一套合理的理論解釋，但最終也沒有發現具有說服力的理論。

後來渾沌理論的發展為80/20法則提供了很好的解釋。

渾沌理論與80/20法則有異曲同工之妙。渾沌理論指出，在看似紊亂的現象背後，有一種可預測的非線性關係。這種可預測的非線性關係，經濟學者保羅·克魯曼（Paul·Krugman）稱之為「神祕」、「怪誕」和「精確得可怕」的東西。

管理大師理查德·科克將渾沌理論與80/20法則放在一起進行分析，試圖找出80/20法則更深層次的理論基礎，他的分析主要有以下兩

10天打造超強的成功智慧
一次讀懂20部黃金智慧法則

點：

——不平衡

渾沌理論和80/20法則之間的共同點，是不平衡的問題。更精確地說，是不平衡關係的問題。渾沌理論或80/20法則都主張宇宙處於一個不平衡的狀態，因果關係很少是對等連結的。兩者都強調內在秩序的存在，有些力量總是強過其他力量。經由長時間追蹤不平衡現象的發展，渾沌理論有助於解釋為什麼會發生不平衡，以及它如何發生。

——宇宙的發展是非線性的

80/20法則和渾沌理論一樣，是一種非線性的概念。任何系統都可以做一個80/20法則的非線性測試：我們可以問，20％的原因導致了80％的結果嗎？80％的現象真的僅與20％的原因有關嗎？這樣更有助於引導我們辨識出那些運作中的異常力量。

80/20法則與渾沌理論都揭示了世界的不平衡狀態，它們相輔相成，共同支配著這個奇妙的世界。

經濟有效的思維工具

80/20法則究竟能帶給人們什麼呢？

它可以教給人們獨特的思考方向與分析方法，可以讓人們針對不同問題，採取明智的行動。

凡是認真看待80/20法則的人，都會從中得到有用的思考和分析方法，可以更有效率地做事，甚至因此改變命運。

那麼如何運用80/20法則呢？

有兩種從80/20法則衍生的好方法，即「80/20分析法」和「80/20思考法」。

80/20分析法是以系統、量化的方法來分析因果，也就是以量化方式對原因、投入、努力與結果、產出、報酬等勾劃出一個精確的比例關係，把它轉換成百分比的數目後，就能獲得一個近似的80/20關係。

運用80/20分析法，要先假設有80/20關係的存在，然後搜集事

實，進行統計分析。這是一項實證程序，可能導出各種結果，自51/49至99.9/0.1都可能，但這些結果都顯示了不平衡的關係。

80/20分析法極為有用，但大部分人並非天生就是分析家，而且就算是分析家，也不可能每做一個決定時都去分析資料——這必然會把生活弄得一團糟。如果我們需要用80/20法則作為日常生活的導師，我們需要的常常不是仔細的分析，而是立即可用的方法，所以我們更需要80/20思考法。

80/20思考法比80/20分析法好用，而且速度更快。不過，在你對估計有疑慮時，80/20分析法就可以派上用場。

我們所說的80/20思考法，是將80/20法則用於日常生活的非量化應用。80/20思考法和80/20分析法一樣，我們一開始先假設，在投入和產出之間有一種不平衡的關係。但是，我們不需搜集資料來分析這個關係，而是大略估計它。

為了熟練使用80/20思考法，我們必須經常問自己：「是什麼因素讓20％的原因產生80％的結果？」我們絕不能以為自己已經知道答案，而必須花一點時間去做創意性的思考。

80/20思考法比較廣泛，它是一種不太準確而且屬於直覺式的程序，包含諸多我們的思維方式和習慣。正是這些思維方式和習慣，使我們設定了哪些東西是造成生活中重要事物的原因。80/20思考法讓我們能辨認出這些原因，並藉以重新運用資源，進而改善問題。

80/20思考法不要求你搜集資料，也不必認真去測試你的假設能否成立。因此，80/20思考法有時候可能會產生誤導。比方說，假如你辨認出一種關係了，便以為自己已經知道主要的20％是什麼，這樣得到的80/20關係並不十分準確，但是傳統的思考方法更容易誤導你。

「80/20分析法」和「80/20思考法」是80/20法則衍生出來最有效的兩種方法，具有一定的實踐意義。下列的一些建議有助於你應用80/20法則：

——**獎勵特殊表現，而非讚美全面的平均努力。**

——**尋求捷徑，而非全程參與。**

——**練習用最少的努力去控制你的生活。**

——選擇性地尋找，而非鉅細靡遺地觀察。

——在幾件事情上追求卓越，不必事事都有好表現。

——只做我們最能勝任，且最能從中得到樂趣的事。

——當我們處於創造力巔峰，幸運女神眷顧的時候，務必善用這珍貴的「幸運時刻」。

沒有任何一種活動不受80/20法則的影響。若想成為運用80/20法則的專家，你需要發揮你的創造力，積極觀察，並經常使用它！

80％的收入來自20％的商品

80/20法則經常展現在商品和利潤的關係上。

經營者如果對每一種商品在某一段時間的表現做一些分析，就會發現，有些商品雖然只占營業額的少數，但利潤非常可觀；大部分產品的利潤十分微薄；還有一些產品，在分攤了費用之後則會出現虧損現象。

如果我們做一個細緻的統計，就會發現商品和利潤的關係永遠不可能達到均衡。通常的情況是，占總商品20％的部分商品，所帶來的利潤卻占了全部利潤的80％；反之，剩餘80％的商品創造的利潤，僅僅占了全部利潤的20％。

因此，經營者要善於發現那些能帶來高額利潤的20％核心商品，把精力集中在這些商品上。簡單地說，就是發現我們經營中的招牌商品和佔據著大比重營業額的商品。

要注意的是，80/20法則不是說只需要掌握這20％的核心商品，其他的商品可以不管不顧，80/20法則的目的是讓你把主要精力投注在關鍵商品上。如果你對這樣一個黃金法則不屑一顧，那麼結局只能是盲目出售新商品，經常做一些無用的工作。

當然，商品與利潤之間的關係也不全是固定的80/20，80/20只是一種概說，是為了比喻的方便起見——80加上20等於100，這樣的數字不但直觀，而且易於記憶。

而在現實中，80％的利潤也可能來自於35％的商品，或者來自

於20％的商品，甚至只是10％的商品。總之，這些數字都表現了一個內容：不平衡。在大多數情況下，商品與利潤之間絕非我們想像的50/50，而多半還是趨向於80/20。

若要使自己的企業在競爭激烈的市場浪潮中站穩腳跟，並更多地獲取利潤，採用80/20法則是十分必要的。因此，**你要時刻關注為公司帶來80％利潤的商品，同時要洞察在未來有較大發展潛力的商品。**

抓住關鍵的少數

運用80/20法則，我們還可以發現針對老顧客行銷的意義。

長期以來，在生產觀念和商品觀念的影響下，企業行銷人員往往關心的是商品或服務的銷售，他們把行銷的重點集中在爭奪新顧客上。

其實，與新顧客相比，老顧客會給企業帶來更多的利益。精明的企業在努力創造新顧客的同時，會想方設法將顧客的滿意度轉化為持久的忠誠度，像對待新顧客一樣重視老顧客的利益，努力與顧客建立長期聯繫。

老顧客對企業發展的重要性表現在以下幾個方面：

——**老顧客可以給企業帶來直接的經濟效益。**經濟學家弗利德里克・里奇海爾德的研究表明：重複購買的顧客在所有顧客中所占的比例提高5％，對於一家銀行，利潤會增加85％；對於一位保險經紀人，利潤會增加50％；對於汽車維修店，利潤會增加30％。

——**老顧客可以給企業帶來間接的經濟效益。**眾所周知，老顧客的推薦是新顧客光顧的重要原因之一。個人的購買行為必然會受到各種群體的影響，其中，家庭、朋友、上司和同事是與其相互影響的一個重要群體，這個群體會使每個人的行為趨向一致，從而影響個人對商品和品牌的選擇。

——**大量忠誠的老顧客是企業長期穩定發展的基石。**相對於新顧客來說，忠誠的老顧客不會因為競爭對手的誘惑而輕易離開。能成

功留住老顧客的企業都知道，最寶貴的資產不是商品或服務，而是顧客。

所以，盲目地爭奪新顧客不如更好地保持老顧客。越來越多的企業認識到了老顧客對企業的價值，他們把建立和發展與顧客的長期關係作為行銷工作的核心，不斷探索新的行銷方式。

比如在競爭激烈的航空業、零售業等領域，留住老顧客已經成為企業戰略的主題。航空公司推出的「累計里程卡計劃」、商場推出的「友情積分卡」等手段，都是為老顧客重複購買而設立的獎勵制度。

運用80/20法則，還可以幫助我們挖掘出一些關鍵顧客的價值。

在行銷過程中，企業不僅要對顧客進行「量」的分析，而且要進行「質」的分析。有些關鍵顧客，或許他們的購買量並不大，不能直接為企業創造大量的利潤，卻可以對其他顧客產生較大的影響。

比如，現在很多企業都使用產品代言人的策略，請影響力很大的歌星、影星或其他知名人士為自己的產品做宣傳，這樣，企業會在市場推廣、企業形象宣傳、公共關係等方面獲得許多難以估計的潛在「利潤」。

對顧客價值進行分析是運用80/20法則行銷策略的核心。一個企業應該對顧客進行細分，根據顧客的重要程度合理分配行銷力量，從全局的角度設計持久、穩健的顧客發展戰略。

抓住關鍵的少數顧客，你就抓住了成功。

地毯該換了嗎？

如果靈活運用80/20法則，不僅可以使公司的利潤大大增加，而且可以使整個公司脫胎換骨。

喬治亞公司是一家年營業額達到數百萬美元的地毯供應商，這家公司過去只賣地毯，現在它也出租地毯，出租的是一塊塊接合在一起的地毯，而非整塊地毯。

原來這家公司意識到，在一塊地毯上，80％的磨損出現在20％的地方。通常，地毯到了要替換時，大部分的地方仍然完好無缺。

因此，在公司出租計畫中，一塊地毯只要檢查出有磨損或毀壞，就給客戶更換那一小塊磨損或毀壞的地方。

這種做法同時降低了公司和顧客的成本，使該公司的業務蒸蒸日上，而且引起許多家同行的仿效。

一個小小的80/20觀察，改變了一家公司，並且可能導致整個行業廣泛的變化。

如果你的公司大部分收益來自於一小部分的經營活動，你就應該完全轉變經營方向，集中精力來完善這一小部分的活動。

「某些東西就是比較重要」，這句話在所有情況下都能成立。如果沒有數據擺在眼前，沒有80/20法則的分析，我們總覺得，多數東西看起來較重要，而那些其實真正重要的東西則似乎可有可無。

就算我們在心裡接受這一點，卻是知易行難，無法立刻轉向，專注在真正應採取的行動上。

因此請務必把「關鍵少數」擺在你大腦的正前方，務必時時檢討自己，是否把較多的時間和努力放在關鍵少數上面，而不是浪費在無用的多數上。

市場和創業家一樣，都有本事把較低值的資源，轉變成高產值資源，並且使之產生效益。然而，不管是創業家或市場，這一點都做得不夠好——更別說今日過度膨脹的企業了。許多事情總是拖著一條叫做浪費的尾巴，這是一條長長的尾巴，花掉了80％的資源，卻只產生20％的價值。

這種狀況給真正的創業家提供了介入的機會。

▌20％的瑕疵和80％的品質問題 ⌒

在企業經營管理的各個領域中，80/20法則最早的應用是在品質管理領域。

因為品質的問題，一個公司常常收到很多退貨。如果對這些退貨進行分析，你就會發現，在很多情況下，一小批不合格的產品導致了大量的退貨。

10天打造超強的成功智慧
一次讀懂20部黃金智慧法則

由此，我們可以引發到品質管理問題。

品質管理形成於最初的品質革命，其目的是達到產品零缺陷——當然，產品零缺陷這個問題在現代商品社會基本上被克服了。

第二次世界大戰之後，品質管理大師朱倫與戴明分別提出了關於品質管理的思想和理論，但都遭到了駁斥。當時的美國工商業界不接受這一理論，美國沒有一家公司看好他們的理論。

為此，朱倫和戴明移居到對他們的思想和理論感興趣的日本。在那裡，他們採取大量減少產品缺陷和降低製造成本的舉措。經過他們的努力，在日本締造出很多擁有高品質和高生產力的企業，掀起一股品質革命（或品質管理運動）的浪潮。

後來，眾多商品都是在品質革命的引導下，其品質和價值有了顯著提升，成了人們提高生活水準的重要保證。

朱倫認為，80/20法則是品質管理運動的一大關鍵。藉由研究產品達不到標準的因素，他發現，問題的關鍵在於20％的瑕疵導致了80％的品質問題。

正是由於這一少部分瑕疵，使大量的產品受損。所以，應該把主要工作放在尋找那「關鍵少數」瑕疵的來源上，抓住關鍵的點，全力克服解決，而不必一次性將所有問題都擺在日程上。

如果彌補了具有決定性的20％的品質管理缺失，你就可以得到80％的收益。

品質管理運動對產品與顧客滿意度的影響也是很大的，這一點經常被管理者忽視，它不僅可以決定一個公司在市場競爭中的生存狀態，甚至會對一個國家產生深遠的影響。

對品質管理運動來說，80/20法則是一股「關鍵少數」的力量，而它造就了今天全球消費的浪潮。

管理者的精力應放在關鍵問題上

80/20法則對於管理者而言意味著什麼？

我們已經明白，用20％的付出，就能獲取80％的回報，下面的問

233

題是，那20％的努力和工作是什麼？管理者應該怎樣去做？

在公司管理中，要運用80/20法則來調整管理的策略，首先就要看清楚公司在哪些方面是盈利的，哪些方面是虧損的。只有對局勢有了全盤的瞭解，才能對症下藥，制訂出有利於公司發展的策略。

如果不瞭解公司在什麼地方賺錢，在什麼地方虧損，腦袋裡是一筆糊塗帳，也就無從談起80/20法則的運用，而那些瑣碎、無用的事情將繼續佔據你的時間和精力。

所以，一個經營者的首要任務是，對公司做一次全面的分析，細心檢視公司裡的每個細微環節，理出那些能夠帶來利潤的部分，從而制訂出一套有利於公司成長的策略。

你要找出公司裡什麼部門業績平平，什麼部門創造了較高利潤，又有哪些部門帶來了嚴重的赤字。透過這些分析比較，你就會發現有哪些因素在公司中起了舉足輕重的作用，而其他卻微不足道。

在企業經營中，少數的人創造了大多數的價值；獲利80％的專案只占企業全部專案的20％。因此，你應該學會時刻關注那些關鍵的少數，時刻提醒自己是否把主要的時間和精力放在關鍵的少數上，而不是用在獲利較少的多數上。

然而，在現實的商業活動中，許多企業家還沒有認識到80/20法則的作用，他們依然用陳腐的觀念進行經營管理，認為企業內所有的一切都應該傾注全部的精力。他們在許多事情上總是一概而論、不分主次，結果耗費了80％的資源和精力，卻只產生20％的價值。

對於管理者而言，認識80/20法則，不只是要你樹立幾個重要的觀念，更重要的是要把這些重要觀念轉化成習慣，進而用80/20法則來思考，用80/20法則來指導自己的行為。

▊ 有所為，有所不為

簡而言之，在經營管理上，80/20法則所提倡的中心思想就是「有所為，有所不為」。

將80/20作為確定比值，本身就說明企業在管理工作中不應該事無

10天打造超強的成功智慧
一次讀懂20部黃金智慧法則

鉅細，而要掌握住管理中的重點，包括關鍵的人、關鍵的環節、關鍵的職位、關鍵的專案等等。

那些胸懷大志的企業家，就應該把企業管理的注意力集中到20％的重點經營專案上來，採取傾斜性措施，確保重點突破，進而以重點帶動全面，取得企業整體經營的進步。

這一企業管理法則之所以得到國際企業界的普遍認可，就在於它向企業家們揭示了這樣一個真理，要想創建優良的管理模式，為企業帶來效益，就要使自己的經營管理突出重點，就必須弄清楚企業中20％的經營核心力量、20％的重點產品、20％的重點客戶、20％的重點資訊以及20％的重點專案到底是哪些，然後將自己經營管理的注意力集中到這20％上來，採取有效的措施。

美國、日本的一些國際知名企業，經營管理層都很注重運用80/20法則指導企業經營管理運作，隨時調整和確定企業階段性20％的重點經營要務，力求採用最高效的方法，使下屬企業的經營重點也能間接地掌握上手、到定位、找出成效。這也就是為什麼美國和日本的企業雖然很大，但管理得有條不紊、效益優良。

80/20管理法則的精髓就在於使那些重點經營要務得到突出管理，並有效帶動企業的全面發展。

從美、日知名企業成功運用80/20法則的經營實踐中，我們得到兩點收益：

其一，明確洞察自己企業中20％的經營要務是哪些。

其二，明確了解應該採取什麼樣的措施，以確保20％的重點經營要務取得重大突破。

堅持這些原則，你的企業一定會改頭換面，煥發新的活力。

發現關鍵的人力資本

80/20法則也適用於人力資本管理。

據資料表明，一個組織的生產效率和未來發展，往往取決於少數（比如20％）關鍵性的人才，這些人可以幫企業獲取大部分的利潤。

我們傳統的觀念是，多數人才為企業的發展做出了主要貢獻。實際上，這些人看起來也很忙碌，但並沒有為公司創造什麼價值。為企業或公司做出主要貢獻的其實是小部分人，是這20％的人創造了大部分利潤。

按照80/20法則進行人力資源開發，首先就是要找到這20％的關鍵人物。為了找出他們，企業需要做一次全面的80/20分析，其中包括：

1.產品或產品群分析；

2.顧客和顧客群分析；

3.部門及員工分析；

4.地區或經銷管道分析；

5.財務及員工收入分析；

6.與企業員工相關的資料分析；

……

透過種種分析，我們會發現哪些人是重要的，而哪些人是微乎其微的。

運用80/20法則管理人力資本，有可能使人力資本的使用效率提升一倍。如果管理者無權或無力構建新制度，那麼在現行制度下局部使用了80/20法則，也會有助於組織目標的實現。

發現「關鍵少數」成員，實際上就是要發現對公司貢獻最大的人。人力資本不像管理成本和行銷成本，是看不見、摸不著的，這就需要管理者有「伯樂」般的眼睛，找出那些真正能為公司出謀獻策的人。

找到「關鍵少數」成員是必要的，但建立有效的收益分配機制，防止人員流失更為重要。

對組織中的「關鍵少數」成員和由「關鍵少數」成員構成的團隊，要實行動態管理，即實行優勝劣汰制度，勇於啟用優秀人才，淘汰不合格員工，建立具有魄力的管理制度。這是維持組織活力，保持組織核心競爭力的必要條件。

動手來種錢

擅長用80/20法則思考的人往往更容易致富，為什麼呢？
因為他們懂得怎樣非常有效地運用自己的資金進行投資。

布拉德和克里斯是一對非常要好的同學，他們畢業後到同一家公司上班，因為他們所學的專業都是一樣的，所以他們在公司裡擔任的職位、領取的薪水也都一樣。

此外，兩個人都非常地節儉，因此他們每人每年都能存下一筆同等數額的錢。

但是，兩人的理財方式完全不同。布拉德將每年存下來的錢存入銀行，而克里斯則把存下來的錢分散地投資於股票。

兩人還有一個共同的特點，那就是都不太愛去管錢，錢放到銀行或股市之後，兩人就再也沒去管過它們了。

如此這般過了四十年，克里斯成為擁有數百萬美元的富翁，而布拉德卻只有存摺上的區區十幾萬。數百萬美元在當今的社會中可以算得上富翁，但擁有十幾萬美元的人現在依然屬於一般階層。

布拉德親眼看著昔日的同學成為百萬富翁，而自己呢，四十年下來竟然連一所房子都買不起。

為什麼差距如此之大？
僅僅是理財方式的不同造成了如今這種結果。

仔細觀察，我們就會發現，窮人總是把富人致富的原因歸結為運氣好、從事不正當或違法的事業、更努力工作、克勤克儉⋯⋯

但這些人絕不會想到，造成他們貧困的最主要原因是他們不懂得投資。大多數富人的財產都是以房地產、股票的方式存放，而大多數窮人的財產卻是存在銀行裡，他們認為那才是最保險的。

所以，你的投資決定了你的收入。認識到這一點之後，我們應及早地進行投資，找到自己的聚寶盆。

在你小的時候，你種下一棵樹的種子，它就會跟你一樣逐漸成長。其實，在理財方面也是如此。

一般來說，你每用錢進行一次正確的投資，你就在助長自己的現金流量，一段時間之後，它還會帶著更多的金錢回來。

喬‧史派勒曾經寫過這樣一本書，叫《動手來種錢》。他在書中提到一個只剩下一美分的人，這個人一開始用僅有的一美分進行投資，他先將錢兌換成了銅幣，然後在心裡告訴自己每次花掉的錢，都要以十倍或更多倍的數量使它們再回到自己手上。這個人最後依靠這種方法獲得了更多的財富，最終使自己成為了一個富翁。

如果你能讓你的金錢流動起來，那它就是你的聚寶盆！

金錢就是你可以用最適合攜帶的形式來消化的個人能源，這種能源獨一無二。你可以將它送到遙遠的地方，去協助一個你信賴的專案，同時你也可以待在家裡做自己最喜歡的事。

或者可以這麼說，金錢是一種可即刻伸縮的能源，你只要加進一點愛和智慧，並將它送到它應該去的地方，它就能為你帶來更多的財富，就如同傳說中的聚寶盆一樣。

當然，也有些人擔心把金錢送出去之後，它們不能安全回來，於是他們將自己的錢儲存起來。可是，這樣做除了阻礙金錢的流動之外，還能給自己帶來什麼好處？你永遠也無法享用金錢帶來金錢的快樂。

時間管理的革命

忙碌的人總是覺得時間不夠用，其實，按照80/20法則，我們的時間不是不夠用，而是不會用。因此，我們必須進行一次時間管理的革命。

時間管理革命的實質就是思想的革命，它要求人們對時間的使用方式做出重新的調整和分配。

它要求人們按照80/20法則對時間的付出與回報做一個全面的、理性的分析，找出以前使用時間的盲點，讓自己從忙碌中尋找重要時間，使自己能夠在20％的時間裡創造出80％的價值，在20％的時間裡帶來80％的快樂。

　　每個人都應該進行一場時間革命。在還沒有接觸80/20法則之前，我們對時間的運用有很多的盲點。無庸置疑，對於飽受時間困擾的人來說，時間革命是一種能讓人們在最短時間內獲得最高的生活效率與最好的生活品質的方法。

　　在80/20法則和時間管理之間，還存在著這種妙不可言的關係。既然我們已經知道了其中的奧祕，就必須用自己的行動去檢驗、去證實。

　　在我們的生活中，大多數有意義、有價值的事情往往發生在一小部分的時間裡。但讓你獲得成功的20％時間，也許並不一定完全就是讓你快樂的20％時間，所以你首先要學會區分，你必須明白自己的目標，你想獲得成就還是想得到快樂？

　　如果你想得到快樂，先認清哪些日子給你帶來許多的快樂。

　　一般來說，快樂的日子絕對不會佔據你總時間的80％，因為對於我們這些平常的人們來說，在快樂和不快樂之間，還有很多既非快樂也非不快樂的「一般日子」。

　　不過，你必須認清楚使自己不快樂的原因，並要觀察這些原因到底有哪些共同點。

　　如果你想獲得成功，你首先要確認自己經常有優秀表現的日子，它有可能是一週裡的某些天，或者是一個月裡的某些天，或是你一生中的某段時期，找到這些之後，你再試著找出它們之間的共同點。

　　此外，你還應該列出最停滯不前、工作效率最低的時期。同樣的，你還要注意這些時期有沒有什麼共同性。

　　當你弄明白自己的「快樂日子」和「成就時期」之後，就可以瞭解最擅長的是什麼、對自己最好的是什麼。

　　一旦你弄明白哪些活動能帶給你80％的成就和快樂，那麼你就應該鎖定這些基本目標，多花些時間在這些活動上。所以，80/20法則與

時間管理之間存在的這種奇妙關係，對我們提高辦事效率有著非常積極的意義。

我們堅信，只要你努力去發現能夠給你帶來最大快樂和成就的20％時間，你就一定能夠獲得一個快樂而成功的人生。

認識的人當中，多半是泛泛之交

仔細觀察，你就會發現，一小部分的人際關係，等於大部分的情感價值，數量少一些但程度深厚的人際關係，好過廣泛而膚淺的交際，這就是80/20法則在人際關係中的應用。

有人說：「**看一個人的人際關係，就知道他是怎樣的人，以及將會有何作為。大多數人的成功，都源於良好的人際關係。**」的確，如果沒有與人建立關係，我們在這世上就算活著也無異於死去。友誼，是生命的重心——這話聽來老套，卻是真理。

人際關係，包括個人人際關係與職場人際關係，比如和朋友、情人、同事、上司、客戶以及其他我們珍視的人的關係。

人類學家認為，一個人所建立的愉快及重要的人際關係，其數目有限。在任何社會裡，常見的模式是一個人會擁有兩位重要的童年時代的朋友，兩位重要的成人朋友和兩位醫生；有兩位性伴侶的地位遠超過其他的性伴侶；普遍只談過一次戀愛；在親人中只對一位特別有感情。

不論地理位置、社會化程度或文化差異如何，所有人的重要人際關係都是相似的。

我們老是沒有在最重要的人身上多花時間，所以，80/20法則對人際關係有以下令人震撼的假設：

——在我們全部的人際關係中，20％的關係，給了我們80％的價值。

——在我們人際關係的價值中，80％是來自20％的關係。

——對於產生80％價值的20％關係，我們所付出的關注遠不到

80％。

另外，一個人在生命中最重要的決定，是選擇盟友。沒有盟友，幾乎無法成就任何事業。

但大部分的人在選擇盟友時並不謹慎，甚至根本不在意，以為盟友反正會出現，沒有必要用心去找。所以大部分的人選了錯誤的盟友，或者選了太多，沒有善加使用。

而採用80/20法則思考的人，會小心選擇少數盟友，以達目標。

找出給你最大幫助的人，將時間放在重要的人際關係上，並且珍惜你關鍵的盟友，這是80/20法則給你的珍貴建議。

■ 發現自己的優勢

每一個渴望成功的人都在拚命尋求成功之道。

如果你發現自己至今仍然一無所成，內心覺得羞愧不安，並希望將來能夠有所作為，這時不妨學習一下80/20法則，也許你的痛苦會減輕。

某些勵志書的作者說：「成功是九十九分的努力加上一分的靈感。」其實，事實的真相並不是這樣。

現在，你應該靜靜地坐下來思考：你目前取得的成績中是否有80％的部分只付出了20％的努力？

如果你的回答是肯定的，那麼你要認真經營這20％的努力。

另外，你要認真考慮以下問題：

你是否能利用這20％的努力不斷地取得成功？你是否能讓自己的成就更上一層樓？你是否感受到了更多的成就感？回想一下你過去獲得好評的成就，是否符合80/20法則？在你取得成就的過程中，哪一種方法最適合自己？最愉快的合作夥伴是誰？

考慮清楚以後，你就不要在那些只產生了少量成就感的事情上浪費時間和精力，而要積極行動起來，找到自己的優勢，並把你的時間和精力集中在上面。

80/20法則主張尋求自己的優勢，並專注於那些可以輕鬆完成的事情。

而大部分勵志書的作者則宣揚，應該勇於嘗試那些你覺得困難的事，如果你這樣去做，最後只能是屢戰屢敗。

所以，80/20法則告訴我們，要善於掌握自己的優勢，尋求那些自己非常喜歡、非常擅長、競爭不太激烈的事情去做，一定會有所成就。

找到人生最關鍵的事情

我們在工作、學習、生活中都想找到一種事半功倍的好方法，但是，怎樣才能掌握這種方法呢？

重要的一點就是找到人生最關鍵的事情。這一點在80/20法則中得到了很好的驗證，比如做工作時不應要求面面俱到，應該把握下手的關鍵地方，盡量避免繁瑣的過程。

傑克是一家電話公司的總裁。有一次，他想在辦公室的陽臺上設計一個小花圃，他對設計師說，自己工作繁忙，偶爾還要出國，因此沒有時間經常照料這個小花圃，設計師應著重設計出自動澆灌等省時、省力的裝置。

設計師沒有辦法，只好說：「你作為一名總裁應該很清楚，一個沒有園丁的花園怎麼可能長出花朵呢？」

這個故事的意思是，辦事情要掌握到關鍵。

不僅如此，80/20法則還要求我們將「辦事情掌握到關鍵」作為一種生活、工作和學習的習慣，具體實行時，應採取均衡、合乎自然的原則，把最重要的工作放在首位。

那麼，如何讓自己做到這一點呢？

拿出紙筆，開始行動，我們有以下一些建議：

從現在開始，你認真安排一下自己未來一段時間的生活，做個詳

細的計劃。這時你最需要明白的是，最關鍵的事情到底是什麼？想弄清這個問題就要先思考你最看重的是什麼？人生是為了什麼而奮鬥？你希望自己成為怎樣的人？為了達到這個目標，你能付出什麼？

將這些答案記下來，你會發現，其中包含了你對自身的期望，以及在人生中體現出來的一種80/20法則，你不妨將這些答案作為個人的信念或使命。

如果你還沒有建立自己的個人信念，那麼，你可以透過下面的方法得知自己生命中最關鍵的事：

——你覺得生命中最重要的事情有哪幾件？

——人生中的人際關係代表著什麼？

——你有怎樣的長期目標？

——你能為目標做出怎樣的貢獻？

——重新思考你最想得到的體驗是什麼？

——如果你對生活失去信心，會有什麼後果？

——如果你瞭解自己想要的東西，對生活會產生怎樣的期望？

——你所記錄的人生意義對你來說意味著什麼？它是否會影響你對時間和精力的安排？

——如果你已經清楚地意識到自己的價值觀和期望，你會如何安排以後的時間？

如果你已經為自己的將來制訂了這樣一份表格，那麼，在你還沒有開始度過未來的一天之前，做一些反省吧！

如果你還沒有制訂表格，那麼請你想一想，生命中最重要的到底是什麼？

仔細思考之後，你會明白，如果你是個將事業進行得有聲有色的優秀工程師，但無法做個好丈夫或好父親，這表示，雖然你善於滿足別人的需求，但無法滿足個人成長的需要。

其實，生活不過是各種角色無次序的組合，你並不需要在每個角色上花費同樣的時間才能取得平衡，而是要抓住最關鍵的角色，完成

最需要的事情。

如果你清楚地認識到各種角色之間的關係，就會自然而然地這樣做，你的生活也就隨之保持一種平衡。

人生的道理也是同樣的，找到你人生中最關鍵的事情，然後去努力奮鬥，你定將擁有一個成功輝煌的人生。

10天打造超強的成功智慧
一次讀懂20部黃金智慧法則

PART 15

第15部

墨菲定律

如果壞事情有可能發生，不管這種可能性多麼小，它總會發生，並引起最大可能的損失。

墨菲定律從天而降

一九四九年，一位名叫墨菲的空軍上尉工程師，認為他的某位同事是個倒楣蛋，不經意間開了句玩笑：「如果一件事情有可能被弄糟，讓他去做就一定會弄糟。」

這句話迅速流傳，並擴散到世界各地。在流傳擴散的過程中，這句笑話逐漸失去它原有的局限性，演變成各種各樣的形式，其中一個最通行的形式是：「**如果壞事情有可能發生，不管這種可能性多麼小，它總會發生，並引起最大可能的損失。**」

這就是著名的「墨菲定律」。

墨菲定律告訴我們，人類雖然越來越聰明，但容易犯錯誤是人類與生俱來的弱點，不論科技有多進步，有些不幸的事故總會發生。而且我們解決問題的手段越高明，面臨的麻煩就越嚴重。

錯誤是這個世界的一部分，與錯誤共生是人類不得不接受的命運。

但錯誤並不總是壞事，從錯誤中汲取經驗教訓，再一步步走向成功的例子也比比皆是。因此，錯誤往往是成功的墊腳石。

惡意的麵包片

愛因斯坦有句名言：「上帝高深莫測，但祂並無惡意。」

如果我們向上拋一枚硬幣，落地時可能有兩種情況，正面朝上或背面朝上。感性和理性都告訴我們，兩種情況出現的可能性是相等的。

然而西方人卻注意到一件小小的怪事：早餐時所吃的麵包片，如果不小心掉了下去，幾乎總是塗了奶油的一面著地，弄髒了麵包倒不足惜，弄髒了地板可實在是煩人。

在這件小事上，上帝好像在跟人們開玩笑，至少祂不公正。人們便設法為上帝找了隻替罪羔羊，把弄髒地板的壞事歸咎於「墨菲定

律」在冥冥中作怪。

雖然英國人向來以刻板、拘謹、冷靜、理性聞名於世，但這次他們做了一個很有意思的試驗。

一九九一年，英國BBC廣播公司一些好事的節目主持人，在所有觀眾面前，播放了一場別開生面的演出：將塗有奶油的麵包片以各種方式拋向空中，共計三百次。統計結果表明，麵包片正反兩面著地的次數差不多相等。

根據這個實驗，惡意的麵包片似乎與墨菲定律毫無關聯。

但是，到了一九九五年，另一位愛好數學的英國記者馬修斯登場了，他認為，由於人們不喜歡地板被弄髒，希望能否定墨菲定律，這種心理因素導致人們忽視了BBC電視實驗中的一個重要問題：早餐桌上發生的實際情況是，麵包片被碰出桌邊而掉下來，不是拋向空中再落下，兩者有本質的不同。

馬修斯沒有再做實驗，他借助於自己擅長的數學工具，運用力學原理，建立了一個數學模型。類比計算的結果是──地板必定會被弄髒。墨菲定律似乎「起死回生」了。

一個簡單易懂的解釋是：地板被弄髒，不是那個不可思議的墨菲定律在作怪，而是決定於三方面的客觀原因──地球的引力、餐桌的高度和麵包片被碰出桌邊的水平速度。由於這三個原因的聯合作用，使麵包片在落地的過程中剛好翻轉180度。

因此，整個事件根本不是隨機性事件，而是確定性事件，就像樹上的蘋果必然要落向地面而不是飛向空中一樣確定。

難道這種結果不可以改變嗎？

有人建議改變餐桌的高度，使麵包片落下時翻轉接近360度，或者不到90度。通常餐桌的高度是70～80公分，落體運動是加速運動，因此，餐桌必須再加高一倍至3公尺或再降低一半至20公分才行。

細心的讀者可能還要提出進一步的修正，他們會說，麵包片的翻轉運動極可能是減速運動，考慮到這個因素，餐桌的高度還要加高或還要降低……

至此，餐桌應當加高或降低的精確值已經變得不重要了，反正

那種特別高特別矮的餐桌是不會有銷路的。改變餐桌高度的主意並不好，更像個「愚人節」的玩笑。

另外一個建議就荒唐透頂——改變地球引力。雖然這絕對不可能，但是可以設想如下情況：假如外太空的某個星球上有外星人，他們也在餐桌旁吃塗了奶油的麵包片。由於這個星球的引力與地球不同，是否就能避免弄髒地板的壞結果？

馬修斯的回答是——不！因為引力的變化必將引起外星人身高的變化，他們使用的餐桌也將隨之增高，變化了的引力和變化了的餐桌高度這兩個因素結合起來，所產生的結果卻是「萬變不離其宗」的，麵包片往下掉時仍將翻轉180度，奶油仍將把地板弄髒！

看來，人們不得不接受那塊惡意的麵包片了。

▌錯誤是我們的影子

「墨菲定律」誕生於二十世紀中葉的美國並非偶然。這正是一個經濟飛速發展，科技不斷進步，人類真正成為世界主宰的時代。

在這個時代，處處彌漫著樂觀主義的精神：人類取得了對自然、疾病以及其他限制的勝利，並將不斷擴大優勢；人類不但飛上了天空，而且開始飛向太空；人類有能力修築巨型水壩、核電廠和太空站；人類能夠隨心所欲地改造世界的面貌……

這一切似乎昭示著一切問題都是可以解決的——無論遇到怎樣的困難和挑戰，人們總能找到一種辦法或模式戰而勝之。

正是這種盲目的樂觀主義，使人類得意忘形。對於亙古長存的茫茫宇宙來說，人類的智慧只能是幼稚和膚淺的。世界無比龐大複雜，人類雖很聰明，並且正變得越來越聰明，但永遠也不能完全瞭解世間的萬事萬物。

人類還有個難以避免的弱點，就是容易犯錯誤，永遠不犯錯誤的人是不存在的。

正是因為這兩個原因，世界上大大小小的不幸事故、災難才得以發生。

近半個世紀以來，「墨菲定律」這個幽靈攪得滿世界人心神不寧，它提醒我們：我們解決問題的手段越高明，我們將要面臨的麻煩就越嚴重，事故照舊還會發生，永遠會發生。

「墨菲定律」忠告人們：面對人類自身的缺陷，我們最好想得更周到、全面一些，採取多種保險措施，盡量防止偶然發生的人為失誤。

歸根結柢，「錯誤」與我們一樣，都是這個世界的一部分，狂妄自大只會使我們自討苦吃，我們必須學會如何接受錯誤，並不斷從中學習。

▌犯錯一定是壞事嗎？

人們為了避免錯誤，絞盡腦汁地設計了許多「完美模型」，但任何完美的模型也避免不了人們犯錯誤的天性。

事實上，人們已經吃過無數次迷信「完美模型」的大虧：「鐵達尼號」曾被認為是「不可能沉沒」的；馬奇諾防線也被稱作「不可逾越」的；在發生核洩漏之前，每個核電廠都聲稱自己的安全系統是「萬無一失」的……

雖然錯誤是我們的影子，但它並不像我們認為的那樣可怕。

其實，在很多情況下，錯誤並不是什麼壞事。只不過我們要尊重它，而不是企圖掩蓋它。

一九二九年夏天，波士頓紅襪隊選手——卡爾·耶垂斯基成為棒球史上第十五個擊出三千次全壘打的人。

媒體對他十分注意，數百名記者在破紀錄的前一個星期，就開始報導他的一舉一動。

有一位記者問他：「耶垂斯基，難道你不怕這些注意力會使你發揮失常？」

耶垂斯基回答：「我的看法是，在我的運動生涯中，我的打擊數超出一萬次，也就是說我有七千多次未能成功地擊出全壘打。僅是這

件事實就能使我不致失常。」

　　許多人認為成功與失敗是相對的。事實上，它們是一體的兩面。以耶垂斯基為例，打擊有打中與打不中兩種情形，這同樣適用於創造性思考：它能孕育出新創意，也會產生錯誤。

　　然而，仍有許多人不喜歡犯錯。我們的教育制度採用尋找「正確答案」的觀點來培養我們的思考能力，使我們的思考更加保守。

　　從小時候起，我們就被教導要尋找正確答案。正確答案是好的，不正確答案是壞的。

　　這種價值觀深植於學校的獎懲制度中，如：

　　90分以上：優；

　　80分以上：良；

　　60分以上：及格；

　　低於60分：不及格；

　　這種制度，讓我們從小學會要盡可能答對，最好不要答錯。換句話說，這種制度教會了我們「犯錯是壞事」的觀念。

　　假使你知道一點微小的錯誤也會對你不利時，你會牢記不可犯錯。更重要的是，你學到不要置自己於失敗之地，久而久之就形成了保守的思想模式，害怕成為一個「失敗者」。

　　有一個年輕人從大學畢業之後，很長時間都找不到一份工作。

　　後來，他到心理診所諮詢，專家發現他的問題就在於不懂得接受失敗。

　　他在十幾年的學校教育中，各項大小考試從未不及格過，這使他不願意嘗試任何可能招致失敗的工作。他的思維已經被塑造成這樣一種模式：失敗是壞事，而不是產生新機遇的潛在墊腳石。

　　瞧瞧周圍的人，有多少中級管理人員、家庭主婦、老師和其他無數的人因為害怕失敗而不願嘗試任何新事物？

　　許多人都牢記不可在公眾場合犯錯，結果我們錯過了許多學習的機會。

　　就現實而言，「犯錯是壞事」是有點道理，我們所生存的世界，

要求我們在做成千上萬個工作時不可犯錯。想想看，假如你站在馬路快車道上或把手放到開水壺裡，一定會大吃苦頭。此外，工程師設計的橋樑倒塌，股票經紀人讓客戶血本無歸，以及設計廣告的人打出的廣告反使銷售量減少，那麼他們的工作都不可能維持太久。

然而，過於相信「犯錯是壞事」，會使你孕育新創見的機會大大減少。如果你只在意獲得正確答案，而不在意能否激發自己的創意，那麼你可能會誤用取得正確答案的法則、方法和過程。

你還可能忽視創造性過程的萌芽階段，僅花少許時間去證實假設、向規則挑戰、提出「假如」問題，你也可能僅注意難題而不去深入思考。

如此，所有的思考都會產生不正確的答案，從而把你引入歧途。

錯誤是前進的墊腳石

錯誤還有一個好用途，即能告訴我們什麼時候應該轉變方向。

當事情順利時，我們通常不會想去改變方向，因為在大多數情形下，我們的反應是根據「負面反饋」的原則做出的。通常我們只在事情不順或沒做好工作時，才會注意到它們。

比如現在你可能不會想到你的膝蓋，那是因為膝蓋好好的。同樣的情形也可適用你的手肘，它們都在正常運動，一點問題也沒有。但是假如你折斷了一條腿，你會立刻注意到你以前能做到的事，現在都沒辦法做到了。

我們主要是從嘗試和失敗中學習，而不是從正確中學習。假如我們每次都做對了，就不需要改變方向，只要繼續前進，直到結束。

例如，超級油輪卡迪茲號在法國西北部的布列塔尼沿岸爆炸後，成千上萬噸的油污染了整個海面及沿岸，於是石油公司才對石油運輸的許多安全設施重加考慮。

同樣地，在三里島核子反應爐發生意外後，許多核反應過程和安全設施都改變了。

錯誤具有衝擊性，可以引導人想出更多細節上的事情，只有多犯

錯，人們才會多進步。

假如你工作的例行性極高，你犯的錯誤就可能很少。

但是如果你從未做過此事，或正在做新的嘗試，那麼發生錯誤在所難免。發明家不僅不會被成千上萬的錯誤所擊倒，而且更會從中得到新創意。

在創意萌芽階段，錯誤是創造性思考的必要副產品。就如耶垂斯基說的：「假如你想打中，先要有打不中的準備。」

每當出現錯誤時，我們通常的反應是：「真是的，又錯了，真是倒楣啊！」

從另一方面看，有創造力的思考者會瞭解錯誤的潛在價值，他們會說：「看這個！它能使我們想到什麼？」然後他會把這個錯誤當做墊腳石，來產生新的創意。

事實上，人類整個發明史充滿了利用錯誤假設和失敗觀念來產生新創意的人。哥倫布以為他發現了一條到印度的捷徑，結果卻發現了新大陸；開普勒偶然間得到行星間引力的概念，卻是由錯誤的理由得到的；愛迪生也是嘗試了上萬種不能做燈絲的材料後，才找到了鎢絲。

快點犯完錯誤

某家廣告公司的創意總監認為，除非有一半時間都失敗，否則他不會快樂，他說：「假如你想做個原始創意人，就需要犯很多錯誤。」

一家發展迅速的電腦公司總裁告訴員工：「我們是發明家，我們要做別人從未做的事。因此，我們將會產生許多錯誤。我給你們的勸告是：『可以犯錯，但是要快點犯完錯誤。』」

一家尖端科技公司的某部門經理，詢問副總工程師新產品的市場成功率，得到的答案是「大約50％」，這位經理回答說：「太高了，最好設定在30％，否則在我們的計劃內，我們會因太保守而不敢放手去做。」

銀行業也有相同情形。據說如果貸款經理從未放過呆賬，就可以斷定他做事不夠積極。

IBM的創始人湯瑪斯·華生有類似的話：「成功之路就是使失敗率加倍。」

至少我們可以這樣說，**錯誤是脫離常軌和嘗試不同方法的指標。**

大自然提供了以試錯法來進行改變的絕佳實例。

每一次基因繁殖時發生的錯誤，就會導致遺傳上的突變發生。在大多數的情況中，這些突變對物種都有不利影響，使其遭到自然選擇的淘汰，但是偶爾也會產生對物種有利的突變，且會遺傳給下一代。

地球上之所以有如此多的生物，就是這種試錯過程的結果。如果原生的阿米巴蟲不產生任何突變的話，哪會有今天的人類呢？

在你創造過程的萌芽階段，錯誤是你偏離正軌的警告，如果你一直很少失敗，那就表示你不是很有創造力。

但是，犯錯誤也是有學問的，以下幾條是你應當注意的：

——如果你犯了錯，就把它當成獲得新創意的墊腳石。

——區分「嘗試犯錯」和「避免犯錯」的不同，後者的代價要大於前者。如果你未曾犯錯，那你應該問問自己：「由於太過保守，我錯失了多少機會？」

——加強你的「冒險」力量，每個人都有這種能力，但必須常常運用，否則就會退化。你可以把至少二十四小時冒一次險列為生活的重點。

——要記住失敗的兩種好處：第一，如果你的嘗試失敗了，你將知道哪條路行不通；第二，失敗給予你嘗試新方法的機會。

接受不可避免的事實

有位企業家做了一個錯誤的決定，這個決定讓他蒙受了一筆巨大的損失。

在這之後，他拒絕承認自己的失誤，拒絕接受不可避免的事實，並想去反抗它。結果，他失眠了好幾夜，痛苦不堪，但問題一點兒也沒解決。

更嚴重的是，這件事還讓他想起了很多以前細小的挫敗，他在灰心失望中折磨著自己。

這種自虐的情形竟然持續了一年，直到他向一位心理專家求救後，才徹底地從痛苦中解脫出來。

如果我們考察一下那些著名的企業家或政治家，就會發現，他們大多數都能接受那些不可避免的事實，讓自己保持平和的心態，過一種無憂無慮的生活。否則，他們立刻就會被巨大的壓力壓垮。

「當我們不再反抗那些不可避免的事實之後，」愛爾西‧麥可密克在一篇文章中這樣寫道，「我們就能節省下精力，去創造一個更加豐富的生活。」

既抗拒不可避免的事實，又去創造新的生活，誰都沒有這樣的情感和精力。你只能在兩者中間選擇其一：可以選擇接受不可避免的錯誤和失敗，並拋下它們往前走，也可以選擇抗拒它們，變得更加苦惱。

如果我們不接受一些不可避免的挫敗，而是去反抗它們的話，我們會遇到什麼樣的結果呢？答案非常簡單，它會產生一連串的焦慮、矛盾、痛苦、急躁、緊張等，我們會因此整天神經兮兮、不知所終。

「對必然之事，輕快地加以接受。」這是一句古老的猶太格言。在今天這個充滿緊張、憂慮的世界，忙碌的人們比以往更需要這句話。

既然如此，那就接受不可避免的事實，保持樂觀的態度，輕鬆地生活下去吧。

■ 不幸中隱藏著幸福種子

黎明前總會有些黑暗，中國有句古語，叫「塞翁失馬，焉知非福」，說的是有些看似不好的現象，實際上正是出現幸福的前兆。

勞倫斯是一家食品製造公司的專案負責人，主管一個新產品的開發工作，他正處於事業發展的黃金時期。

　　然而公司一次意外的決定改變了他的人生方向：公司高層決定研製另一種產品，並且決定派他到一個小地方去負責該專案。

　　接到公司指令後，勞倫斯心裡感到十分沮喪，因為這與他想在公司出人頭地的計畫不相符合，而且他還不得不離開家人，到外地去就任。

　　想不到生活給了他意外的驚喜。到了那個地方之後，他發現那是一份很有價值的工作。更讓他驚喜的是，當地溫暖的氣候和他的體質正相適宜，那裡有都市生活無法體驗的自然環境，他在那裡找到了自己非常喜歡的運動——潛水。於是他的生活輕鬆自在，並且建立了很好的人際關係。

　　在他結束兩年的任期回到公司時，更幸運的事情發生了。

　　和他一起潛水的夥伴中，有一個人是某家大型超市的常務董事，在他們的交流中，該董事對於勞倫斯負責開發的新產品非常感興趣，於是下了很大的一筆定單。

　　於是，勞倫斯不僅開發出了新產品，而且還為公司的銷售作出了很大貢獻，擴大了公司產品的市場佔有率。公司高層給予勞倫斯很高的評價，在他三十五歲的時候，就被升遷為公司的董事。

　　從這個故事可以看到，人生並沒有絕對的「禍」，也沒有絕對的「福」。一開始認為不幸的事情，實際上可能變成幸運事情的前兆。禍福都是人生中常有的事，因此不要害怕降臨在自己身上的麻煩和意外。在這種時候，如果能夠稍微改變一下自己的觀點和想法，就更有可能得到「幸福的種子」。

■ 即使上帝關上所有的門，也會為你留扇窗

　　天無絕人之路，不管你經過多少挫折、多少磨難，只要你努力，

一定會創造出奇蹟，相信下面的小故事會讓你有所收穫。

他五歲時就失去了父親。

他十四歲時從格林伍德學校輟學開始了流浪生涯。

他在農場做過雜活，做得很不開心。

他當過電車售票員，也很不開心。

十六歲時他謊報年齡參了軍，但軍旅生活也不順心。

一年的服役期滿後，他去了阿拉巴馬州，在那裡他開了個鐵匠鋪，但不久就倒閉了。

隨後他在南方鐵路公司當上了機車司爐工。他很喜歡這份工作，他以為終於找到了屬於自己的位置。

他十八歲時結了婚，僅僅過了幾個月時間，在得知太太懷孕的同一天，他又被解雇了。

接著有一天，當他在外面忙著找工作時，太太賣掉了他們所有的財產，逃回了娘家。

隨後大蕭條開始了。他沒有因為老是失敗而放棄，別人也是這麼說的，他確實非常努力了。

他曾透過函授學習法律，但後來因生計所迫，不得不放棄。

他賣過保險，也賣過輪胎。

他經營過一條渡船，還開過一家加油站。

但這些都失敗了。

有人說，認命吧，你永遠也成功不了。

有一次，他躲在維吉尼亞州若阿諾克郊外的草叢中，謀劃著一次綁架行動。

他觀察過那位小女孩的習慣，知道她下午什麼時候會出來玩。他靜靜地埋伏在草叢裡，思索著，他知道她會在下午兩三點鐘從外公的家裡出來玩。

儘管他的日子過得一塌糊塗，可在這此之前他從來沒有過綁架這種冷酷的念頭。然而此刻他藉著屋外樹叢的掩護，躲在草叢中，等待著一個天真無邪、長著紅頭髮的小姑娘進入他的範圍。為此他深深地

10天打造超強的成功智慧
一次讀懂20部黃金智慧法則

痛恨自己。

可是，這一天，那位小姑娘沒出來玩。

因此他還是沒能突破他一連串的失敗。

後來，他成了一家餐館的主廚。但一條新修的公路剛好穿過那家餐館，他又一次失業了。

接著他就到了退休的年齡。

他並不是第一個，也不會是最後一個到了晚年還無以為榮的人。

幸福鳥，或隨便什麼鳥，總是在不可企及的地方拍打著翅膀。

他一直安分守己，除了那次未遂的綁架，但他只是想從離家出走的太太那兒奪回自己的女兒。不過，母女倆後來回到了他身邊。

時光飛逝，眼看一輩子都過去了，而他卻一無所有。

要不是有一天郵局給他送來了他的第一份社會保險支票，他還不會意識到自己老了。

那天，他身上的什麼東西憤怒了，覺醒了，爆發了。

政府很同情他。政府說，輪到你擊球時你都沒打中，不用再打了，該是放棄、退休的時候了。

他們寄給他一張退休金支票，說他「老」了。

他說：「呸。」

他收下了那一百美元的支票，並用它開創了新的事業。

而今，他的事業欣欣向榮。

而他，也終於在八十八歲高齡大獲成功。

這個到該結束時才開始的人就是哈倫德‧山德士，肯德基的創始人。他用他第一筆社會退休保險金創辦的嶄新事業正是「肯德基」。

即使上帝關上所有的門，他還會給你留一扇窗，而你自己，一定要有永不言敗的精神！

■ 走過陰霾見藍天 ⌒

有時，一些錯誤可能會使我們的事業和生活面臨危機。這是最

能考驗一個人品質、膽識和能力的時候。別忘了，「危機」是由「危險」和「機遇」構成的。

如果你知道怎樣利用危機的話，它將是你最大的盟友。假如你希望利用危機，你得知道自己想要什麼，必須有明確的目標，並且隨時準備冒險去達成它。

在一片危機和無頭序中行動的好處，就是別人還處在沒有組織、困惑或混亂的狀況中的時候，你卻一直看著危機的發展，你瞭解事情的因果始末，這對你做判斷、做主管大有益處。

如果你是真的知道自己想要什麼的人，同時你又表現得很冷靜，對於所有的困惑都有清晰的認識，那麼你就會比那些深陷在混亂中的人更強大，更能有邏輯地思考──這會造就你領導者和成功者的氣質。

陷入危機的人會發生什麼事？

在危機當中，人們會害怕失去他們的安全、工作、婚姻、尊重、愛或控制，他們害怕別人會注意到自己的無能，他們害怕失去自認為重要的東西。所以這個時候有拯救他們的人出現，他們就會支持這個人。

在危機中，人們也會覺得無能為力，他們需要有人指引方向，經常只為了有目標而做選擇，陷入危機的人會靠近看似最有自信或明確知道該怎麼做的領導人物。

混亂和危機會帶給你很好的出頭機會。因為此時正是別人的領導權面臨最低潮的時候，也正是你表現出權威感，在危難的形勢中呈現自己的最佳時機。

如果你真正地走過了危機，走過了苦難，你會發現，陰霾過後的藍天更亮更藍，你也會有足夠的信心迎接一個全新的明天。

10天打造超強的成功智慧
一次讀懂20部黃金智慧法則

PART 16

第16部

破窗理論

　　如果有人打壞了一棟建築上的一塊玻璃，又沒有即時修復，別人就可能受到某些暗示性的縱容，去打碎更多的玻璃。

■ 一項有趣的「偷車」試驗

美國心理學家詹巴竇曾進行過一項有趣的試驗：

他把兩輛一模一樣的汽車分別停放在兩個不同的街區，其中一輛完好無損，停放在帕羅阿爾托的中產階級社區，而另一輛，摘掉車牌、打開頂棚，停放在相對雜亂的布朗克斯街區。結果怎樣呢？

停在中產階級社區的那一輛，過了一個星期還完好無損；而打開頂棚的那一輛，不到一天就被偷走了。

後來，詹巴竇把完好無損的那輛汽車敲碎一塊玻璃，僅僅幾小時就不見了。

以這項試驗為基礎，美國政治學家威爾遜和犯罪學家凱林提出了一個「破窗理論」。他們認為：如果有人打壞了一棟建築上的一塊玻璃，又沒有即時修復，別人就可能受到某些暗示性的縱容，去打碎更多的玻璃。

久而久之，這些窗戶就給人造成一種無所謂的感覺，在這種麻木不仁的氛圍中，犯罪就會滋生、蔓延。

■ 是誰在暗示和誘導你

「偷車試驗」和「破窗理論」更多的是從犯罪的心理去思考問題，但不管把「破窗理論」用在什麼領域，角度不同，道理卻相似：環境具有強烈的暗示性和誘導性，必須及時修好「第一扇被打碎玻璃的窗戶」。

推而廣之，從人與環境的關係這個角度去看，我們周圍生活中所發生的許多事情，不正是環境暗示和誘導作用的結果嗎？

比如，在窗明几淨、環境優雅的場所，沒有人會大聲喧譁，或「噗」地吐出一口痰來；相反地，如果環境髒亂不堪，倒是時常可以

看見吐痰、便溺、打鬧、互罵等不文明的舉止。

又比如，在公車站，如果大家都井然有序地排隊上車，又有多少人會不顧眾人的文明舉動和鄙夷眼光而貿然插隊？與這相反，車輛尚未停穩，猴急的人們你推我擁，爭先恐後，後來的人如果想排隊上車，恐怕也沒有耐心了。因此，環境好，不文明之舉也會有所收斂；環境不好，文明的舉動也會受到影響。人是環境的產物，同樣，人的行為也是環境的一部分，兩者之間是一種互動的關係。

在公共場合，如果每個人都舉止優雅、談吐文明、遵守公德，往往能夠營造出文明而富有教養的氛圍。千萬不要因為我們個人的粗魯、野蠻和低俗行為而形成「破窗效應」，進而給公共場所帶來無秩序和失去規範的感覺。

從這個意義上說，我們平時一直強調的「從我做起，從身邊做起」，就不僅僅是一個空洞的口號，它決定了我們自身的一言一行對環境造成什麼樣的影響。

在社會其他領域，同樣存在著「破窗效應」，關鍵是我們如何去把握環境的這種暗示和誘導的作用。

最關注的是「毛毛雨」犯罪

紐約市在上個世紀八〇年代的時候，真是無處不搶、無日不殺，大白天走在馬路上也會害怕。地鐵更不用說了，車廂零亂，到處塗滿了污言穢語，坐在地鐵裡，人人自危。有位教授被人在光天化日之下被敲了一記悶棍，眼睛失明，從此結束了他的研究生涯。這一切使得外地人對紐約談虎色變，都不敢隻身去紐約。

紐約市交通警察局局長布拉頓在給《法律與政策》雜誌寫的一篇文章中談到：

「地鐵無序和地鐵犯罪在八〇年代後期開始蔓延。那些長期逃票的、違反交通規則的、無家可歸的、罵街的、站臺上非法推銷的、牆壁上塗鴉的……所有這些加在一起，使得整個地鐵裡瀰漫著一種無序

的空氣。我相信，這種情況就是使搶劫犯罪率不斷上升的一個關鍵因素。因為那些偶然性的犯罪，包括一些躁動的青少年，已經把地鐵完全看成是可以為所欲為、無法無天的場所。」

布拉頓採取的措施是號召所有的警察認真推進有關「生活品質」的法律，他以「破窗理論」為師，雖然地鐵站的重大刑事案不斷增加，他卻全力打擊逃票。

結果發現，每七名逃票嫌疑犯中，就有一名通緝犯；每二十名逃票嫌疑犯中，就有一名攜帶武器。令人難以置信的是，從抓逃票開始，地鐵站的犯罪率竟然開始下降，治安大幅好轉。

一九九四年一月，布拉頓被任命為紐約市的警察局長，就是因為他對「破窗理論」的出色闡釋和應用。升為警察局長以後，布拉頓開始把這一理論推廣到紐約的每一條街道、每一個角落。他認為，這些「小奸小惡」正是暴力犯罪的引爆點。針對這些看來微小，卻有象徵意義的犯罪行動大力整頓，帶來了很好的效果。

「警局的最高主管居然要關心街頭那些『毛毛雨』犯罪，這在紐約市是史無前例的，甚至在整個美國絕大多數警察局也是史無前例的。」馬里蘭大學政策研究專家沙爾曼感慨地說。

事實就是如此，在「破窗理論」的指導下，紐約市的治安大幅好轉，甚至成為全美大都會中治安最好的城市之一。人們把這個龐大都市幾十年來從沒有過的嶄新氣象都歸功於布拉頓。

「紅牌作戰」和「小題大做」

「破窗理論」在社會治安綜合治理以及反腐敗中的作用是顯而易見的，不僅如此，它在企業管理中也有著重要的借鑒意義。在日本，有一種稱作「紅牌作戰」的品質管理活動，主要內容包括以下幾個方面：

①清理：清楚區分要與不要的東西，找出需要改善的事、地、

10天打造超強的成功智慧
一次讀懂20部黃金智慧法則

物。

②整頓：將不要的東西貼上「紅牌」；將需要改善的事、地、物以「紅牌」標示。

③清掃：有油污、不清潔的設備貼上「紅牌」；藏汙納垢的辦公室死角貼上「紅牌」；辦公室、生產現場不該出現的東西貼上「紅牌」。

④清潔：減少「紅牌」的數量。

⑤修養：有人繼續增加「紅牌」；有人努力減少「紅牌」。

企業借助「紅牌作戰」的活動，可以讓工作場所變得整齊清潔，工作環境變得舒適幽雅，企業成員都養成做事耐心細緻的好習慣。久而久之，大家都遵守規則，認真工作。

許多人認為，這樣做太簡單，芝麻小事，沒什麼意義，而且興師動眾，沒有必要。但是，一個企業產品是否有保障的重要標誌，就是生產現場是否整潔。這是「破窗理論」在企業管理領域一個直觀的體現。

更重要的可能在於，企業中對待「小奸小惡」的態度，特別是觸犯企業核心價值觀念的一些「小奸小惡」，小題大做的處理是非常必要的。

美國有一家公司，規模雖然不大，但以極少炒員工魷魚而著稱。有一天，資深車工傑瑞在切割台上工作了一會兒，就把切割刀前的防護擋板卸下放在一旁。沒有防護擋板，收取起加工零件會更方便、快捷一些，這樣傑瑞就可以趕在中午休息之前完成三分之二的零件了。

大約過了一個多小時，傑瑞的舉動被無意間走進工廠巡視的主管逮了個正著。主管雷霆大怒，除了目視著傑瑞，令他立即將防護板裝上之外，又站在那裡大聲訓斥了半天，並聲稱要作廢傑瑞一整天的工作量。

此時，傑瑞以為事情已經結束了。沒想到，第二天一上班，傑瑞就被通知去見老闆。傑瑞走進那間他受過多次鼓勵和表彰的總裁室，

聽到了要將他開除的處罰通知。總裁說：「身為老員工，你應該比任何人都明白安全對於公司意味著什麼。你今天少完成了零件，少實現了利潤，公司可以換個人換個時間把它們補起來，可你一旦發生事故、失去健康乃至生命，那是公司永遠都補償不起的……」

離開公司那天，傑瑞流淚了，工作了幾年時間，傑瑞有過風光，也有過不盡人意的地方，但公司從沒有人對他說不行。可這一次不同，傑瑞知道，這次碰到的是公司靈魂的東西。

對於影響深遠的「小過錯」，「小題大做」去處理，以防止「千里之堤，潰於蟻穴」，正是即時修好「第一個被打碎玻璃的窗戶」的明智舉措。

千里之堤，潰於蟻穴

某屋的一扇玻璃窗被打碎，如果得不到及時修理，就是一個信號：沒有人關心玻璃是否完好。於是，「破窗效應」開始發生作用，更多的玻璃被打碎。

對於一個企業來說，一扇被砸的玻璃窗可能是產品品質出現了新問題；日益擴張的銷售管道難以得到控制與管理；流動資金大都壓在進料、生產上，企業面臨現金流量缺口等等。

做為管理者，如何高度警覺最先破碎或可能破碎的玻璃窗，從而將一系列不利影響的事情「察於未萌、止於未發」呢？

如果把「危機」定義為「干擾自然流程的任何事件」，那麼「危機管理」便是防止破窗效應發生的最理想手段。

沒有哪一個企業能夠完全避免危機的發生，因為不斷變化的外部力量才是危機產生的主要原因。因此，最佳的防禦措施就是苦練內功、做好準備，這樣一方面可以減少危機發生的機率，另一方面則可以在危機發生時，集中力量控制局面。

那麼，一個企業又該如何苦練內功、做好準備呢？

一、預防危機

第一步，平時除了嚴格注重生產品質，加強產品服務，維護產品價值之外，企業管理者尚需對「可能破碎的玻璃窗」有著清楚的預見。

這一點可透過相關指標獲得。

可量化的預警指標：任何企業的運作都可以透過對一些「關鍵值」的測量來反映其是否可以安全運行或是否有潛伏的危機，比如賓館的入住率，成長階段企業的淨現金與總資產之比（現金加上有價證券減去應付票據和契約規定的義務除以總資產）。

不同行業、不同規模的企業採取的量化預警指標也有較大的區別，如對小型零售企業來說，「單位面積銷售量」與「單位員工銷售量」是關鍵值，而對大型零售企業來說，其「資金周轉速度」、「現金流量」等一系列指標才是關鍵值。

總之，每個企業都應結合其實際情況設立一套關鍵值指標體系，以測量其運作的健康狀況。

有時，一些非量化的指標也能產生危機預警作用。比如，媒體對企業相關事件的負面報導，全新對手的出現，銀行對其信用評級度的降低等等，都是危機出現的信號，管理者應對其有足夠的重視。

第二步，建立分析檢查的制度。

針對各種量化、非量化的信號，瞭解最新情況，使危機在發生之前得以解決，避免產生對企業業務與利潤的不良影響。

分析檢查小組需要由來自企業生產、維修、銷售、人力資源、財務等各部門的專業人員組成，以使他們及時了解各自領域內存在的風險隱患，分析問題並分配資源來解決問題，將危機解決在發生前。

二、正確、恰當地解決危機

當危機發生以後，對危機的有效管理有助於企業在行業內，客戶、員工面前樹立穩定、可信、可依賴的重要形象。

那麼如何來解決危機呢？

資訊溝通被普遍認為是最強有力的防衛工具。福萊靈克公關諮詢有限公司為我們提供了一個解決危機的公式——3W、4R、8F。

3W是指在一場危機中，溝通者需要盡快知道三件事：

我們知道了什麼——What did we know？

我們什麼時候知道的——When did we know out it？

我們對此做了什麼——What did we do out it？

危機發生後，企業尋求問題產生的原因並及時做出有效反應，將決定危機處理的成敗與否。如果企業對於危機的認識不足或反應太慢，就會在接下來的時間裡處於被動局面。

4R是指在收集到正確的資訊之後，要把危機處理當作一個過程來執行。企業要表達遺憾（Regret），保證解決措施準確，防止未來相同事件發生（Reform）並且提供賠償（Restitution），直到安全解決危機（Recovery）。

一九八二年，部分患者因服用泰諾藥片而中毒死亡，強生公司的領導在第一時間裡對此事件做出反應，一方面收回了正在銷售的該藥品，另一方面在媒體上公開道歉，並為受害者家屬進行賠償。正是因為強生公司進行了4R處理，這場危機最後被化為無形。

8F則是執行3W與4R中應該遵循的八大原則：

1.事實（Factual）：向公眾說明事實的真相。

2.第一（First）：率先對問題做出反應。

3.迅速（Fast）：處理危機時要迅速果斷。

4.坦率（Frank）：溝通情況時不要躲躲閃閃。

5.感覺（Feeling）：與公眾分享你的感受。

6.論壇（Forum）：提出對大眾有益的建樹。

7.靈活性（Flexibility）：反應迅速活用公司支援。

8.反饋（Feedback）：回饋消費者權益。

危機發生後，不同的處理方式直接影響著企業的發展。若企業在堅持8F的前提下做到3W與4R，就可以比較成功地解決突發危機事件，修好被打碎的「第一塊玻璃」。

校園裡的「破窗」

學校是社會生活的一個縮影，「破窗現象」在其中體現得尤其充分。

在一位教師的記憶中有這樣一個事例。

有一年，他的班級接受了一個留級生，在他的記憶中，這是他從事教育工作六年中唯一碰到過的一個留級生。

這次留級對這位學生的影響很大。進入新的班級後，他處處積極主動、勤奮學習。班裡一些原本想混日子的人，看到學校來真的，受到了影響。在他的帶動下，同學們上課開始記筆記了，作業也主動繳交。

甚至出現了這樣一種情況，老師在上課時反覆強調的重點，有的人或許會不以為然，但該生以過來人的身份提醒：「這個內容是要考試的。」他的話能立即引起同學們的高度重視。留級生的話竟然比教師的話還有效，這是許多人都未曾想到的。

傑克剛剛接手一個新的班級，他意識到「破窗理論」對良好學風的形成大有裨益。他發現，許多學生一開始就沒有形成良好的行為習慣，想要將這些散漫的學生整合起來，使之遵守學校的行為規範，就必須在發現違紀現象時即時加以制止和糾正，修好「第一扇被打碎玻璃的窗」，使「破窗現象」終止於萌芽階段。

相反，很多教師上課時對違紀學生不給予即時的批評制止和引導處罰，仍按部就班地按教學進度和教案上課，違紀的學生實際上受到了暗示性的縱容，愈演愈烈，違紀者也由點到面擴散開去，最終課堂違紀一發而不可收拾。這時再要整頓課堂紀律，往往是顧此失彼、事倍功半。

你應該住在什麼地方

如果你住的地方衛生乾淨，沒有人會忍心來污染它；如果你住的

地方污染嚴重，那麼誰都想來污染它——這就是生活環境的「破窗理論」。

有一個高污染專案需要在美國某市興建，市政局同時報了該市的兩個街區（A與B）以備選擇。A街區，社區綠化好、環境優美、衛生乾淨、規劃層次高，相當於那輛沒有被破壞窗戶的汽車，自然而然地，市民到了該地以後行為都會變得文明一些，在一個乾淨漂亮的環境裡吐痰總歸是不自在的。

而所報的另一個地方B街區呢，雖然環境也很優美，但因為已經有了電廠、汙水處理廠、高壓電線，相當於那輛已經被打破了玻璃的汽車。

在最終表決的時候，所有的專案組成員和市政局官員無一例外地選擇了B街區，因為他們都想：既然已經如此了，多一個污染源也沒什麼。

一些好的社區總是很乾淨，居民的行為也很自覺，他們一起維護小區的環境。可還是這些人，到了雜亂的環境中，就開始亂丟垃圾、隨地吐痰。

可見，不要輕易去打破任何一扇窗戶，一旦一個缺口被打開，後面的結局似乎可以預料。如果一不小心「打碎第一塊玻璃」，也必須即時修補，防微杜漸。

另一個「破窗理論」

令很多人意外的是，居然有第二個「破窗理論」，但這兩個「破窗理論」所處的領域不同，闡述的道理也不同。我們姑且把巴師夏的「破窗理論」稱為「第二個破窗理論」！

一七一四年，曼德維爾寫了篇題為〈蜜蜂的寓言〉的文章，認為「純粹的美德不能為國家帶來繁榮」。為了回應曼德維爾那富有感染力的、聰明的寓言，巴師夏寫了一篇題為〈看見的和看不見的〉的文章，他也設想了一個事例：小痞子砸壞理髮師玻璃窗，結果為玻璃商帶來了生意，而玻璃商從理髮師那裡賺到的錢，又可以用來從其他商

人那裡購買其他商品。

於是，在這種不斷擴大的循環中，打破窗戶的行為提供了金錢和就業機會。這個思想，後來也被總結為「破窗理論」。

也有人說，這個「破窗理論」源於一個叫黑茲利特的學者在一本小冊子中的譬喻。黑茲利特說：「當一個頑童打壞了一戶人家的玻璃窗後，為了修復，戶主就需要花錢購買新玻璃，還要雇工匠安裝，玻璃店也有了新生意。雖然戶主蒙受了損失，但就此產生了工匠、商店、工廠和運輸方面的新需求，又使另外的一些人得到了好處。所以，不管發生什麼樣的災禍，都是有弊有利的。損失能帶來新的商機，會讓更多的人從中受益。」

也許，當每個人初次看到這個「破窗理論」時，都會感到疑惑，它是真的嗎？

對此，經濟學家們也沒有形成一個統一的意見，下面是他們爭議的一些摘要：

「人們需要冷靜地、實事求是地認清損失和困難，還需要戰勝困難的信念，但是不需要空幻的自慰。一個試圖把壞事變好事的過程是複雜的，它並不簡單存在於破窗理論的邏輯中。」

「一個頑童，打破了鄰居的窗戶，鄰居就得更換新的窗戶，於是帶動了玻璃工人和木匠就業，而他們又進一步帶動了更多原材料提供者就業，整個社會便得以欣欣向榮，所以，頑童打破窗戶是有益於經濟發展的。這套推理錯得厲害，連目不識丁的人也知道那是錯的。錯在哪裡呢？它忘記了『世界上的資源總是饋乏的』……」

「資源是饋乏的，要理解這一點並不難，難就難在要自始至終牢記這一點。有些人即使已經成了有名的經濟學者，到關鍵時候也還是記不住。讀者們不要相信那些發動戰爭有利美國經濟的說法。大炮多了，奶油就必定減少……」

「在捍衛『資源是稀缺的』這一要旨的時候，我們不應該忽視另一條經濟學要旨──『稀缺的資源並不一定是被充分利用的』」。

「在討論『破窗』、『襲擊』造成的有形資產損失和可能刺激生產增加的兩個後果時，有些經濟學家沒有分清潛在國民生產總值與

實際國民生產總值兩個不同的概念。在經濟蕭條的時候，大量的資源——包括勞力、機器、廠房、自然資源——被閒置。由於對前景缺乏信心，消費者節省日常生活開支，廠商減少資產投資，因而造成總需求下降，經濟持續蕭條。這種蕭條是一種相對穩定狀態，如果沒有外界推動，這種狀態就不會改變。只有外界力量推動或刺激總需求，繼而引起國民生產以乘數增加，才能改變原來的狀態。這正是凱因斯超越古典經濟學的理論貢獻。」

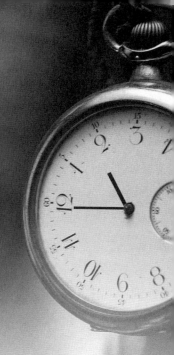

PART 17

第17部

手錶定律

　　只有一隻手錶，可以知道是幾點，擁有兩隻或兩隻以上的手錶，卻無法確定是幾點；兩隻手錶並不能告訴一個人更準確的時間，反而會讓看錶的人失去對準確時間的信心。

太多的手錶

只有一隻手錶，可以知道是幾點，擁有兩隻或兩隻以上的手錶，卻無法確定是幾點；兩隻手錶並不能告訴一個人更準確的時間，反而會讓看錶的人失去對準確時間的信心：這就是著名的「手錶定律」。

「手錶定律」給我們一種非常直觀的啟發：對一個企業，不能同時採用兩種不同的管理方法，不能同時設置兩個不同的目標，否則將使這個企業無所適從；**一個人不能由兩個以上的人來指揮，否則將使這個人無所適從；一個人不能同時選擇兩種不同的價值觀，否則，他的行為將陷於混亂。**

是什麼讓你無所適從

你希望自己變成怎樣的一個人——大富翁？藝術家？企業家？演說家？手藝超群的廚師？廣受歡迎的年輕人？為子女愛戴的母親？給殘疾兒童帶來希望的老師……

不管你希望變成怎樣的一個人，對大部分人來說，他們都沒有去做真心想做的事情！

是什麼阻止了我們做真心想做的事情，讓我們無所適從呢？

首先是我們被教養的方式，我們總是被要求去滿足父母的期望，去適應老師替我們塑造的模式，從來就沒有考慮到自己有什麼樣的期望。

第二，我們所處的環境通常都不是事先計劃好的。我們往往因為事先住在什麼地方，就在什麼地方定居下來，我們不曾想過：「也許應該改變我們的環境，也許應該搬到別的地方去居住。」我們也可能因為第一個找到的工作是哪一行，就做起哪一行的事來，而沒想一想這個行業是不是真的適合自己。

再說，我們也常因為住到什麼地方，就和附近的鄰居交朋友，而沒有想過搬走，另外結交一些朋友，可能會比待在目前的朋友圈子

10天打造超強的成功智慧
一次讀懂20部黃金智慧法則

中，令自己生活得更為有趣。我們往往墨守成規，任由習慣支配我們。

第三個理由是：我們不能做自己真心想做的事情，因為我們從來就不被鼓勵這樣做。這個理由說起來繞口，道理卻很簡單：當我們需要別人給我們打氣時，卻不曾得到支持，因此我們就洩氣了！

我們的教育制度一向是懲罰多於鼓勵。你可記得作文課的情形？你可記得老師怎麼教你的？大多數的老師都會把你犯的錯誤挑出來告訴你──這個字寫錯，那個字寫得歪歪斜斜，這句成語更是用得牛頭不對馬嘴！

別讓不同的價值觀來影響你

「手錶定律」的更深層涵義在於每個人都不能同時挑選兩種不同的價值觀，否則，他的行為將陷於混亂。

什麼才是我們真正想追求的價值觀呢？

簡單地說，就是那些你比較喜歡、珍惜和認為重要的事情。我們常自以為很了解自己，事實上，大部分人都不曾花時間來了解自己的真正需要。

小時候，我們多半都會接受父母的價值觀，因為我們希望認同自己的父母，把父母視為心中的楷模，而父母也常根據孩子能否接受他們的價值觀來獎勵或懲罰他們。

等到你上學時，情況便有些不一樣了，你很可能受到同學和老師的價值觀的影響。

在你離開家庭進入成人世界時，你更是不斷地修正自己的價值觀：有些事對你變得比較重要，有些則無足輕重；某些人對你的重要性超過普通人，有些更變成你的模範，你認同他們，接受他們的某些價值觀，也拒絕了另外一些價值觀。

大部分的價值觀都是中性的，無所謂好壞，但一個人不能同時選擇兩種截然不同的價值觀。希望獲得權力沒什麼不好，因為權力是中性的，重要的是你運用權力的方式是建設性的還是破壞性的，你有可

能當希特勒，也有可能當甘地，全看你怎麼用權了。

　　同理，希望有錢、希望得到認可、講究自主都無所謂好壞，只是這些價值觀都是構成你之所以為你的因素罷了。

　　許多女人常常否認自己有追求權力、金錢和成就的需要，因為她們認為這些價值觀和她們所認為女人該有的樣子不相配。然而這種認知慢慢地改變了，在今天，一個女人喜歡追求權力、金錢和成就越來越被人們所接受。刻板的角色被打破後，我們有更多的機會來追求自己的個人價值。

　　有時，我們也會為自己的價值觀付出代價，特別是當價值觀與我們的事業和生活發生衝突時。但只要我們真正認同自己的價值觀，就不應再受其他價值觀的影響。也許對你來說，寧可事業上受到損失也要追求自己內心的那份和諧與平靜！

　　「蘋果機」的創始人之一——年輕的史蒂夫在早期的電腦世界裡找到了一個完美的工作環境。他留著鬍子，穿著牛仔褲，成天一個人在車庫裡工作，他幻想著一個新世界的誕生，統治這個世界的只有他和其他一小部分人。「我一生都在寂寞中度過，但我知道自己的工作是有價值的。」史蒂夫心中的價值就是自立和社會利益。

　　後來蘋果公司發展成了一家實力雄厚的大公司，這無情地擊碎了史蒂夫的價值觀。在這裡，謀財圖利代替了社會價值，集體經營代替了個人天才。

　　而後，史蒂夫從蘋果公司退了出來，自己開了一家新公司，公司裡只有幾個人，每人都穿著牛仔褲在各自的房間裡思考新的創意。

　　並非只有藝術家和創造者才如此書生意氣。一位極有道德感的投資銀行家曾在兩家大公司身居要職，但都因為不能容忍其價值系統而遭到辭退。他這樣表白：「我想我喜歡與風車作戰。我有一種唐吉訶德式的心理，我覺得公司的行為是在掠奪民眾，於是我挺身阻止。當然了，那位曾經十分賞識我的『朋友』立即解雇了我。」

　　「我非常沮喪，雖然一切都在預料之中，但我能怎麼辦呢？除了看重才智，我從小就看重道德。這很愚蠢，我知道，可是我肩負著某種道德感。」

由於出眾的才華，這位專家再次應邀出任一家投資公司的主管。兩年後，由於同樣的原因，由於拒絕做一筆「好生意」而不得不再次下台。

在事業中，雖然史蒂夫和這位投資銀行家都由於自己的價值觀而遭遇挫折，但就是因為對其他價值觀的免疫力，他們的內心才能平靜如水。

■ 選擇你自己的價值觀

成功完全是種個人現象，只有把完成的事情和個人的價值觀結合在一起，你才會覺得非常的成功。假如違背了自己的價值觀，不管達到什麼樣的目標，你都不會有太多的成就感。

假如你最基本的價值觀在美感方面，你是喜歡繪畫、雕塑，還是演奏樂器或欣賞音樂？你的美感是透過參觀藝術博物館、觀賞芭蕾或聆聽音樂會來表現會比較好，還是只要藉由你的家便能表現出來？

假如你把追求身體健康作為價值觀的一部分，你採取的行動也許就是選擇適當的食物，適當安排運動和休息時間，避開菸、酒以及令人發胖的食物。

正確地選擇價值觀，最好還要知道某一種價值觀對你的重要性達到什麼程度，以及想用什麼方式來表現。

如果傾向於追求人道主義，請你自問：「參加慈善事業，無可避免會涉及金錢的事情，我能平衡嗎？還是說想做個積極的志工人員？或是自創一份人道主義的事業？」

假如你對智慧方面有著強烈的興趣，也請你自問：「我在這方面下的功夫夠多嗎？我是否該參加圖書討論會？或到附近的大學裡去選修一些課程？」

試問自己：「我是不是願意把時間、精力、資源都花在一件夢想的事情上，甚至願意為它放棄生命呢？」

事實上，你活著的每天、每分、每秒都在為了某些事情付出你的生命。為了實踐某個理想，你窮盡自己畢生的心血、精力、想法及創

意，甚至為它犧牲，無論你是否認為這是一種犧牲。

「當你選擇了最重要的事情時，你的價值觀會影響你的決定。如果你想擁有一個非常充實的人生，那麼你願意為它付出生命的事情，一定正是你活著的理由。」

發現獨一無二的本能

遺傳學家的研究成果表明：人的正常、中等的智力由一對基因所決定，另外還有五對次要的修飾基因，它們決定著人的特殊天賦，有降低智力或升高智力的作用。

一般來說，人的這五對次要基因總有一兩對是「好」的。也就是說，一般人在某些特定的方面可能有良好的天賦與素質。

所以，不要埋怨現實的環境，不要坐等機會，每一個人都應該根據自己的專長來設計自己，根據自己的環境、條件、才能、素質、興趣來確定努力方向。

人們不僅要善於觀察世界，也要善於觀察自己。湯姆遜由於「那雙笨拙的手」，在處理實驗工具方面感到非常煩惱。後來他偏向於理論物理的研究，較少涉及實驗物理，並且找了一位在實驗物理方面有著特殊能力的助手，從而避開了自己的弱點，發揮了自己的特長。

珍妮・古多爾清楚地知道，她並沒有過人的才智，但在研究野生動物方面，她有超人的毅力、濃厚的興趣，而這正是從事這一行所需要的。所以她沒有去研究數學、物理，而是到非洲森林裡考察黑猩猩，終於成了一個有成就的科學家。

實際上，每個人都有很多優點和才能，這些優點便是你成功的關鍵。等到你能清晰地看到自己的特長，確信能在什麼方面取得貢獻，你便開始邁向成功。相反地，「如果你看不出自己的優點和才能，便像個活生生被埋到墳墓裡的人！」

怎樣聽取他人的建議

通常，當我們碰到自己解決不了的問題時，都會尋求局外人的建議，由於他們置身事外，所以容易對事情做出客觀的評價，這也是管理諮詢公司迅速發展的原因之一。但「壞」建議是有風險的，在尋求外部顧問的建議時還請注意以下二點：

一、找到唯一的最好顧問：「兩隻手錶」並不能告訴你更準確的時間，只會讓你失去對準時的信心。它會把你弄得無所適從，身心憔悴，不知自己該信哪一個。你要做的就是選擇其中較信賴的一隻，盡力校準它，並以此作為你的標準，聽從它的指引。記住尼采的話：「兄弟，如果你是幸運的，你只須有一種道德而不要貪多。」

二、你的顧問只能和你一樣聰明：比如說你在投資理財上想找一個顧問，那麼你的顧問只能和你一樣聰明。如果你不聰明，他們就不能告訴你太多；如果你有財務知識，有能力的顧問就能為你提出更複雜的財務建議；如果你沒有財務知識，他們必須按照法律為你制訂安全、沒有風險的財務戰略；如果你不是一個老練的投資者，那麼他們僅僅是建議低風險、低回報的投資，例如多樣化的投資。

沒有哪個顧問會選擇花時間教你，因為他們的時間也是金錢。因此，如果你靠自己學到的財務知識經營你的錢，那麼有能力的顧問會告訴你只有少數人才會看到的投資和戰略。但是首先，你必須使自己變得有知識。永遠記住，你的顧問只能和你一樣聰明。

也許不需要他人的建議

成功完全屬於個人認知的範疇，對於不同的人，成功有著不同的意義。成功不只是賺很多錢，不只是在報紙上看見自己的名字，成功沒有這麼簡單。

一位慈善家想幫助一個酒鬼，他為酒鬼租了房間供他清醒，並提供飯食和衣服，他還為酒鬼找了份工作，使他能重新開始生活。可是

這個酒鬼說：「我不想工作，我就想當個流浪漢。我不要人供養，我只要自由自在。」

有一個受過高等教育的年輕人，他完全可以在繁華的都市找一份報酬很高的工作，但他選擇了到貧困落後的地區當一名教師。他的生活清苦，但他認為自己正在做真正重要的工作，他為此感到安心。

如果每個人都能「選擇你所愛的，愛你所選擇的」，那麼無論成敗都可以心安理得。

每個人對於成功的定義都不一樣，正表示每個人都是獨一無二的。每個人都有著不同的優點、興趣、目標和價值觀。要想成功，你一定得對自己誠實，一定得尊重自己的本質，還必須平衡自己的生活——平衡所有的希望和需要。

因為成功是整體——包括你的工作和你所有的人際關係，還包括你對生活整體的享受與欣賞。

為了保持這種平衡，自身必須依據你的本質做出選擇。這些抉擇包括你所做的每一件事——從挑選衣服到選擇房子，從事什麼工作到閒暇時要和哪些朋友在一起。要成功也就是能接受對自我負責。你最好試著自己做出決定，不要讓他人的建議來影響你，因為只有你自己才知道自己需要什麼。

知道自己在做什麼是最重要的，別人如何看待你的工作、決定、努力、動機或成就，這些都不要緊，因為只有我們最清楚自己所作所為的重要性，我們必須依據自己的價值和信念來評估一生的作為。

當然，他人的掌聲及喝彩固然令人高興——例如，當你聽到某人對你說「謝謝」，或讚許你的作為時，你必然會感到歡喜——但最重要的還是你對自己的評價。而大部分的人都將別人的評價建立在自己的人生信仰及價值觀之上。

如果你已經知道自己真正的需要，就沒必要再去徵求他人的意見，在這個時候，任何人的建議都只會影響你的自我判斷和決心，對你來說，最好的辦法也許就是忠於自我，勇於實現自我。

千萬不要朝令夕改

有這樣一位苦惱的人力資源主管，他的老闆總是說話不算數，為此他吃了不少苦頭。

有一次，他按老闆的指示與員工續簽合約，結果因各種原因出了問題。老闆急了，把員工一個一個找來談心，最後一個個擺平。然而，老闆與員工協商後的結果並未通知這位人力主管。員工滿意了，可是都認為是他的工作有問題。老闆呢，自然認為是他辦事不力，什麼場面都要他親自應付。

在很多公司，老闆的「思維」極其活躍，他們一天一個政策，一天一個創意，今天變革比較時髦，他們就做公司的變革；明天目標管理比較時髦，他們就做目標管理。往往一個政策才執行到一半，員工就被要求執行下一個政策，這樣的企業只能使員工無所適從。以至有些企業的員工都能總結出這樣的規律：「老闆第一次發佈的某個政策，可以先不管他；第二次如果還強調這個政策，那麼可以適當考慮去做；第三次如果再強調相同的政策，那麼應該著手去辦。但這樣的老闆一個政策能堅持下來的往往不足百分之六十。」

別讓員工無所適從

一名員工不能由兩個上司來同時指揮，否則將使他無所適從。

黛安娜・波蘭斯基給醫院院長戴維斯博士打來電話，要求立即做出一項新的人事安排。從黛安娜的急切聲音中，戴維斯院長能感覺得到發生了什麼，他讓黛安娜馬上過來見他。大約五分鐘後，黛安娜走進了戴維斯院長的辦公室，遞給他一封辭職信。

「戴維斯博士，我再也工作不下去了，」她開始申述，「在婦產科當了四個月的護士長，我簡直做不下去了。我怎麼能做得了這份工作呢？我有兩個上司，每個人都有不同的要求，都要求優先處理。要

知道，我只是一個凡人，我已經盡最大的努力去適應這份工作，但看來這是不可能的。讓我舉個例子吧，請相信我，這是一件平平常常的事。像這樣的事情，每天都在發生。」

「昨天早上七點四十五分我來到辦公室就發現桌上留了張紙條，是達納‧傑克遜醫院的主任護士給我的。她告訴我，她上午十點鐘需要一份床位利用情況報告，供她下午向董事會作匯報時用。我知道，這樣一份報告至少要花一個半小時才能寫出來。三十分鐘以後，喬伊斯（黛安娜的直接主管、基層護士監督員）走進來問我為什麼我的兩位護士不在工作崗位上。我告訴她雷諾茲醫生（外科主任）從我這要走了她們兩位，說是急診外科手術正缺人手，需要借用一下。我告訴她，我也反對過，但雷諾茲堅持說只能這麼辦。你猜，喬伊斯說什麼？」

「她叫我立即讓這些護士回到婦產科。她還說，一個小時以後，她會回來檢查我是否把這事辦好了！我跟你說，戴維斯博士，這種事情每天都發生好幾次。一家醫院就只能這樣運作嗎？」

對於企業或其他組織也是這樣，兩個或兩個以上的上司或負責人不但提高不了組織的工作效率，反而會帶來管理的混亂，導致員工無所適從，並降低了工作的效率。

10天打造超強的成功智慧
一次讀懂20部黃金智慧法則

PART 18

第18部

路徑依賴

　　一旦人們做了某種選擇，就好比走上了一條不歸之路，慣性的力量會使這一選擇不斷自我強化，並讓你不能輕易走出去。

馬屁股決定鐵軌的寬度

一旦人們做了某種選擇，就好比走上了一條不歸之路，慣性的力量會使這一選擇不斷自我強化，並讓你不能輕易走出去，生活中的這種現象就被稱為「路徑依賴」。

一個廣為流傳、引人入勝的例證是：現代鐵路兩條鐵軌之間的標準距離是四英尺又八點五英寸，為什麼採用這個標準呢？

原來，早期的鐵路是由建電車的人所設計的，而四英尺又八點五英寸正是電車所用的輪距標準。

那麼，電車的標準又是從哪裡來的呢？

最先造電車的人以前是造馬車的，所以電車的標準是沿用馬車的輪距標準。

馬車又為什麼要用這個輪距標準呢？

英國馬路軌跡的寬度是四英尺又八點五英寸，所以，如果馬車用其他輪距，它的輪子很快會在英國的老路上撞壞。

這些軌跡又是從何而來的呢？

從古羅馬人那裡來的。因為整個歐洲，包括英國的長途老路都是由羅馬人為它的軍隊所鋪設的，而四英尺又八點五英寸正是羅馬戰車的寬度。

任何其他輪寬的戰車在這些路上行駛的話，輪子的壽命都不會很長。

可以再問，羅馬人為什麼以四英尺又八點五英寸為戰車的輪距寬度呢？

原因很簡單，這是牽引一輛戰車的兩匹馬屁股的寬度。

故事到此還沒有結束。

美國太空梭燃料箱的兩旁有兩個火箭推進器，因為這些推進器造好之後要用火車運送，路上又要透過一些隧道，而這些隧道的寬度只比火車軌道寬一點，因此火箭推進器的寬度是由鐵軌的寬度所決定的。

所以，最後的結論是：路徑依賴導致了美國太空梭火箭推進器的寬度，竟然是兩千年前便由兩匹馬屁股的寬度所決定的。

道格拉斯・諾思的偉大發現

第一個使「路徑依賴」理論聲名遠播的是道格拉斯・諾思，由於用「路徑依賴」理論成功地闡釋了經濟制度的演進，道格拉斯・諾思於一九九三年獲得諾貝爾經濟學獎。

諾思認為，「路徑依賴」類似於物理學中的慣性，事物一旦進入某一路徑，就可能對這種路徑產生依賴。這是因為，經濟生活與物理世界一樣，存在著報酬遞增和自我強化的機制。這種機制使人們一旦選擇走上某一路徑，就會在以後的發展中得到不斷的自我強化。

「路徑依賴」理論被總結出來之後，人們把它廣泛應用在選擇和習慣的各個方面。在一定程度上，人們的一切選擇都會受到路徑依賴的可怕影響，人們過去做出的選擇決定了他們現在可能的選擇，人們關於習慣的一切理論都可以用「路徑依賴」來解釋。

沿著既定的路徑，不管是經濟、政治、還是個人的選擇都可能進入良性循環的軌道，迅速優化；也可能順著原來錯誤的路徑往下滑，甚至被「鎖定」在某種無效率的狀態下而導致停滯。而這些選擇一旦進入鎖定狀態，想要脫身就會變得十分困難。

但不管是優化還是鎖定，在「路徑依賴」的背後，隱藏的都是人們對利益的考慮。

對組織來說，一種制度形成以後，會形成某種既得利益的壓力集團。他們對現存路徑有著強烈的要求，他們力求鞏固現有制度，阻礙選擇新的路徑，哪怕新的體制更有效率。

而對個人來說，一旦人們做出某種選擇後，在既有的道路中，他們會不斷投入各種資源。如果哪天他們發現自己選擇的道路不再適合自己、沒有價值時，他們將做出新的選擇。這時，他們才發現前期的巨大投入可能會因為重新選擇而變得不值一文。對任何人來說，這都是一筆很大的損失（經濟學上稱為「沉沒成本」）。

自我強化與鎖定效應

　　有人將五隻猴子放在一個籠子裡，並在籠子中間吊上一串香蕉，只要有猴子伸手去拿香蕉，就用高壓水柱教訓所有的猴子，直到沒有一隻猴子再敢動手。

　　然後用一隻新猴子替換出籠子裡的一隻猴子，新來的猴子不知這裡的「規矩」，竟又伸出上肢去拿香蕉，結果觸怒了原來籠子裡的四隻猴子，於是牠們代替人執行懲罰任務，把新來的猴子毒打一頓，直到牠服從這裡的「規矩」為止。

　　試驗人員如此不斷地將最初經歷過高壓水柱懲戒的猴子換出來，最後籠子裡的猴子全是新的，但沒有一隻猴子再敢去碰香蕉。

　　起初，猴子怕受到「株連」，不允許其他猴子去碰香蕉，這是合理的。

　　但後來人和高壓水柱都不再介入，而新來的猴子卻固守著「不許拿香蕉」的制度不變，這就是路徑依賴的自我強化效應。

　　實際上，最早提出路徑依賴的是W‧Brain‧Arthur 他對技術演變過程的自我強化機制進行了研究，指出新技術的採用大多數是具有報酬遞增性質的。

　　首先發展的技術可以憑藉其領先優勢，實現規模經濟，降低單位成本，誘使同行採用相同的技術，從而產生合作效應，技術在行業中的流行會促使人們相信它會進一步流行，這樣就實現了自我強化機制的良性循環，從而戰勝競爭對手。

　　如果新技術由於某種原因進入市場太晚，就不會獲得足夠的追隨者，沒有足夠的追隨者，就不能收回技術開發成本，從而不能進一步開發新技術，由此陷入惡性循環，進入鎖定狀態。

　　諾思將技術演變中的自我強化機制引入到制度變遷理論中來，他認為制度變遷中同樣存在自我強化機制。

一次或偶然的機會將導致一種解決方法，而一旦這種方法流行起來，就會導致這種方法進入一定的軌跡。

在自我強化機制作用下，報酬遞增普遍發生，經濟、政治制度變遷會沿著初始選擇的正確路徑，進入環環相扣、互為因果、互相促進的良性循環中，「不斷優化」就是制度變遷的正確路徑。

而如果選擇了錯誤的路徑，就可能下滑到無效率的深淵而不能自拔，這就是另一條路徑——鎖定狀態。

可怕的沉沒成本

當一項已經發生的投入，無論如何也無法收回時，這種投入就變成了「沉沒成本」。

舉個例子來說，你花了十塊錢買了一張今晚的電影票，準備晚上去電影院看電影，想不到臨出門時天空突然下起了大雨。

這時你該怎麼辦？

如果你執意要去看這場電影，你不僅要來回包車，增加額外的支出，而且還可能面臨著被大雨淋溼、發燒感冒的風險。

還有一個更為經典的例子。

有一個老人特別喜歡收集各種古董，一旦碰到心愛的古董，無論花多少錢都要想方設法地買下來。

有一天，他在古董市場上發現了一件嚮往已久的古代瓷瓶，花了很高的價錢把它買了下來。

他把這個寶貝綁在自行車後座上，興高采烈地騎車回家。誰知由於瓷瓶綁得不牢靠，在途中「叮噹」一聲從自行車後座上滑落下來，摔得粉碎。

大家猜猜，這位老人是什麼反應？

這位老人聽到清脆的響聲後居然連頭也沒回。這時，路邊有位熱心人對他大聲喊道：「老人家，你的瓷瓶摔碎了！」老人仍然是頭也沒回地說：「摔碎了嗎？聽聲音一定是摔得粉碎，無可挽回了！」不

一會兒，老人家的背影消失在茫茫人海中。

如果換成一般人肯定會從自行車上跳下來，對著已經化為碎片的瓷瓶捶胸頓足、扼腕痛惜，有的可能會經過好長時間才得以恢復精神。

每一次選擇之後，我們總是要付出行動，而每一次行動我們總是要投入，不管投入的是人力、物力、財力還是時間。在做出下一個選擇時，我們不可避免地會考慮到這些前期的投入，不管它還能不能收回，是否真的還有價值。

最終，前期的投入就像萬能膠一樣，把我們黏在原來的道路上，無法做出新的選擇，而且投入越大，把我們黏得越緊。因此，可以肯定地說，「沉沒成本」是路徑依賴現象產生的一個主要原因！

習慣——纏在你身上的鐵鏈

習慣藉由一再的重複，由細線變成粗線，再變成繩索；再經過強化重複的動作，繩索又變成鏈子；最後，定型成了不可遷移的習慣與個性。

人類時時刻刻都在無意識中培養習慣，這是人的天性。因此，我們仔細想一想，我們平時正在培養哪種習慣？因為我們都受習慣潛移默化的影響，都要臣服於習慣之下，最終，習慣可能為我們效力，也可能扯我們的後腿，成為「朽木不可雕也」！

諸如懶散的習慣、看連續劇的習慣、喝酒的習慣以及其他各種各樣的習慣，有時要束縛、控制我們大量的時間，而這些無聊的習慣佔用的時間越多，留給我們自己可利用的時間就越少。所謂「煩惱易斷，習氣難改」，習慣就像寄生在我們身上的病毒，慢慢吞噬著我們的精力與生命。

很多人常說「忙不過來」、「哪裡有時間」，就是這些習慣造成的惡果。

還有些人，已被習慣束縛，成為習慣的奴隸，碰到任何事情，都

想把它們嵌進習慣的框框中，這樣怎麼能夠想出新奇的思維呢？怎麼能夠產生獨特的想法呢？這時的習慣就像寄生在我們大腦裡的腫瘤，阻止我們思考與創新。

如果任何事都具有習慣性，漸漸地，就會失去探索和尋求更好方法的欲望，這時習慣就成了惰性的別名。

所以，習慣有時是很可怕的東西。習慣對人類的影響，遠遠超過大多數人的理解。**人類行為的百分之九十五是藉由習慣做出的。**

習慣有「習慣自然成」那種不可見的潛移默化的力量，正如一位哲人所說：「首先，我們培養習慣；後來，習慣塑造我們。」

播種習慣，收穫命運

有位美國作家說過：「播種行為，收穫習慣；播種習慣，收穫性格；播種性格，收穫命運。」一種好習慣可以成就人的一生，一種壞習慣也可以葬送人的一生。

試想，一個愛睡懶覺、生活懶散又沒有規律的人，他怎麼約束自己勤奮工作？一個不愛閱讀、不關心身外世界的人，他能有怎樣的胸襟和見識？一個自以為是、目中無人的人，他如何去和別人合作、溝通？一個雜亂無章、思維混亂的人，他做起事來的效率會有多高？一個不愛獨立思考、人云亦云的人，他能有多大的智慧和判斷能力？

習慣是人生成敗的關鍵。事實上，成功者與失敗者之間唯一的差別在於他們擁有不一樣的習慣。

好習慣實際上是好方法——思想的方法、做事的方法。培養好習慣，即是在尋找一種成功的方法。

而一個人的壞習慣越多，離成功就越遠。

為什麼很多成功人士敢揚言即使現在一敗塗地也能很快地東山再起？也許就是因為習慣的力量：他們養成的某種習慣鍛造了他們的性格，而性格鑄就了他們的成功。

人類所有優點都要變成習慣才有價值，即使像「愛」這樣一個永恆的主題，也必須透過不斷的修煉，變成好的習慣，才能化為真正的

行動。

　　很多好的觀念、原則，我們「知道」是一回事，但知道了是否能「做到」是另一回事。這中間必須架起一座橋，這橋便是習慣。

　　那麼習慣的價值到底有多大呢？

　　美國科學家曾發現，一個習慣的養成需要二十一天的時間，果真如此，從效率角度分析，習慣應該是投入產出比最高的了，因為你一旦養成某個習慣，就意味著你將終身享用它帶來的好處。

　　正如奧格‧曼狄諾（世界上最偉大的推銷員作者）所説：「事實上，成功與失敗的最大分野，來自於不同的習慣。好習慣是開啟成功的鑰匙，壞習慣則是一扇向失敗敞開的門。」

培養一生的好習慣

　　那麼，我們又該如何去除惡習，養成好習慣呢？一靠制度約束，二靠自己的努力和決心。

　　在養成好習慣、去除壞習慣的初期，必須靠制度的強制作用進行約束。

　　每個人飯前、便後洗手的好習慣不是與生俱來的，這種習慣是經過父母或他人的無數次強制和糾正才得以養成；新加坡素有「花園城市」的美名，市民的自律習慣更是讓人稱歎，但你可知道，當時這些習慣的培養甚至動用了警察、監獄等國家法律來強制！

　　所以，「強制出習慣」是個不折不扣的真理！

　　好習慣的養成，除了靠制度的約束、教育的陶冶外，還要依靠自己的決心和勇氣。

　　而決心和勇氣何來呢？

　　這又不得不歸結於文化了。在一個積極向上的文化氛圍中，你總睡懶覺於心何忍？在一個團結合作的文化氛圍中，你總自以為是、目中無人何以立足？在一個開拓創新的文化氛圍中，你總唯唯諾諾、人云亦云何以發展？

　　所以，文化是一種更為強大的自然整合力，超越了制度的強制

10天打造超強的成功智慧
一次讀懂20部黃金智慧法則

力、超越了習慣的戀舊性，它強大得無需再強調或者強制，它不知不覺地影響著每個人的心理和精神，從而最終成為一種自覺的群體意識。

當然，任何一種習慣的培養都不是輕而易舉的，因此一定要依照循序漸進、由淺入深、由近及遠、由漸變到突變的原則。

男怕入錯行，女怕嫁錯郎

一代指揮大師伯恩斯坦痛苦地趴在工作台上，頭髮凌亂，右手無力地向前伸著，手中的筆從他指間脫出，筆尖的墨汁滴在尚未寫完的、已經塗畫過的樂譜上……

長久以來，英姿勃發、瀟灑倜儻的伯恩斯坦是以指揮家的盛名和榮耀出現在我們面前的，他那極富個性的指揮風格和風度，傾倒了無數樂迷。

然而，追溯伯恩斯坦的成長經歷，他最早的抱負其實是當一位作曲家。

一九一八年，伯恩斯坦出生在美國麻薩諸塞州的勞倫斯，曾求學於哈佛大學，因為酷愛音樂，後轉入美國著名的寇迪斯音樂學院，師從美國當時非常有名的作曲家和音樂理論家俾斯頓學習作曲。

在此期間，性格活躍的伯恩斯坦還隨著名指揮大師賴納學習指揮，不過，他當時的主要意向還是作曲，創作的熱情非常高，寫出了一系列出手不凡的作品。一時間，伯恩斯坦創作的作品猶如一陣清新之風吹拂了美洲大陸，人們發現一位新的作曲大師已嶄露頭角。

就在伯恩斯坦寫出一部部新作品的同時，具備多方面音樂才華的他又涉足指揮領域。他先是到波士頓坦格伍德的音樂培訓中心，成為著名指揮大師庫謝維茨基的學生，並深得庫氏的賞識，兩年後成為其助手。

後來一個偶然的機會，他又被當時擔任紐約愛樂樂團常任指揮的羅津斯基發現，推薦他擔任這個著名樂團的助理指揮。在一九四三年的一場重要的音樂會上，年僅二十五歲的伯恩斯坦代替因病不能上場

的瓦爾特出場指揮，獲得極大成功，由此一舉成名。

到了一九五八年，決定伯恩斯坦成為一流指揮家的時刻終於到來，因為就是在這一年，伯恩斯坦接過了米羅普洛斯的指揮棒，成為紐約愛樂樂團常任指揮。在世界樂壇的指揮領域，這是個讓人羨慕的位置，在之後的數年中，伯恩斯坦幾乎成了紐約愛樂樂團的名旦。

伯恩斯坦在指揮上成名的速度和亮度更甚於他在作曲上的成就，但在內心深處，他還是以作曲為己任的。

當他在指揮上一路順風的時候已經意識到這會影響到自己的創作，但指揮家的光環、社會名流的待遇、劇場內如潮的掌聲和喝彩，讓生性外向的伯恩斯坦放不下手中的指揮棒。

在執棒紐約愛樂樂團的歲月裡，創作的欲望無時不在撞擊和折磨著伯恩斯坦。

因此每逢休假，伯恩斯坦總要找一段時間把自己關在屋內進行作曲，他竭力想找回以前的活力和靈感，他要啟動和實現年輕時的夢想與抱負。然而，除了偶爾閃過的靈光外，面對案前正在譜寫的音符，更多時候他面臨的卻是深深的失望與苦惱，樂思的枯竭像幽靈一樣驅之不散。

是創作還是指揮？

這個矛盾和衝突幾乎貫穿了伯恩斯坦的一生，當他在舞台上無數次接受掌聲和鮮花時，有誰能明白他背後的隱痛和遺憾呢？

作為一個指揮家，他已獲得了巨大的成功。但創作的神奇和永恆時時召喚著他，使他的內心始終得不到真正的安寧。

一直到了生命的晚年，伯恩斯坦終於下定決心：辭去紐約愛樂樂團的指揮，回家專心創作。

但是為時已晚，疾病已開始向伯恩斯坦襲來，而更讓他感到痛苦的是，有人認為他創作的音樂只停留在《西區故事》這樣的音樂劇的層面上，不可能再有所超越了。這對伯恩斯坦來說，無疑地是更致命的一擊。在他晚年的時候，每念及此，他都耿耿於懷。

伯恩斯坦一定是帶著深深的遺憾告別人世的。

伯恩斯坦雖然「誤入歧途」進入指揮領域，但畢竟還是在他喜愛

的音樂領域，不至於錯得太離譜，所以還能取得成功。但如果他完全背離了自己的本質和天分，進入音樂外的其他領域，那麼他還能如此成功嗎？

許多人犧牲了自己的本質，去做那些自己不願意做的事情，這就是他們不能成功的真正原因。

該做老師的人做了企業家，該做企業家的人卻跑去當老師，該做管理員的跑去做推銷員，做管理員的卻是那些該做律師的人，做律師的該做醫生，做醫生的卻自己創業去做老闆……

這種選錯行的人太多了，這些人注定要失敗──因為他們沒有選擇成功的生活。

做正確的事比正確地做事更重要

如果一個人覺得自己的工作沒有意義、不值得去做，往往會保持冷嘲熱諷、敷衍了事的態度。這不僅使得成功的機率很小，而且就算成功，他也不會覺得有多大的成就感。

對此，「不值得定律」做出了最直觀的表述：不值得做的事情，就不值得做好。

因此，對每個人來說，都應該為最喜歡的事業奮鬥。「選擇你所愛的，愛你所選擇的」，才可能激發我們的意志，使自己心安理得。

一般來說，人們更傾向於喜歡自己有獨特天賦的事業，做自己有天賦的事情會讓你獲得十足的成就感。

卡斯帕羅夫十五歲獲得國際西洋棋的世界冠軍，光用刻苦和方法正確很難解釋這一點。大多數人在某些特定的領域都有著特殊的天賦和良好的素質，即使是看起來很笨的人，在某些特定的領域也可能有傑出的才能。

梵谷各方面都很平庸，但在繪畫方面是個天才；愛因斯坦當不了一個好學生，卻可以提出相對論；柯南道爾作為醫生並不出名，寫小說卻名揚天下……

每個人都有自己的特長和天賦，從事與自己特長相關的工作，就

能很輕易地取得成功，否則，多少會埋沒自己。

對一個企業來說，則要很好地分析員工的性格特性，合理地分配工作。

對有一定風險和難度的工作，最好能讓成就慾較強的員工單獨或帶頭來完成；依附慾較強的職工，應讓他參加到團體工作中去；而權力慾較強的職工，則可以讓其擔任與之能力相適應的主管。

同時，如果能加強員工對企業目標的認同，使之認識到工作的重要意義，就能更好地激發他們工作的激情。

知錯能改，善莫大焉

當然，「路徑依賴」現象並不是百分百地發生，它只是告訴人們：一旦踏上某條道路，就很難再重新選擇，因為重新選擇的成本太高。但當你真的發現不再適合自己的工作、不再適合自己的事業時，我勸你最好還是跳出「路徑依賴」的影響，勇敢地走出來。

人生忌戀棧，有些事，大局既已無望，宜迅速放棄，另謀出路，不可空耗自己一生，必須在能做的範圍內選擇想做的事。

若在某個行業長期出不了成績，不如改行做更適合自己的事業。拋棄虛榮心，哪怕降低一個層次，只要能發揮自己的特長，就能做出更大的成就，找到自己的人生價值。

不做可做可不做的事，不做可有可無的人，這應該是做人的基本品格。

阿西莫夫是一個科學作家，同時也是一個自然科學家。一天上午，他在打字機前打字的時候，突然意識到：「我不能成為一個第一流的科學家，卻能夠成為一個第一流的科幻作家。」於是，他幾乎把全部的精力放在科學創作上，終於成了當代世界最著名的科幻作家。

倫琴原來學的是工程科學，在老師孔特的影響下，他做了一些有趣的物理實驗。這些試驗使他逐漸體會到，物理才是最適合自己的事業，後來他果然成了一名卓有成就的物理學家。

當你發現自己走錯時，打破「路徑依賴」是你唯一的選擇！

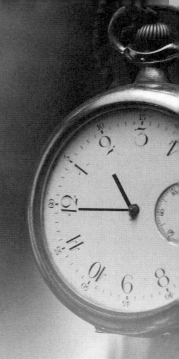

PART 19

第19部

重覆博奕

用高效率合作，走出囚籠，實現人們的理想，克服各種難關

博弈論是最近興起的一門新學問，別看它的名字起得高深莫測，其實它的英文名叫「game」，就是一種遊戲，揭示的都是我們生活中的小道理。大家大可不必對它產生畏懼，今天我們就來揭開博弈中很重要的一塊，博弈理論的面紗。

談博弈，首先從堪稱經典的「囚犯困境」開始。

「囚犯困境」說的是兩個囚犯的故事。這兩個小偷一起偷東西，事後被警察發現，被捕入獄，分別關在兩個獨立的牢房裡進行審訊，保證他們不能互通訊息。在這種情形下，兩個囚犯都面臨兩個選擇：一是與警察合作，招出他們偷竊的事實；二是保持沉默，拒不承認。當然不同的選擇，結果是不同的。如果一個小偷招認，另外一個小偷不認罪，那麼根據「坦白從寬、抗拒從嚴的原則」，認罪的小偷將被釋放，另外一個將入獄十年。若兩人都招認，則兩人罪名成立，各判入獄五年。當然，若兩人都不認罪，也沒有證據，那最多就是有期徒刑一年。

首先從數學上計算他們各自的得失：

		小偷B	
		招認	不招認
小偷A	招認	（-5，-5）	（-0，-10）
	不招認	（-10，-0）	（-1，-1）

此時，你認為這兩個小偷應該如何選擇呢？從上面的表格我們可以看到，兩人都不招認對他們的刑罰是最有利的，最多兩人各判一年。關鍵是，他們不能互通訊息，因此他們不知道另外一個人的選擇。因此，他們只能根據對別人的選擇的假設下，選擇自己的策略。

因此作為理性的人，他們會做出這樣的分析：如果對方招認，我招認的話，要判五年，不招認，判十年，那麼我應該選擇招認。如果對方不招認，我招認的話，可以被釋放，不招認，要判一年，那麼我還是選擇招認。也就是說不管對方招還是不招，我招認都是最佳的策略。

結果兩個小偷都做出招認的選擇，所以兩個人雙雙入獄了。這就是博弈論中著名的「囚犯困境」，而且在現實中屢試不爽，都是這樣的結果。兩個合夥的犯罪人都要在獄中度過五年。

藉由囚徒的困境這個例子，可以發現對個體最佳的選擇往往不是對雙方都有利的決策。因為我們發現，如果兩人都選擇不招認，對兩人的結果要好得多，兩人加起來不過是兩年。但是囚徒們做出的選擇恰恰是都招認，結果要各自在獄中待五年。由此可知，在一次的抉擇中往往會出現這種「囚徒困境」現象。

如果博弈雙方不是做一次的抉擇呢，那又會出現什麼情況呢？於是就形成了我們今天要介紹的博弈理論。

所謂博弈理論，就是把博弈的次數變成無數次，每一次囚犯的選擇是相同的，因此每一次囚犯選擇的過程都可視為整個博弈理論過程的一個階段。博弈理論中博弈各方的收益等於每次博弈結果的總和。

仍然採用上述的例子。有人將囚犯的困境的一次博弈做了多次的試驗，當然這在現實生活中無法完成，所以人們借助電腦的幫助。假設人的壽命夠長，這兩個小偷獲釋出獄後又再次犯案，再次被抓到，再次坐牢，然後又再出來犯案，……周而復始，那麼兩個小偷就會發現，兩個人選擇合作，即都不招認的結果要比招認好得多，於是他們會選擇不招供。這就是博弈理論中的「無名氏理論」。即多次博弈才能產生合作。

博弈理論帶來合作

● 生活中博弈理論的應用

家庭主婦到市場買菜，當她在攤前猶豫不決時，那些小商小販總是勸誘說：「太太，您放心，我在這裡賣菜又不是一天兩天了，我做的是長期買賣。」聽到這句話，主婦很可能就在這裡買菜。這就是小販的博弈策略。沒說出來的臺詞就是說：「我長期在這裡賣菜，這次

要是騙了你，下次你肯定不會再在這裡買了。你完全可以相信我，我給你最實惠的價格。」

這就是我們所講的博弈理論了。它其實並不難理解，可能你沒有覺察，但是你已經不自覺地在運用了。

繁華的商業街上相鄰的兩家服飾店，我們逛了逛，發現兩家都有同一件衣服。你肯定想比較一下，哪一家賣的便宜就買那一家的。當你詢問完價格，你就會發現，兩個老闆的要價是一樣的。無須感到奇怪，這也是兩家老闆博弈的結果。剛開業時，兩家價格也許還有差距，但是隨著時間的推移，兩個老闆爭相採取較低的價格來吸引顧客。他們在天天博弈、時時博弈的過程中，發現到只有兩家的價格相等時，才對雙方都有益。於是他們選擇合作定價。

再如兩國之間的貿易自由與壁壘。任何一個國家在國際貿易中都面臨著保持貿易自由與實行貿易保護主義的選擇。貿易自由可以讓自己的產品走向國外，但是同樣也得允許國外的產品進來，於是在走出和進入之間，各個國家都有所權衡。倘若一方禁止其他國家的產品進入，那麼其他國家會進行相對的報復行為，同樣禁止你的產品進入其國內。這樣，經過不斷的摩擦，形成了雙方都減少關稅限制的趨勢，讓大家都從貿易自由中獲得了利益，想必這也是建立 WTO 的初衷。

● 博弈理論帶來合作

從前面的一些現象，我們可以看到，對手之間經過長期的博弈理論，會出現合作的傾向。先看看客戶與廠商這一對利益相關的對手。長期的「老客戶」效應就是博弈理論的結果。每一個顧客有兩種選擇，購買還是不購買。店家或廠商也有兩種選擇，物美價廉和欺騙客戶。長期「老客戶」效應就促使雙方採取購買和物美價廉這一對策略，實現雙方的互利。

博弈理論使博弈的雙方需要考慮的因素變多，不僅有當前的利益還有未來的潛在收益。因此，經過博弈理論的運用，一般都能走出囚徒困境的牢籠，實現雙方的合作。

假設兩大巨頭公司，生產同類產品，在這裡不存在可充當他們對手的第三家公司。面臨著競爭，他們都有降價或者不降價的選擇。

若只進行一次性博弈，肯定會陷入「囚犯困境」不能自拔，大家都選擇降價，價格大戰由此產生。但是，若兩家公司進行多次博弈，則每一家公司在做出選擇的同時，不僅要考慮另一家公司現在的選擇，還要考慮另一家公司在以後可能採用的選擇，它將影響往後的收益。每個公司的總收益等於各期收益之和的情況下，博弈理論的結果使兩家巨頭公司都採取不降價的策略。從而形成兩家巨頭公司合作的局面，壟斷該行業的所有領域。

在這裡我們暫不考慮消費者的利益，站在企業的角度想，藉由多次博弈，兩家巨頭公司實現了合作，當然也達成了雙贏的局面。

世界石油輸出國組織 OPEC 的成立就是多方博弈的結果。博弈的各方都面臨著增加產量和不增加的選擇，一次性博弈的結果是大家都增加產量，陷入「囚犯困境」，結果是石油價格降低。經過多次博弈，各石油產出國選擇合作，於是才有了 OPEC，共同限制石油產量，維持石油的高價。

博弈理論實現了博弈各方的合作。

● 現實中博弈理論是很難實現

現實中，一次性博弈是大量存在的，因此很容易產生「囚犯困境」。儘管博弈理論可以實現合作與雙贏，但在現實世界裡，受制於某些條件，真正的多次博弈還不能形成。

例如我們開頭提出的「囚犯困境」博弈理論。在電腦的幫助下，我們發現，經過無數次博弈，兩個囚徒將採取合作的策略。現實中因為有很多條件限制，多次博弈根本不可能存在。比如說人的壽命限制，兩個小偷即使從十幾歲開始犯案，他們最多也只能進行五、六次博弈，以後恐怕想再犯案也沒力氣了。因此根本不可能實現無限次的博弈理論。

即使是 OPEC，他們組成了合作組織，但是縱觀它的歷史，他們

的合作有成功的時候，也有失敗的時候。有些石油國家在短期利益驅使下，私自提高產量的現象屢見不鮮。

博弈的一方在遭到對方背叛之後，有時沒有機會也沒有實力去進行報復。比如，兩家巨頭廠商生產的產品替代性極高，用經濟學的術語可以說是產品無差異。因此某一家企業的產品價格稍微下降將帶來數倍甚至數十倍的銷量增加。擅自降價的將獲得巨大的利益，相反的，遵守承諾，堅持不降價的企業將遭受致命的打擊，嚴重者還會失去龍頭地位。將沒有實力對違反規則的企業進行反擊報復。

另外有些政治、經濟方面的因素也導致博弈理論的最佳合作結果不能實現。國家之間，政客們在任期之內需要政績，尤其是在改選的時候需要國內企業家的支持，在此情況下，國家傾向於對這些產業進行保護。

什麼保證了多次博弈優於一次博弈

● 多次博弈建立長期關係

一次性博弈屬於「單一買賣」，博弈方只需要考慮一次選擇的結果就好了。這時雙方就會想辦法「坑」對方，牟取較高的收益。但是多次博弈不同，多次博弈意味著長期的關係，博弈方的收益變成各期收益的總和。因此，雙方需要考慮的不再局限於當前博弈的收益，還必須考慮以後的收益。因此，多次博弈的存在可以抑制博弈方的短視行為。

很多商業行為都顯現出這樣的特性。雙方以後如果不再有進行買賣的機會，買賣雙方常會不惜欺騙對手謀取高額利益。相反的，「熟客」、「老客戶」建立的長期關係能促使商家推行薄利多銷的計畫，藉由消費者多次消費，完成雙方的持續合作。

隨著「假日經濟」的發展，各種各樣的假期不斷推出，旅遊成了人們熱愛的活動和話題。於是出現了很多遊客與當地商販的博弈。

在一些旅遊景點，遊客們都是第一次來，也可能是只來一次。基於這樣的心理，有些商家難免禁不住利益的誘惑，要大賺遊客一筆。他們將商品價格提高幾倍、拿假貨當真貨賣。反正遊客不會再回來找他，「不賺白不賺」。

但是如果對象換成旅行社，那就另當別論了。旅行社帶團不只一次，可能天天來，月月來，因此他們是一種長期關係。如果商販們這次「坑」了旅行社，那麼下次旅行社肯定不會再帶團過來。那麼「坑」他的損失就比這次的收益要大得多。因此在對待旅行社時，那些旅遊勝地的商販就需要好好考慮、三思而後行了。

同樣的，銀行與貸款企業也有這樣的關係。有道是「借錢容易，還錢難」，不管是個人還是企業，大家借錢時都很開心，要他還錢時就頭大了。即使口袋裡有錢也不願意給人。銀行若與企業僅是單純的一次借貸關係，則相對具有較高的違約風險。企業有可能不歸還貸款，但是如果企業與銀行形成長期的關係，這樣的違約風險就小得多了。

日本、韓國的主辦銀行制度就是典型的例子。主辦銀行制就是說，每一家企業都有自己的主辦銀行，該銀行負責企業的貸款信用情況。這種制度無疑使企業與銀行之間形成了一種長期關係。

主辦銀行制的產生藉由建立長期關係，恰好是抑制這種「還錢難」現象的好辦法。因為企業違約的時候，需要考慮這次違約給企業帶來的利益是否大於以後得不到貸款的損失。因為你這次違約，將不利於以後從銀行獲得貸款，這是一次銀行借貸關係無法做到的。因此儘管亞洲金融危機時，主辦銀行制受到很多批評，我倒覺得既然存在就必然有它的原因。從建立長期關係上來說，這種主辦銀行制是一種降低銀行風險的好辦法，至少它阻止了企業故意不償還貸款的行為。

確保多次博弈的「無名氏定理」成立的關鍵是博弈理論實現雙方的長期關係。在長期關係下，利益相關者的行為決策會有所顧忌。

「重覆博弈」
第十九部
PART 19

● 長期關係需要信譽基礎

長期關係與信譽是一組相對的關係。建立長期關係，需以信譽為基礎，沒有信譽，就沒人會跟你建立長期關係。而信譽又是在長期合作中逐漸實現的，因此長期關係會促使利益各方注意維持自己的信譽。大家都靠信譽取勝，靠品質取勝。

單靠價格是無法成為真正的贏家，也無法建立與客戶的長期穩定關係的。

在產品競爭領域，單純的依靠價格戰已經很難讓企業成為長期贏家，也不足以維持與客戶的長期關係了。

據報導指出：二〇〇〇年時，美國長途電話龍頭間大打價格戰，對大宗合約的殘酷競爭使長途電話收費降至每分鐘一美分，結果是各公司紛紛陷入窘境。

二〇〇一年，美國各無線公司爭相提供夜間和週末免費通話時間，最後導致各公司通話時間的增加無法彌補話費下降的損失，而用戶數量的增加卻帶來大量的包袱：價格競爭使各企業收益大幅縮水，深陷泥潭不能自拔。

二〇〇〇年，德國國內長途話費較一九九八年下降了百分之八十五，國際長途話費下降了百分之七十四，使其後繼乏力。

國外通信業價格大戰的後果已經證實了這個問題。價格戰雖然可能增加產品的銷售量，但數量的增加不能彌補價格上的損失，因此未必能增加銷售收入。尤其是在眾商家大打價格戰的時候，價格的下降更不能有效地增加產品銷量。

價格戰更不可能建立與客戶的長期關係。名目繁多的降價活動，會促使客戶經常更換商家，一旦出現更低的產品價格，客戶就會轉投他家。

● 信譽培養顧客忠誠度

我們熱衷於購買名牌產品絕不僅僅是為了炫耀，而是因為名牌企

業的信譽卓著，我們可以放心的使用。

從某種角度來說，多次博弈能夠使賣方自覺維持信譽。為了長期的「利」，商家會努力提高客戶的「回流率」。怎樣才能提高回流率呢？當然要提供高品質的產品和優良的服務。因為老客戶具有以前的經驗，知道以前購買的產品品質是優是劣，價格是否公道。因此老客戶在商家看來，比新手要「狡猾」得多，因此商家更須注意維護自己的信譽。

在企業則表現為「客戶意識」。不管是哪個成功的企業總是把客戶放在首位。雅虎集團曾說過：「你這個部門、你這個職位有多大貢獻，能創造多少價值是取決於你有沒有客戶、有多少客戶以及你的客戶的滿意程度。如果誰都不求你做事了，那麼你就失去了存在的意義。」

從這話裡，客戶的概念似乎更廣泛一些，不僅包括企業的顧客，企業的合作夥伴；從公司內部講，其他部門也是你的客戶。有信譽才能獲得客戶，維持良好的信譽，才能抓住客戶的心。

在「客戶意識」的引導下，企業會多替顧客著想。比如在送貨上門時，注意是否及時；運輸過程中，怎樣減少包裝箱上可能出現的印痕和汙漬；接受客戶諮詢時，耐心解釋；甚至研發過程中都站在客戶的角度設計產品等。

企業會多替合作夥伴著想。比如代理協定中的條款要公平對待代理商；出貨時注意商品品質，注意出貨時間要及時，匯款時不拖欠，與代理商好好的溝通等等。

甚至企業會替自己的員工著想。維持企業與員工的良好信譽。眾所皆知，惠普公司對合作夥伴一向很重視且信譽良好，但惠普更出色的是把員工提升到夥伴的層面上。這不僅表明惠普對員工的看重，還表明惠普與員工之間信譽的維持。

有一些老闆，對員工能欺就欺，能瞞就瞞，能壓就壓。我們說這些老闆無疑是短視的，員工與企業的關係是一種長期的關係。如此做法只能失信於員工，打擊員工的積極性，終會得不償失。

多次博弈意味著長期關係的建立，而在長期關係中又產生了信

譽。因此可以說博弈理論產生信譽。

● 懲罰機制

保證多次博弈優於一次博弈的另一個原因在於懲罰機制的存在。在博弈理論中，博弈的雙方如果有一方違約，那麼將會受到來自另一方的懲罰，另一方將永遠不與之再次合作。如果沒有這種懲罰機制的存在，多次博弈只是一次博弈的簡單重複，不會產生比一次性博弈更好的結果。

例如在兩家廠商降價的博弈中，雙方採取了合作的態度。只要一家廠商背叛了合作關係，私自降價，那麼另一家廠商絕不會善罷甘休，肯定要採取報復行動，以後也不會在繼續合作，甚至選擇開出比該廠商更低的價格。這樣兩家爭相降價，直到第一家廠商發現他第一次違約的收益沒辦法彌補往後的損失時，他才沒有再違約的念頭。這才可能出現兩家合作的均衡結果。

也就是說，博弈的參與人「須能夠被對方的第一個背叛所激怒」，並做出及時有力的「全面性」報復。在多人參與的博弈裡，效果更明顯，既然有一方已經違約，那麼這個人是不值得信任了，那別人就不會再跟他合作，甚至可以聯合起來選擇一個對這個人最不利的策略，讓他受損。

如果沒有這個懲罰機制，多次博弈的結果優於一次性博弈是不可能的。對於菜場小販的缺斤減兩行為，你假如寬容，不計較，那麼他就會繼續偷斤減兩，甚至變本加厲。那你不就成了不折不扣的傻瓜了。

生物學家運用經濟學的博弈論，證明了「不求報答絕對利他的群種，即使一開始存在，但是隨著博弈的多次進行，也將走向滅絕」。

假定有一群猴子，牠們都無法自己抓自己頭上的蝨子。假定B頭上有一隻蝨子，A為牠剔除掉。不久以後，A頭上也有了蝨子，A當然去找B，希望作為回報，讓B也幫牠除掉蝨子。結果，B嗤之以鼻，掉頭就走。那麼B就是一個騙子。

每隻猴子都可以選擇傻瓜策略和騙子策略。傻瓜可以為任何人梳理頭上的蝨子，而不問對象是誰，只要對方有需要。騙子只接受傻瓜幫自己除掉蝨子的行為，但卻不為別人服務。

在這種騙子猴子存在的情況下，傻瓜猴子會越來越少。如果騙子所占的比例達到百分之九十時，那就只有極少的猴子肯為別人梳理頭部，導致寄生蟲的大量繁殖。如此一來就沒有什麼能夠阻止傻瓜滅絕，且整個猴群大概也難逃覆滅的厄運。

現在讓我們假設還有第三種稱為小氣鬼的猴子。小氣鬼願意為沒有打過交道的猴子抓蝨子，尤其是對待那些曾經為牠抓過的猴子，牠更是不忘報答。可是，哪一個騙了牠，牠就會牢記在心，以後再也不肯為這個騙子服務。生物學家證明，小氣鬼策略是一種生物進化上穩定的策略，小氣鬼優於騙子或傻瓜，因為小氣鬼占多數的群種中，騙子或傻瓜都難以生存。

生物學家道金斯對三種策略的博弈進行了電腦比對。開始比對時，傻瓜占大多數，小氣鬼占少數，騙子也屬於少數，與小氣鬼的比例相仿。騙子對傻瓜進行無情的剝削先在傻瓜群中產生劇烈的影響。騙子的激增隨著最後一個傻瓜的死去而達到高峰。

與此同時，騙子還要應付小氣鬼。在傻瓜急劇減少的情況下，小氣鬼在日益取得優勢的騙子的打擊下也緩慢地減少，但仍能勉強地維持下去。在最後一個傻瓜死去之後，騙子不再能夠跟以前一樣那麼隨心所欲地進行剝削。小氣鬼在抗拒騙子剝削的情況下開始緩慢地增加，並逐漸取得穩定上升的趨勢。接著小氣鬼突然激增，騙子從此處於劣勢並逐漸接近滅絕的邊緣。由於處於少數的有利地位，同時，受到小氣鬼懷恨的機會也相對地減少，騙子這時得以苟延殘喘。不過，騙子的覆滅是不可挽回的。牠們最終慢慢地相繼死去，留下小氣鬼獨佔整個群種。

藉由這個有趣的生物學小故事，我們發現小氣鬼的存在使猴群進化下去。小氣鬼的策略無非就是懲罰機制。你幫我抓蝨子，我就幫你；你不幫我，我也不會幫你。中國有句老話叫「以眼還眼，以牙還牙」就是這個道理。

● 一報還一報

艾克斯羅德突破「囚犯困境」實驗：

艾克斯羅德邀請很多人來參加遊戲，得分規則是前面的囚徒困境的收益矩陣。首先，什麼時候結束遊戲是未知的，他不告訴參賽者。其次，他要求每個參賽者把追求得分最多的策略寫成電腦程式，然後用單循環賽的方式讓參賽程式兩兩博弈。藉由這種兩兩比賽的形式找出什麼樣的策略得分最高。

第一輪遊戲有十四個程式參加，再加上艾克斯羅德自己的一個隨機程式（即以百分之五十的機率選取合作或不合作），運轉了三百次。結果得分最高的程式是加拿大學者羅伯布寫的「一報還一報」。這個程式的特點是，第一次對局採用合作的策略，以後每一步都跟隨對方上一步的策略，你上一次合作，我這一次就合作，你上一次不合作，我這一次就不合作。

另外，艾克斯羅德還發現，得分排在前面的程式有這三個特點：第一，從不首先背叛，即開始是「善良的」；第二，對於對方的背叛行為一定要報復，不能總是合作，即「可激怒的」；第三，不能人家一次背叛，你就沒完沒了地報復，以後人家只要改為合作傾向，你也要合作，即「寬容性」。

為了進一步驗證上述結論，艾克斯羅德決定邀請更多的人再做一次遊戲，並把第一次的結果公開發表。第二次他招集到了六十二個程式，加上他自己的隨機程式，又進行了一次競賽。結果，第一名的仍是「一報還一報」。

一報還一報就是根據對手上一期的選擇做出這一期的決定。從艾克斯羅德的實驗中，我們看到「一報還一報」是最佳的策略程式。在一報還一報的策略下，個體得到最大的利益。

其實它反映的道理很簡單，就是對對手的做法做出反應。如果對手表現「善良」，我當然「投桃報李」，反之，如果對手背叛了我，那麼下一步我將不遺餘力的打擊報復。因此一報還一報的策略對對手有種警告的威脅存在。

10天打造超強的成功智慧
一次讀懂20部黃金智慧法則

中國古代早就有了這樣的概念，「人不犯我，我不犯人；人若犯我，我不饒人」就是典型的代表。

國外有位作家曾做出這樣的斷言：一報還一報促使人們在各種環境下產生合作。他用第一次世界大戰時的例子證明他的斷言。第一次世界大戰中，雙方軍隊都已陷入困境數月，於是自發性的產生了「自己活，也讓他人活」的原則。即前線戰壕裡的軍隊約束自己不開槍殺傷人，只要對方也這麼做。

● 懲罰的作用

懲罰機制的存在是藉由一種威脅，使潛在的違約者不敢違約。

無數次的博弈，人們會發現，合作策略是最好的，合作比不合作好。

而在博弈理論中，之所以這個小偷的想法沒有變成現實，在於懲罰的威脅存在。如果第一個小偷這次選擇了招認，那麼第二個小偷隨後要產生報復，不會再跟他合作下去，會永遠選擇招認，如此長期下來，第一個小偷的背叛行為變得不划算。因為雖然這次背叛使他逃脫了懲罰，但是往後卻要每次都承受五年的牢獄之災，如果選擇合作每次都將僅需在牢裡待一年。長期算起來，當然合作划算。

也就是說，不遵守合作約定，會賺得暫時的利益。但是懲罰機制的存在就是對違約的一方實行處罰，使他的暫時利益不會超過他往後的損失，使他不敢違約。

實現懲罰要發揮作用有兩個要素，一是懲罰的行為，二是懲罰的期限。兩項要素均備才能產生可靠的威脅。所謂可靠的威脅，既是如果你背叛我，我肯定會有報復行動；而且一直到你往後的損失超過你背叛我獲得的超額收益。這種威脅必須是真實的，你得確保對方相信你的威脅。只有確保這種威脅真正存在，才能使潛在的違約者產生懼怕。

現實生活中，誰都不是傻瓜，上當受騙一次，不會再心甘情願的上當第二次。因此懲罰行為一定會實現，只要有反擊的機會，遭到背

305

叛的一方決不會善罷甘休。

　　有這樣的一則寓言故事：

　　狡猾的狐狸請鶴吃飯，牠準備了一大鍋豆子做的濃湯，而且那鍋又大又淺。鶴每低頭喝一口，湯便從牠的長嘴中流出來，鶴很著急，狐狸卻很開心。第二天，鶴回請狐狸，牠同樣也做了很可口的湯，但是牠把食物都裝在一個小口的長頸瓶裡。鶴把牠的長嘴伸進瓶子裡，很容易就喝到了湯，而狐狸卻一口也嘗不到了，只能聞著湯的香味懊悔不已。

　　如商家與客戶之間的長期合作關係也依賴於存在這樣的懲罰機制。如果以前是否受到欺騙不會影響客戶以後的選擇，那麼多次博弈只能是一次性博弈的單純重複，沒有任何效果。關鍵是有懲罰的存在，如果這次受到欺騙，我將不會再到你們這兒購買東西，甚至會告訴我熟悉的人也不要到買你們的東西。這才導致「老客戶」的待遇要優於一次性買主。

　　而懲罰的期限則必須使背叛者有所損失，否則懲罰就不能發揮它應有的作用。如果他往後的損失不能超過他的背叛收益，他肯定還會選擇背叛，「利」字為先！

　　博弈理論是長期的遊戲，在長期的遊戲中，潛在的懲罰機制可以有機會發揮效力。無論哪一方越軌，另一方都有機會報復。在這種懲罰的約束下，雙方才不會為了占一次便宜而犧牲掉繼續合作、長期獲利的機會。

■ 博弈理論產生一種信用

● 信用的重要性

　　「信用」這個詞現在熱門的字眼。誠信更是很多企業、個人自我

標榜不可或缺的東西。這從一個側面突顯信用的重要性，現在很多人都給予信用高度的評價。例如「信用是經濟發展的基石」等。

現代社會，銀行信用、商業信用、政府信用可以說時時刻刻充斥著市場經濟的每個角落。而個人誠實守信也逐漸成為衡量一個人的重要指標之一。

我國古代有很多教人誠實守信的故事。

曾子的妻子準備去市場，由於孩子哭鬧不已，曾子妻就對孩子說：「乖，在家等著媽媽，回來後殺豬給你吃。」曾子妻從市場上回來後，曾子便捉豬來殺，妻子阻止說：「你做什麼，我不過是跟孩子鬧著玩的。」曾子說：「和孩子是不可說著玩的。小孩子不懂事，凡事跟著父母學，聽父母的教導。現在你哄騙他，就是教孩子騙人啊」。妻子無語，於是曾子把豬殺了煮給兒子吃。

曾子將誠實守信，說話算話看成是做人的基本準則。若失言不殺豬，那麼家中的豬保住了，卻給孩子留下說話不算數的印象，不利於孩子成長為誠實守信的人。

商鞅是戰國時期著名的變法家。商鞅的變法使秦國強大起來。但是商鞅變法的成功還得益於他的「信用」。

推行變法之前，為了樹立威信，商鞅下令在秦國都城南門外立一根三丈長的木頭，並當眾許下諾言：誰把木頭搬到北門，賞十金。人們不相信，無人搬動木頭。商鞅把賞金提高到五十金。一男子把木頭扛到了北門，商鞅立即賞他五十金。商鞅這一舉動，使人們感受到他是個說話算數的人。於是商鞅的新法也獲得了人們的信任。很快就在秦國推廣了。

商鞅立柱在人們之間樹立了信用，它告訴大家，商鞅說的話不是說說就算了，而是說了就肯定會做的。所以當他推出各項變法措施的時候，每個人懷疑它的真實性。商鞅的變法取得了成功。

當然也有失信帶來災難的例子，大家都聽過烽火戲諸侯的故事吧。

西周建都豐鎬，豐鎬這個地方接近蠻夷之地，容易受到蠻夷的攻擊。於是周天子與眾諸侯約定，要是戎人來犯，就點燃烽火、擊鼓相報，諸侯們就會趕來相救。西周末年，周幽王的愛妃褒姒長的非常漂亮，深受幽王喜愛，但是這位美人不愛笑。唯獨看到烽火燃起，諸侯的軍隊慌慌張張從四面八方趕來的時候才會大笑不止。昏庸的周幽王為博得愛妃的歡心，數次無故燃起烽火，諸侯的軍隊多次受騙，多次趕到而不見戎人。後來當戎人真的來犯的時候，幽王點燃烽火，已無人來救。最後，幽王被殺於驪山之下，為天下人所恥笑。

● 博弈理論有助於建立信用

博弈理論可以幫助人們實現信用。博弈理論的兩大機制長期關係和懲罰機制，可以使交易各方選擇「誠實守信」。誠信變為最佳策略。所以博弈理論有助於交易雙方建立信用。

互相合作的時間越久，就越有助於人們遵守遊戲規則；反之則會更狡詐，更容易選擇欺騙的策略。博弈理論恰恰實現了長期的合作關係。

來看一下守信與失信的多次博弈：

首先介紹雙方可能有的結果：如果雙方都守信，結果是最好的；如果一方守信，另一方失信，失信一方會得到比雙方都守信還要多的收益；如果雙方都失信，結果是最差的。

如果雙方的交易是一次性的，結果當然是「誠信」盡失，掉進「囚犯困境」，但是多次博弈是連續性進行的。設想一方A第一次失信，在第二次交易的時候，另一方B就不會信任A，那麼B或者放棄交易，或者附加更多的條件，但這對雙方都是不利的。博弈不斷進行下去，市場會藉由不斷的懲罰與激勵，促使交易雙方調整心態，爭取達到「雙贏」。於是人們發現，與其在第二次交易中遵守規則，不如在

第一次交易中就遵守規則，誠實守信。

於是博弈理論出現了雙方都遵守誠信的結果。

現實生活中，人們常常聽到「百年老店」、「老字號」這樣的稱號。其實所謂「百年」、「老」從本質上講就是「無數次的重複」。真正的誠信建立在無限重複的博弈基礎上，這樣的金字招牌是無數次守信經營的代價和口碑鑄就成的。

因此在博弈理論的情況下，企業會變得守信用，不會再造假帳欺騙投資者，不會把股市當成「撈錢」的工具，也不會把銀行當作「免費的提款機」。因為博弈理論下，投資者與銀行有機會對企業的不守信行為進行報復，失信於人將導致投資者不再將資金投到你的公司，銀行不會再貸款給你，沒有外部融資支持，一個企業還能有多大的發展前景？

同樣的，博弈理論使個人不會再失信於人，個人信用貸款的違約率不會居高不下，大學生不會「忘了歸還就學貸款」。

博弈理論還使得雙方都在更大程度上瞭解了對方的資訊，並被記錄歸檔，克服信用缺失的資訊不準確問題。因為交易雙方對對手資訊的瞭解不完全，常是造成信用缺失主因之一。「知己知彼，百戰百勝」，博弈理論使人們增加了對對手的瞭解。

將一次博弈轉化為多次博弈

● 利益產生博弈

利益所致，不同的人、不同的組織各自面臨著各種利益衝突，人類生活中存在有很多的矛盾，因此才存在各式各樣的博弈，並希望在博弈中獲得較大的收益。例如企業提供的工資與員工勤奮工作之間的博弈關係。員工總是希望可以既拿到高工資，又不用做太多事，而企業當然希望員工拿較少的錢，做更多的事。於是二者之間便存在勤奮和薪資的博弈。

而不管是貿易摩擦還是價格大戰，都是博弈的「囚犯困境」的結果。囚犯困境帶給我們的啟示是個體利益最大化不能帶來整體利益。因此要實現雙贏，就要將一次博弈轉化為多次博弈。盡量建立長期關係，比如銀行與企業建立一種聯盟式的關係，企業的存貸款帳戶都設在該家銀行；企業之間簽訂長期合約；建立長期雇用關係等方式。

　　另外若長期關係不容易建立還可以藉由增加博弈次數和擴展範圍的方式進行。

● 增加博弈的次數

　　博弈在條件允許的情況下，可以將一次性博弈行為分成多個階段完成，製造多次博弈。這在金融領域比較容易實現。

　　例如在銀行貸款這個博弈行為中，銀行可以分階段發放貸款。在整個貸款發放期間，客戶被要求歸還當期利息或者出示可靠的還款證明。如果在前一個階段企業不能及時歸還利息，或者不能出具可還款證明，那麼下個階段銀行將停止發放貸款。將博弈過程拆分成各個階段進行可以增加博弈的次數，這樣威脅機制就可以產生效力了。

　　拆分各階段也是一個試信的過程，可以透過多階段檢驗企業或者個人的信用情況。首次合作，你不清楚對手的性格如何，只有在合作的過程中逐漸瞭解。銀行也是同樣的道理。每個階段的時間越短，銀行越是能夠收集較多關於客戶的資訊，減少銀行的潛在損失。

　　不僅銀行可以增加博弈的階段，企業也可以。

　　例如一個風險投資公司和一家高科技公司。風險投資公司看好高科技的發展趨勢，投資這家高科技企業。

　　按照一般常規的做法，投資公司的資金是一次性注入的。然而，創業投資是高風險的投資，一次性注入資金，可能造成過度投資，或者在投資有誤的情況下也不能及時糾正，企業家對於大規模的資金投入也不好控制。

　　有一家風險投資公司就採用階段性投資方式。設投資分為三個階段，計劃在第一階段投入資金一百萬，在第二階段擬投入資金四百

萬，在第三階段投入資金一千五百萬。

具體的做法是：若第一階段獲利為五十萬，則第二階段投入資金四百萬；若第一階段獲利為小於十萬或獲利為負，則第二階段創業資本家不投資。同理，若第二階段獲利超過兩百萬，則第三階段創業資本家投資一千五百萬；如果獲利不好，則停止不投資。且這家高科技企業要在每階段支付獲利和本金，風險投資公司根據前一階段的獲利而決定是否投資。

藉由分段投資，兩家公司的博弈就變為多次博弈。由於前一階段的博弈，風險投資公司能根據企業家的努力和企業前景做出是否繼續投資的決定。該博弈最終的結果是企業家努力以使企業取得高獲利，風險投資公司則不斷投資。藉由增加博弈次數，製造多次博弈，雙方達成了雙贏的局面。

● 延伸博弈的範圍

另外一種變一次性博弈為多次博弈的方法是延伸博弈的範圍。舉例來說，某個人有很多朋友，這個人去阿里山旅遊可能只有一次，可能購買了品質與價格不符的商品。那麼他的朋友再去阿里山時，這個人肯定會把他的經驗告訴他的朋友，他的朋於就不會上同樣的當。藉由這個人的朋友圈子，將遊客與當地商販的一次博弈轉變為多次博弈。

企業圈子也是同樣的道理。藉由擴大企業圈子可以實現多次博弈。假如A公司將要與B公司產生業務來往。A可以選擇加入一個可能與B產生業務往來的企業圈子。這樣雖然A自己可能與B只有一次業務往來，但B卻要長期與A所在的圈子打交道。如果B對A失信，就有可能失去A2、A3、A4，還可能受到A5、A6、A7的報復。這樣，藉由「圈子」，A與B的一次性博弈就轉化為B與A所在「圈子」的多次博弈了。

世界上的國家之間也是這樣做的。現在很多國家都形成一個聯盟共同抵抗外部。歐盟是目前世界上最成功的聯盟。當然還有以美國為

首的北美貿易區，亞洲也有幾個國家組成的集團等等。歐盟成功地將歐洲各國融為一體，假如美國與德國發生貿易糾紛，則整個歐盟國家都會與美國產生糾紛。這樣，無形中，就給美國造成了較大的壓力。

● 資訊流通是保證

不管是哪種方式，將一次性博弈變成多次博弈，資訊的流通是保證。

分階段進行的多次博弈無非是藉由前面的博弈過程獲得雙方的資訊，而要建立博弈「圈子」也需要將圈內成員與圈外成員的博弈資訊傳達給圈內其他的成員，實現資訊流通。藉由資訊共用和資訊流通，便可將一次性博弈轉變為多次博弈。

實現資訊共用和資訊流通的有效方法就是建立資訊檔案，記錄以前的交易及違約情況並予以公開。這樣每個博弈方都有了自己的信用記錄，也可以查看其他參與者的信用記錄。任何一次失信行為留下的污點會被記錄在案、保存下去，影響今後一系列博弈的結果。這樣就使一次性博弈變成了長期的博弈理論中的一環。

以會計師的誠信判斷為例。如果要求會計師在企業的報表上簽字，審計師在經過審計的報表上簽字，這樣的報表的真實性就記載了他們的信用情況，報表的真假直接由他們負責。一旦發現會計資訊虛假，則將記錄到會計師的個人檔案中，且這種工作的檔案資訊是公開的，可以查詢。這樣的措施將使他們選擇不作假帳，因為如果會計師失信，將可能會影響其終生執業資格。

銀行也試圖藉由資訊共用的方式實現一次博弈向多次博弈的轉化，約束客戶的違約行為。目前已取得一定的成績。

首先是建立銀行信貸登記諮詢系統。該系統是對與銀行有信貸業務關係的企事業單位和其他經濟組織的資訊管理系統。

該系統要求各金融機構將其對客戶開辦信貸業務中產生的資訊（包括本外幣貸款、銀行承兌匯票、信用證、保函、擔保，以及企業基本概況、財務狀況和欠息、逃廢債、經濟糾紛等情況），藉由電腦

通訊網路，傳輸到銀行的資料庫。然後金融機構可以向銀行資料庫查詢所有與其有信貸業務關係的客戶的相關資訊。

個人信用檔案包含了個人基本資訊、個人信貸交易資訊以及反映個人信用狀況的其他資訊。具體來說，個人基本資訊是指自然人身分識別資訊、職業和居住地址等資訊；個人信貸交易資訊是指金融機構提供的自然人在個人借款、甲存、乙存、擔保等信用活動中形成的交易記錄；個人信用狀況的其他資訊是指除信貸交易資訊之外的，反映個人信用狀況的相關資訊。

這裡介紹的兩個資訊系統，實現了各銀行的資訊共用，也就是各金融機構形成了一個「圈子」，客戶與任何一家的一次性博弈都被記錄在案，都會影響到其他客戶往後的借貸行為。不過這兩個系統目前還不是很流行，很多企業或者個人還不時很瞭解這樣的系統的存在。如果能讓大家知道，其每一次行為都被記錄在案的話，效果會更好一點。

● 如何開始第一次合作

博弈理論可能產生合作，但是合作必須從第一次開始。因此如何才能展開第一次合作就變得重要。

第一次合作首先要對對手的策略有相對的把握。我們將博弈模型化的時候總是經過簡化，實際的情況可能要複雜得多。因此在合作之前必須得瞭解對手可能採取什麼樣的合作策略，自己和對手是否能理性的選擇對策的可能性，和其他影響條件。

簡單來說，對手是將要採取「一報還一報」的方式呢？還是「以德報怨」，是不是有其他因素將導致對手必然採取不合作的策略呢？包括對方的道德修養與合作經驗方面的考量。

其次，理性的認識還要求實力的輔佐。即假如我這次選擇合作，而被對方「坑」了之後，我能否「輸得起」，是否我還有能力在其後的時間對他進行報復等。

這是很重要的問題。對手也會衡量你的實力。如果你沒有能力遭

受對手背叛的打擊，那麼你就不要考慮合作。因為對手當然也會衡量你的實力，如果背叛你可以減少一個競爭對手，那麼他很有可能選擇背叛。如同一個超級大企業和一個小企業的博弈，你所能做的只是追隨大企業的步伐。如果你硬要變成正面相向的兩個博弈者，大企業的背叛行為可能導致小企業的破產。

　　如果在上述條件具備的情況下，可以發出善意的訊號。給對方暗示，我將會採取合作的策略，大家來共同打開雙贏的局面吧！或者在對方發出暗示的訊號後，給予積極的回應。

　　例如你第一次去一家商店買東西，大家是第一次做買賣，誰也不知道誰的底細。你可以判斷到對方可能的策略，你也可以禁得起被「坑」，這個時候你要向對方發出合作的訊號，或者你會說：「便宜一點吧，我家就住在附近，以後要經常過來買東西。」商家收到你發出的訊號後，會明白你可能是「常客」，於是他自然選擇要拉你這個老客戶。於是你們便有了第一次的合作，俗話說：「萬事起頭難」，只要形成了第一次的合作，以後大家的合作就簡單多了。

PART 20

第20部

南風效應

從人的心理角度出發，討論人性化管理溫暖的力量，共同合作創造機遇。

法國作家拉封丹寫了一篇寓言故事：

有一天，南風和北風相遇了，他們很開心的聊起天來。聊著聊著談到了誰的力量大的問題。他倆互不相讓，都認為自己的力量大，於是爭吵了起來。最後，北風說：「多說無益，我們比試比試吧。」正好有個穿著大衣的老者經過，北風說：「朋友，看到那個老人了嗎？我們就比比看誰能讓他把大衣脫下來，誰就贏了，怎麼樣？」南風同意了。

首先由北風打頭陣。北風深吸了一口氣，然後朝著老人呼呼的吹了起來。一時間冷風凜凜、寒風刺骨，老人為了抵禦寒風的侵襲，隨著風越吹越大，便把身上的大衣裹得越來越緊。

北風放棄了，他漸漸停了下來，氣餒的看著南風，「你來吧！」

於是，南風開始用溫暖的微笑看著老人，然後徐徐吹動。頓時風和日麗，老人覺得暖意上身，於是解開衣釦，既而越來越熱，老人便脫掉了大衣。

南風對北風說：「怎麼樣，朋友，我贏了吧？」

後來這個故事被稱為南風效應，這個故事裡給人兩個啟示：一是要完成一項任務，要注意採用合適的方法，南風和北風都想讓老人脫掉大衣，方法不同，取得的效果也不同；二是溫暖的力量大於寒冷，南風的溫暖使老人脫掉了大衣，北風卻只能讓老人將大衣裹得更緊。

良言一句三冬暖，惡語傷人六月寒

人都需要受到尊敬，一句尊敬、禮貌的話能使人心裡感覺到舒服，因此也會對你產生不同的態度。跟南風法則相似，人與人交往中，一句關心的話，一個讚賞的眼神都能給人的身心帶來溫暖，從而激發人們的自信心和創造力。

現實生活中也是，一句溫暖的話，一個親切的笑容，都能讓人生暖意。

某位女士講述了她在公交車上的經歷：

有一天晚上，她從朋友家出來，上了一輛公車，說要去士林站，司機一聽，說：「這班車沒到士林，先不投幣，你過兩站再下吧，這站下去也沒車了。」這種事在公車上還真不多見，一般這種搭錯車的乘客都會被要求先付錢再下車，「誰叫你坐錯車」。但是這位司機卻沒有這麼做，當時這位女士雖然做錯了車，心裡卻熱乎乎的。我想不只是這位當事人，在場的其他乘客也會被這份溫暖打動。

然而也有些人在工作中，對待他人總是冷冰冰的，有時甚至惡語相向，引起不必要的糾紛。例如當病人飽受著疾病的煎熬，到醫院就診時，有些醫生缺乏最基本的憐憫之心，對患者麻木不仁，甚至橫眉冷對，如同患了「冷漠綜合症」；有的醫生看病心不在焉，一會兒吃飯，一會兒聽電話，就是沒把病人放在心上。這些醫生讓患者心寒，也增加了醫生與患者間的矛盾。

在溫暖法則的作用下，很多行業開始提倡微笑服務。以前銀行櫃檯的行員對顧客愛理不理的態度，想必大家都有所感觸。去銀行存錢的時候，行員邊工作邊聊天，當顧客詢問問題時，行員經常頭也不抬，冷冷地答道：「那邊小冊子上有，自己去看吧！」現在，在眾家銀行的競爭下，我們去銀行的時候會發現有些銀行情況改變了。

在儲戶到達窗口的時候，他們會站起來，親切的歡迎您，然後耐心的幫助您解答問題，辦理業務。我感到有些受寵若驚，頓時心情大好，我想別人大概也是這種感覺吧！

馬斯洛需求層次理論——人們都有被尊重的需求

美國著名心理學家馬斯洛一九四三年出版了《人類動機的理論》，在這本書中他首次提出了需求層次理論。馬斯洛的需求層次理論認為，需求是人類內在的、天生的、下意識的存在。

他將人類的需求分成五個層次，如同一個金字塔，由塔底到塔頂

分別是：

1.**生理需求**。生理需求是個人生存的基本需要，如吃、喝、住處等基本條件。

2.**安全需求**。安全需求包括心理上與物質上的安全保障，如不受盜竊和威脅，預防危險事故，職業有保障，有社會保險和退休基金等。

3.**社交需求**。人是社會的一員，因此需要友誼和群體的歸屬感，人際交往需要彼此的同情互助和贊許。

4.**尊重需求**。包括要求受到別人的尊重和自己具有內在的自尊心。

5.**自我實現需求**。指藉由自己的努力，實現自己對生活的期望，從而對生活和工作真正感到很有意義。

從馬斯洛需求層次理論發現，當人們的食衣住行等基本需求得到滿足後，需要讚美與尊重的需求就會被突顯出來。這也是南風效應發揮作用的根本原因。

土耳其解放戰爭時期，開國元勳凱莫爾將軍親自率領大軍，打了很多勝仗，為國家的統一貢獻了力量。當時有兩個敵軍的敗將，被迫到凱莫爾的司令部去請降。他們沿途受到土耳其人民的辱罵。可是當他們和凱莫爾將軍見面時，凱莫爾全無驕傲輕視的表現，他熱情的上前去握手問好，並且很謙遜地說：「勝敗乃是兵家常事，許多名將，碰到運氣不好，往往很容易吃敗仗，所以請兩位不要悲傷。」這是兩個敗將始料未及的。

凱莫爾將軍的態度給足了敵軍將領面子，他們從凱莫爾這裡得到了尊重，也使他們心服口服的投降了。給人溫暖，給人尊重可以讓人從心裡上得到滿足，才能發揮良好的作用。

對待員工——溫暖管理

南風法則給領導者的啟示就是對待員工要採取溫和策略和人性化的管理，讓員工感受到被關懷的力量與家庭般的溫暖。

● 吹毛求疵不能樹立老闆的權威

有一些企業的總經理崇尚權威，因此在員工面前板起面孔，不停的、嚴厲的指出員工的錯誤。其實，總經理的權威不是這樣建立的。

我們常聽到員工私底下抱怨，我們老闆或者經理一上班就板著一付面孔，做那個樣子有什麼用呢？給誰看？真是受夠了，本來該找他的，現在還不如自己做。長期下來也許你能在員工心中樹立一種所謂的權威，員工看到你都戰戰兢兢的，但是你能指望這種權威發揮什麼作用？也許當著你的面員工會默默忍受，背後卻完全不把你當一回事。而且這樣的做法會堵塞了員工與你交流的管道。

有位朋友曾經是一家公司的創業元老，現在是總經理的助理。最近見面的時候，他抱怨道：「現在的老闆真愛擺架子，看來我得準備換份工作了。」

公司創業的時候，老闆與員工們一起吃飯、上下班。這些員工們被視為知己，為公司的創立與發展利下汗馬功勞。

但是隨著公司規模的擴大，老闆的態度改變了。據朋友指出，老闆在控制管理費用和運營成本上，多次批評他辦事「不力」。由於開銷隨著業務範圍擴大而急劇增加，老闆提出了精簡人員和降低原有福利的要求，老闆的理論是「我們是一家很多人都想來的大公司，現在的薪水高於同業的平均水平。」朋友提出不能一下子減得太多的建言，認為今年的員工培訓預算已經一減再減，如果再減少福利恐怕員工會不滿。老闆直接回答道：「我要的是執行，不是你的建議。」而研發部經理的辭職又招致他對朋友的極度不滿，指責這位朋友不及時向他匯報，留不住好的人才。

這位老闆樹立權威，只造成了員工「老闆愛擺架子」的感慨。不知道當這位老闆知道朋友的真實的想法時，會做何感想。

樹立權威不是板起面孔就能辦到的。權威的關鍵在於樹立威信而不是濫用權力。樹立權威包括誠信、善於傾聽、果斷、有眼光等，讓員工心悅誠服。

樹立權威不須板起面孔，相反的，可以從和顏悅色做起。你若想讓別人重視你，首先要先做到重視別人。因此你可以從記住身邊每一個人的名字做起，從見到員工主動打招呼做起。心理學家證明當許多人坐在一起討論某個問題時，如果在你的發言中提到了一些同事的名字及他們說過的話，那麼，被提到的那幾個同事就會對你的發言格外重視，也較容易接受。

世界聞名的經理人韋爾奇執掌通用電氣的十九年中，通用公司業務一路長紅。然而傑克‧韋爾奇在員工眼裡卻是位和藹可親的老人。

● 不花錢的激勵

激勵員工是一項藝術，激勵有很多方法，包括升職激勵法、加薪激勵法。有些老闆認為只要我付足夠的薪資就可以了，其實不然。我們承認加薪激勵是個很好的辦法，但是也有一些更好的辦法，他們不需要公司花太多的錢甚至不用花錢。

以下有一些例子：

1.評選「優秀職員」，並發放一些紀念品。藉由評選優秀員工這項工作可以讓得獎者感受到公司對自己的認可與尊重，雖然花費不大，但是足以培養員工對公司的忠誠度。

2.口頭表揚。對於追求進步的員工，領導者一定不要吝嗇給予表揚之詞，當他們做出斐然的成績時，你不妨稱讚一下，「你真棒」、「做得不錯」這樣的字眼對員工的激勵成效不亞於你多給他一些薪資。

3.給與肯定。對於員工的想法，即使他顯得不成熟，亦可能不切實際，但是也要給予肯定，這樣才不會打擊他們創造求新的積極性。

日本松下電器總裁松下幸之助曾經講過：「我每天要做很多決定，並要批准他人的很多決策。實際上只有百分之四十的決策是我真正認同的，餘下的百分之六十是我有所保留的，或者是我覺得還過得去的。」很多人不能理解，松下有他自己的見解：「你不可以對任何事都說不，對於那些你認為還算過得去的計劃，你大可在實行過程中指導他們，使他們重新回到你所預期的軌道。我想一個領導著有時應該接受他不喜歡的事，因為任何人都不喜歡被否定。」

4.給員工安排任務。你大可不必大事小事一把抓，什麼事都要身體力行，只要告訴你的員工該怎麼做就行了。一位員工說：「老闆有一次對我說：『這些都需在下午之前裝進盒子，貼上標籤，裝進貨箱後運到倉庫，等你做完了，還有些別的事需要你幫忙。』然後就走開了。這讓我感覺自己是配送程序中重要的一環，老闆相信我能做好，我由此得到鼓勵，要證明自己能做好，不讓他失望。」

5.幽默一下。不要總是一本正經的充當黑臉，適當的幽默可以調節與員工的關係，讓員工發現你很在意他們，你們是站在同一條戰線上的，這樣才能激發他們的鬥志。

這些方式之所以能夠發揮有效的激勵作用乃在於員工得到肯定與認可的需求。這些做法正好滿足了員工的這種需求，他們發現在公司中，他們是重要的，因此使他們更有歸屬感。不需要你花費多少金錢但是卻往往能起到更有效的激勵效果。管理者們何不一試呢？

● 關心與人情味

南風法則要求管理者給予員工關心與溫暖，對於企業來說，就是感情上的投資。人性化對待的效果是物質獎勵遠遠不能達到的。

韋爾奇手下有位經理一連幾週都坐立不安，因為他要向以嚴格著稱的韋爾奇作重要報告。匯報的時候，經理對韋爾奇說：「我十分緊張，我的妻子曾對我說，如果我的報告不及格，她將把我趕出家門。」匯報完畢後，韋爾奇馬上派人將一打玫瑰、一瓶香檳和他親自

321

寫的紙條送到那位經理的妻子手中，紙條上寫著：「你的丈夫今天表現得相當出色，我很抱歉這幾週來讓他和您備受煎熬。」

其實聽到這樣的話，韋爾奇完全可以一笑置之，但是韋爾奇沒有這麼做，相信他的鮮花和紙條不僅溫暖了這位經理的妻子，亦可以使這位員工更加忠心耿耿。

在日本幾乎所有的公司都很注重人情味和感情上的投資。他們不會輕易辭掉員工，一旦成為公司的員工將享有終生制。很多大企業的成功者都表示他們把企業打造成所有員工的大家庭，他們關心員工、愛護員工，站在員工的角度位他們設想。松下、新力、日立更是這些企業中的代表。

松下在遇到困難的時候也不裁員。

一九三〇年初，世界經濟不景氣，日本經濟一片混亂，絕大多數的企業都為求自保而採取裁員、降低工資等措施。松下公司也逃脫不了這樣惡劣的景氣的影響，也受到了極大傷害，銷售額銳減，商品積壓如山，資金周轉不靈。這時，有管理人員提出要裁員，縮小業務規模。然而總裁松下幸之助並沒有這樣做，而是毅然決定採取與其他企業完全不同的做法：工人一個不減，生產實行半日制，工資按全天支付。與此同時，他要求全體員工利用閒暇時間去推銷庫存的商品。松下公司的這一做法獲得了全體員工的一致擁護，大家千方百計地推銷商品，只用了不到三個月的時間就把囤積商品推銷一空，使松下公司順利度過了難關。

新力公司董事長盛田昭夫對於國外隨便解聘員工的做法非常不能理解，他在接受國外媒體的採訪時說：「一個日本公司最主要的使命，是培養與員工之間的關係，在公司創造出一種家庭式情感，即經理和所有員工同甘共苦的情感。」因此新力公司處處考慮員工的利益，還給予員工工作的樂趣和精神上的安定感，真正做到與員工同甘共苦。

新力公司不僅給予員工家庭般的溫暖，對於員工的家人也時時關心。其公司內部設立有獎學金制度，用來鼓勵員工的孩子們好好學

習。

著名的日立鵲橋是人性化管理的另一表現。

在大多數企業中，都有不成文的規定，即禁止內部員工談戀愛，認為這樣不利於員工的工作。其實，這種做法是不合理也不可取的。「棒打鴛鴦」只能導致軍心渙散，讓員工對公司感到心寒。獲得如此「待遇」的員工即便留下，也會「身在曹營心在漢」！

日立公司有一名叫田中的工程師，他為日立公司工作了近十二年，對他來說，公司就是他的家，因為甚至連他美滿的婚姻都是公司為他解決的。

原來，日立公司內設了一個專門為員工架設的名為「鵲橋」的「婚姻介紹所」。日立「鵲橋」總部設在東京日立保險公司大廈八樓，田中剛進公司，便在同事的鼓動下，把學歷、嗜好、家庭背景、身高、體重等資料輸入「鵲橋」的電腦網路；在日立公司中，當某名員工遞上求偶申請書後，他（她）便有權調閱電腦檔案，申請者往往會利用假日坐在沙發上慢慢地、仔細地翻閱這些檔案，直到找到滿意的對象為止，一旦他（她）被選中，聯繫人會將挑選方的一切資料寄給被選方，被選方如果同意見面，公司就安排雙方約會，約會後雙方都必須向聯繫人報告對對方的看法。

終於有一天，同在日立公司當接線員的富澤惠子從電腦上走了出來，走進了田中的生活，他倆的第一次約會，是在離辦公室不遠的一家餐廳裡共進午餐，這一頓飯吃了大約四個小時，不到一年的時間，他們便結婚了，婚禮是由公司「月下老人」承辦的，而來賓中70%都是田中夫婦的同事。

日本公司這些人性化做法，也給公司帶來了好處。因為在企業中有了家庭的溫暖，員工們與企業產生了「魚水之情」，企業和員工結成的不僅僅是利益共同體，還是情感共同體。他們全心全意地投入到工作上，和企業一起克服各種困難。日本企業家都能做的事，我們沒道理做不到，何不現在就試試呢？

有了家庭的溫暖，員工自然就能一心一意投入工作，由於這個家是公司「促成」的，員工對公司就不僅是感恩了，更油然而生一種「魚水之情」。這樣的管理成效是一般的獎金、晉升所無法媲美的。

● 得人心者得天下

唐朝宰相魏徵曰：「水能載舟，亦能覆舟」、「得人心者得天下」。用於當今的企業管理，意即只有獲得了員工的心，員工才能對公司死心蹋地的工作。因此管理的重要部分就是收買人心。

中國幾千年的文化中，收買人心可是中國人的長處。例如歷史上有名的康熙皇帝即可謂是收買人心的高手。

有一次，康熙外出巡視河道。途中遇到地方老百姓和地方小官因為糾紛發生了爭執，康熙於#是走到人群中打算看個究竟。在觀看中，康熙得罪了惡人，那惡人要打康熙，而康熙身為堂堂的皇帝，哪有受過這種屈辱，眼看惡人正要打來的時候，康熙本想拔出天子寶劍怒斬惡人，但因為微服出巡，沒有帶配劍。轉頭一看，那個魏東亭正在呆頭呆腦地望著，不知如何應付這種突發事件。康熙立即揚起手，大力地一掌「啪」的就是一記耳光打向魏東亭，說：「主辱臣死，你懂嗎？難道要朕親自動手？」一句說話提醒了魏東亭，立即出手解圍。

當晚，康熙休息的時候，要了一杯茶和一些點心，但不知為什麼，總是心神不寧，不想吃也沒有興趣做什麼，只好拿來一本書閱讀，讀了幾頁又放下。於是康熙叫來在外站崗的魏東亭，說：「東亭！你走到燈前來吧！」魏東亭不知有什麼事，有點戰戰兢兢，因為今時不同往日，以前和康熙一起長大，兩小無猜，但現今康熙做了皇帝，開始有自己的威嚴，再加上今天的一巴掌，早已感到自己和康熙，已經不再是過去的朋友關係。

當魏東亭走近的時候，康熙說：「讓我瞧瞧！」康熙一邊看他的臉，一邊說：「朕一向以仁慈對待下屬，今日卻無端打了你……」

魏東亭聽了，感到一股熱流湧上心頭，自己的臉漲紅了，連忙跪下，說：「主辱臣死，是奴才的過失！」

康熙又說：「你有委屈嗎？有委屈就哭出來吧！哭了一場就會舒服一些！」

魏東亭更緊張地說：「不不不……沒有委屈！奴才怎會有委屈？」他立即接著說：「都是奴才手腳慢，只見他們正在冒犯皇上，而奴才居然呆著不知如何應付，真是罪該萬死……」

只見他一邊說，一邊流下眼淚。康熙笑著說：「朕打錯了你……」於是魏東亭更忍不住，淚水鼻涕一起流了出來。

康熙說：「還說沒有委屈，淚水都控制不了。」

魏東亭立即說：「沒有委屈！沒有委屈！奴才只是感到受主上隆恩，感激萬分，不知如何肝腦塗地報答聖上……」

「你說的是實話嗎？」康熙一手扶起了魏東亭，又說：「你不覺得朕委屈了你，近來對你好像刻薄了一些嗎？」魏東亭立即說：「奴才沒有這樣想過，主子也未曾待薄過奴才！」康熙笑著說：「你越來越幹練了，也學了不少油嘴！」魏東亭立即說：「奴才豈敢講大話！主上的恩寵，無論是雷霆雨露都是君恩，莫說主子沒有疏遠奴才，就算有，奴才也要自我反省，自己做錯了什麼事，令主子討厭，奴才要自己學乖，懂得進步！」

康熙說：「朕要有意鍛鍊你一下。你說要棄武就文，目的當然要他日找一條好的出路，這是對的，如果封你一個官職，只是朕一句話就可以了，但這樣不能培養你成材。你還需要多一點歷練，所以朕對你是嚴格了一些。你知道嗎？索額圖是皇親，有時胡來，只要不太過份，朕也會忍他一忍，給他一點面子。將來你的前途，肯定在明珠、索額圖等人之上，但要好好歷練……，朕再三籌劃，才不得不把你留在身邊。你要吃得起這個虧呀！」

康熙這番話，說得情真意切，即使魏東亭本來有很多怨氣，經過皇帝這番懇切的言談，要他不死心蹋地難了。

如今的企業管理也是一樣，要獲得成功就要收買員工的心。收買

人心不是用錢就能辦到的，關鍵在於溫暖。你要向康熙皇帝那樣跟下屬溝通，讓他知道你在為他著想；或者藉由行動表明你對他的在意。記住「得人心者得天下」。

對待客戶——溫暖感召

● 從顧客是「上帝」到顧客是「親人」

顧客對於一個企業是非常重要的，所以國外的企業家把顧客稱為上帝。很多企業遵循這一原則，並且獲得成功。

世界零售業龍頭沃爾瑪立了兩項經典的標語：「一、顧客永遠是對的；二、顧客如果有錯誤，請參看第一條。」可謂是將「顧客是上帝」這一標準發揚到了極致。

沃爾瑪真正實現了顧客就是上帝的準則，所有的員工都在為顧客服務。它的創始人山姆‧沃頓說：「顧客能夠解雇我們公司的每個人，他們只需要到其他的地方去花錢，就可以做到這一點。」因此他們所有的工作都要讓顧客滿意。

因此，沃爾瑪要求員工無論何時何地，只要顧客出現在三公尺範圍內，都應該看著顧客的眼睛，主動打招呼，詢問是否需要幫助。為了提供更好的服務，沃爾瑪提出了「太陽下山」原則，即今天能做的事不要拖到明天，只要顧客提出要求，店員就必須當天滿足顧客。正是這種對顧客的重視，造就了沃爾瑪的成功。

當國內也意識到顧客的重要性時，我們也把西方「顧客是上帝」的信條移植了過來。但是上帝在國內並不沒有如西方一般強大的象徵力，人們腦中對上帝的概念是模糊的，因此「顧客是上帝」就成了一句空話。而且如果顧客真的就是上帝，我們就要對顧客行禮膜拜；既然顧客是上帝，上帝是萬能的，或許欺騙一下也無妨。

我們經常看到各式各樣的客戶抱怨，據報導，甚至有顧客一氣之下燒掉商品的行為發生，可見客戶是成不了上帝的。於是便有一些人

提出了「顧客是親人」。

讓客戶從「上帝」變為「親人」還將客戶與公司放在了平等的層次上。客戶不再是高高在上的，不再是只知付出，不圖回報的上帝，你對別人付出多少，你就收穫多少。顧客不是萬能的，也需要關心。

同時，由於中華民族是重視親情的國家。對親人，我們有一種感情，我們不會欺騙親人，你為親人做菜還會不把菜葉洗乾淨嗎？你會買給親人危害身體健康的產品嗎？對親人，我們會全心全意的付出，並設身處地的為其著想。

將顧客變為親人，建立和諧的「親戚」關係，才能使雙方的關係源遠流長，才能給客戶溫暖與方便，真正體現客戶的重要性。

● 設身處地的為客戶著想

既然客戶是重要的親人，企業就要設身處地的為客戶著想。美國著名的經濟學家托馬斯‧彼得斯指出：現代企業要想取得發展，就必須「發動一場為用戶著想的革命！要使企業成為為顧客著想的企業！」。

為客戶著想，如果是生產企業，就要從產品設計開始，生產、銷售、運輸、安裝都站在顧客角度去感覺、去認識問題，為客戶提供便利。聯強的客戶意識正是這樣建立的。

聯強可以說處處為消費者著想，因此除了產品的品質保證和售後服務外，聯強還考慮到更細緻的東西。比如送貨到府時，要快又有效率；在對軟體故障維修、解答問題的過程中，要對客戶耐心地解釋他們的服務政策；運輸過程中，儘量確保不出現瑕疵；研發、產品設計都是站在客戶的角度來進行。

如果提供的是服務，則要從客戶角度想問題，給客戶便利，讓客戶滿意。**麥當勞創始人雷‧克羅克提出一句口號：「把自己擺在顧客的位置上」。「將心比心」，時時為顧客著想。**

因此麥當勞有以下的作為：

顧客帶走在車上吃的食品，不但事先包裝妥當，使之不致於在車

上溢出，而且還備有塑膠刀、叉、湯匙、吸管和餐巾紙等，飲料杯蓋則預先劃好十字口，以方便顧客插入吸管。

麥當勞在為顧客提供快速服務的同時，十分重視食品的品質，不斷改進菜色、佐料，努力迎合不同年齡、性別、社會層、地區消費者的不同口味。

麥當勞要求盡量為顧客提供標準的美式服務，但也不是絲毫不允許變通。有時可以根據當地的口味進行改變：在長島，牛肉餅上不加芥末；在曼徹斯特和德克薩斯州，大家都喜歡吃芥末多而番茄醬少的漢堡；在英格蘭的一些地區，除了紅茶、汽水、可樂外，還增加了牛奶、咖啡等飲料。

麥當勞有一個遊戲區，配備供兒童玩耍的設備，並有專門的服務人員幫忙看住在裡面玩耍的小孩，以便顧客可以安心的吃飯。

一位大學教授說：「麥當勞的內部裝修很科學，採光充足，椅子坐上去也挺舒服的，符合人體工學的原理。」

另外，麥當勞還備有能夠靈活轉動的嬰兒車，讓帶小孩的顧客方便不少。在美國的麥當勞你可以經常看見服務員主動將嬰兒車推到正為抱小孩和端餐盤而手忙腳亂的顧客身邊。

從客戶角度考慮問題，能發現自己以前不能發現的事情，才能使客戶更加滿意，培養客戶的忠誠與信賴。

設身處地的為客戶著想，還包括潛在客戶。不要以為不購買我們的產品和服務的人就不是我們的客戶，不必為他著想。如果真是這樣，你就失去了你的潛在客戶。

有一次，朋友帶我到一家飯店吃飯，我們要去的那一家，停車位都滿了，而隔壁一家還有停車位。我們就將車開到另一家，一個管理員過來問我們是不是在他們這個地方吃飯。朋友說不好意思，今天我們約好在隔壁，以後會來這家吃。他覺得不能做主，便進去詢問了一下經理，出來後說：「不好意思，不到我們這裡吃飯的不能把車停在我們的停車場。」無可奈何之下，我們只好另尋他處。事後，我問朋友，以後還會來這裡吃飯嗎？「當然不會，我怎麼可能再來。」朋友

很乾脆的回答。

可想而知，這家飯店沒有「為潛在客戶著想」，造成將來損失了一個甚至多個潛在客戶。

● 用溫暖的方式感動客戶

客戶也是人，需要獲得尊重與關懷，用溫暖的方式感動客戶才是你的明智選擇。

對客戶即時的關懷是非常重要的，它可以牽住客戶的心。

一位好朋友是一家銀行的客戶經理，他手上有一位老人客戶，兒女都在國外，老人不願意也不習慣在國外生活，因此獨自一人留在國內。朋友對待這位客戶可謂是不亞於親人，除了幫老人理財，他會定期到老人家去陪他聊天，並在各種節日時給老人送上問候，幫老人過生日更是必不可少的，甚至老人生病了，都是由他來照顧。

當然他的關懷也促使老人對他的絕對信賴，後來這位朋友轉到另外一家銀行做高級客戶經理，本來與原來的銀行商量，派其他人代替他的工作，但是老人家不肯，堅決要求這個朋友繼續為他服務，因此，這個客戶也隨著朋友搬到另一家銀行。

客戶是會被你的溫暖打動的。

世界上最偉大的推銷員喬·吉拉德講述過這樣一個故事：

記得有一次，曾經有一位中年婦女走進我的展銷廳，說她想在這兒看車打發一些時間。閒談中，她告訴我她想買一輛白色的福特車，就像她表姐開的那輛，但對面福特車行的推銷員要她一個小時後再過去，所以她就來這兒看看。她還說這是她要送給自己的生日禮物：「今天是我五十五歲生日。」

「生日快樂！夫人。」我一邊說，一邊請她進來隨便看看，接著

出去交代了一下，然後回來對她說：「夫人，您喜歡白色車，既然您現在有時間，我給您介紹一下我們的雙門式轎車——也是白色的。」

我們正談著，女祕書走了進來，遞給我一束玫瑰花。我把花送給那位婦人：「祝您生日快樂！尊敬的夫人。」

她很顯然的受到了感動，眼框都濕了。「已經很久沒人送我禮物了。」她說，「剛才那位福特推銷員一定是看我開了部舊車，以為我買不起新車，我剛要看車他卻說要去收一筆款項，於是我就上這兒來等他。其實我只是想要一輛白色的車而已，只不過表姐的車是福特的，所以我也想買福特。現在想想，不買福特也可以。」

最後她在我這兒買了一輛雪佛萊，並開了一張現金支票。

其實就是這麼簡單，你不用說盡甜言蜜語誇讚你的產品，不必喋喋不休的勸她購買產品。只要以溫柔的方式，給客戶關心，讓她在這裡感覺受到了重視，她就會成為你忠實的客戶。

對待生意上的夥伴——溫暖合作

在專業分工越來越細的今天，每一個企業都是經濟鏈上的一環，沒有一個企業可以完全脫離其他企業獨自營運。各企業之間既是競爭對手，更是戰略夥伴。因此如何對待其他企業也成了一個需要重視的問題。

作為經濟鏈上的一環，企業可分為上游企業、下游企業還有同行企業，對待這些企業其實跟對待人是一樣的，他們也可以看成是企業的客戶。

● 合作創造財富

無論多大的企業，沒有其他的企業與之合作是不可能創造財富的；一項產品生產鏈上的各企業需相互合作才能實現資源的共用與利用，充分展現資源的效率。

以經銷商與供應商之間的關係為例。首先他們相互需要，規模生產使生產企業專注於生產，銷售的問題則交給經銷商去做。經銷商需要供應商，供應商又需要零售商。對於生產企業來說，經銷商就是一塊敲門磚，它的專業技術可以讓企業的產品低成本進入市場。因此兩者存在相互依賴的關係。

然而，企業雙方的經營目的都是獲得最大的利潤，合作的過程中涉及利益問題總會出現矛盾。產品銷售的利潤要在生產商和經銷商之間做分配，這需要雙方互相協調，才能實現雙贏甚至多贏。

世界另一位零售龍頭家樂福，憑藉自己的實力，在進貨上吃盡了甜頭。它可以與供應商簽定付款條件為「期票」的合約，從而利用供應商的資金周轉，減少自己的資金佔用，有人稱這種方式為「借雞生蛋」。它可以壓低進貨的價格甚至低於生產的原材料價格。因此，有產商戲稱「家樂福就像是一個世界盃，我們如果能進去，就等於打入了世界盃的球場。但如果連這個門檻都進不去的話，你就永遠進不了主流管道。更不可能成為一個世界性的品牌。」

當然家樂福在索取利潤的同時，還會給生產商一點小小的恩惠。因而能籠絡住大量的供應商。有位供應商指出，家樂福當初曾要求以低於原材料的價格進貨，看起來是不可思議的，但家樂福隨後告訴他們定單將不低於一千萬，於是看到好處的供應商接下了這一訂單。

然而事實證明，家樂福的這種做法只有在開發中國家和商業不發達的地區才容易成功，在發展中的國家，則遭遇了很多挫折。二十世紀六〇年代末期，家樂福先後被迫從英國、比利時和瑞士撤出；而在一九八八年才進軍美國的它卻又不得不在一九九三年關閉了在美國僅有的兩家大賣場，完全退出美國零售業市場的競爭。

● 尊重夥伴

一個企業跟個人一樣也需要別人的尊重，因此很多企業把尊重夥伴、尊重競爭對手放進了企業文化之中

尊重夥伴要求競爭對手之間使用正當的競爭方式參與市場競

爭，不能惡語中傷。現代市場上有很多打著競爭的旗幟，進行「口水戰」，在提升自己產品時，不忘踩別人一腳，發展下去就成了互相詆毀。這樣的做法實在令我們汗顏，它對雙方企業的發展、對消費者和行業間的良性競爭都是極為不利的。

有些企業濫用媒體，製造假消息，攻擊對手的產品，這是一種不尊重對手、甚至不尊重自己的表現。對手肯定不會善罷甘休，要揭出事實的真相，或者進行報復，無論如何都要讓製造假消息的公司受到致命的打擊。

一位著名的行銷專家也說：「其實，很多行業惡性競爭的結果往往都是一樣的，造謠的企業並無法藉由謠言去撼動競爭對手，也不可能藉由這種詆毀競爭對手的手段來重新瓜分市場，如果造謠一方被披露出來反而會惹禍上身。」

不尊重別人就是不尊重自己，同樣不尊重夥伴企業，也就是不尊重自己。

尊重企業要求在上下游企業合作時，公平的對待其他企業。相較於家樂福的向供應商收取各種費用，沃爾瑪與供應商的關係就正派多了，雖然他靠純市場化壓價把許多供應商壓得喘不過氣來，甚至被說成是全球製造業效率的發動機。但正因為價格是正面談判的結果且符合市場規律，所以沃爾瑪仍然為眾多供應商所認可。

尊重別的企業不能只是一些起不了作用的口號。它必須真實地發揮效力，這樣才能贏得上下游企業甚至同行企業的尊重，才能獲得更多的合作夥伴。

● 溫暖合作

企業之間也需要人情味的合作。冷冰冰的市場法則固然大家都要遵守，但是有些時候具人情味的行動更能使企業之間的關係融洽，充分實現合作的意義。

溫暖合作要求企業多替合作夥伴著想。站在夥伴的立場上想問題，看是否能夠給對方提供協助。比如「聯強」在對待合作夥伴時，

會細緻的考慮對方的感受，因此他們會注意諸如以下的問題：

代理協定中的相關條款是否能公正地對待的代理商，而不顯釋出聯強的霸氣；在商務紅利率計算上是否能講求信譽；在送貨運輸上面聯強是否能及時地為代理商考慮，而不是僅僅從自己的費用、成本上考慮；另外在與代理商的聯繫上，是否能及時地做溝通。

溫暖合作要求企業以朋友的方式對待其他企業。除了在對其他企業的各種節日及成功之日送上自己真誠的祝福，在對方面臨困難時，拉對方一把也是很重要的。

任何企業都不可能是一帆風順的，在整個企業之舟前行的過程中總會碰到各式各樣的困難。當對方企業碰到困難的時候，你會選擇落井下石還是助人一臂之力呢？

如果是按照冷冰冰的市場法則，落井下石的多，助人一臂之力的少，因為可以趁著這個機會搶佔市場比例或者獲得更多的利潤分配。但是通常這種做法帶來的是以後其他企業的報復，溫暖的風的正面功效總是要來得大一點。

因此在其他企業出現問題的時候，如果你能給他提供較為寬鬆的商業融資，如果你能給他提供資訊上的幫助、鼓勵他走出困境，那麼該企業將與你的企業建立長期的信任關係。對於對方而言，你相當於他的救命恩人，企業也是重感情的，他對恩人恐怕就是「赴湯蹈火」也在所不辭。

溫暖合作還表現在日常的合作過程中，作為企業的代表與對方談判時，要從言行舉止讓對方感到本企業的尊重與重視。這時候一個人代表的是一個企業，而不是他個人。

注意基本禮儀，在對方代表到達時，不僅要禮貌的接待還要送上自己的問候和關心。

注意語言，談判中不僅要考慮本方利益也要考慮對方的利益，同時還應做到誠懇、親切。

用溫暖的力量綁住合作夥伴的心，比商場上一般通用的合約來得容易得多也有效得多。

國家圖書館出版品預行編目資料

10天打造超強的成功智慧 / 杜澤宇作. -- 初
版. -- 新北市：華志文化，2013.01
　　面；　公分. --（心理勵志小百科；15）

ISBN 978-986-5936-29-7（平裝）

1. 成功法

177.2　　　　　　　　　　　　　101024150

日　華志文化事業有限公司

系列／心理勵志小百科 0 1 5

書名／10天打造超強的成功智慧

作　　者　杜澤宇

執行編輯　林雅婷

美術編輯　黃美惠

文字校對　陳麗鳳

企劃執行　康敏才

總編輯　黃志中

社　　長　楊凱翔

出版者　華志文化事業有限公司

電子信箱　huachihbook@yahoo.com.tw

地　　址　116台北市文山區興隆路四段九十六巷三弄六號四樓

電　　話　02-22341779

總經銷商　旭昇圖書有限公司

地　　址　235新北市中和區中山路二段三五二號二樓

電　　話　02-22451480

傳　　真　02-22451479

郵政劃撥　戶名：旭昇圖書有限公司（帳號：12935041）

電子信箱　s1686688@ms31.hinet.net

版權所有　禁止翻印

出版日期　西元二○一三年一月初版第一刷

售　　價　二八○元

Printed in Taiwan

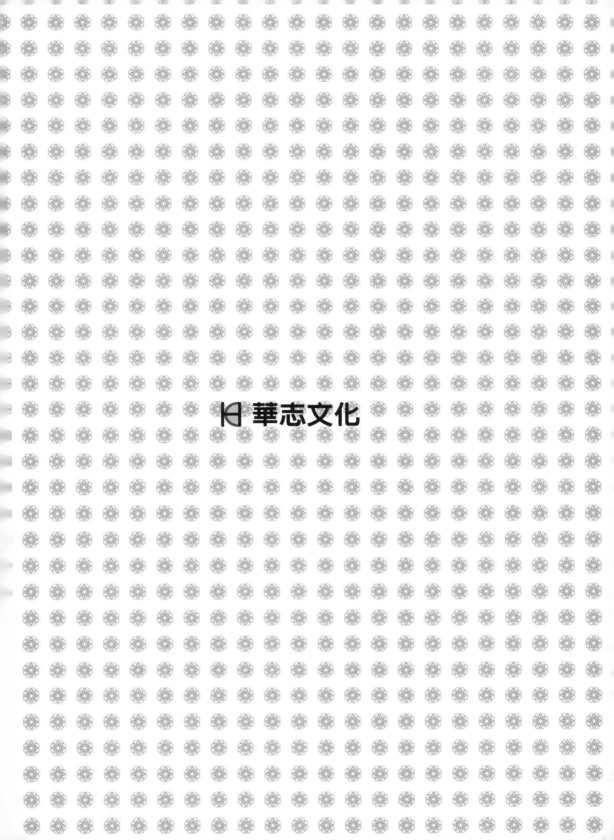
華志文化